Studienwissen kompakt

Mit dem Springer-Lehrbuchprogramm „Studienwissen kompakt" werden kurze Lerneinheiten geschaffen, die als Einstieg in ein Fach bzw. in eine Teildisziplin konzipiert sind, einen ersten Überblick vermitteln und Orientierungswissen darstellen.

Weitere Bände dieser Reihe finden Sie unter
http://www.springer.com/series/13388

Stefan Müller

Patrick Saile

Internationale Rechnungs- legung (IFRS)

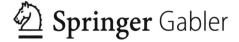

Springer Gabler

Stefan Müller
Helmut-Schmidt-Universität
Hamburg, Deutschland

Patrick Saile
Helmut-Schmidt-Universität
Hamburg, Deutschland

Studienwissen kompakt
ISBN 978-3-658-17360-9   ISBN 978-3-658-17361-6 (eBook)
https://doi.org/10.1007/978-3-658-17361-6

Die Deutsche Nationalbibliothek verzeichnet diese Publikation in der Deutschen
Nationalbibliografie; detaillierte bibliografische Daten sind im Internet über
http://dnb.d-nb.de abrufbar.

Springer Gabler
© Springer Fachmedien Wiesbaden GmbH 2018

Das Werk einschließlich aller seiner Teile ist urheberrechtlich geschützt. Jede Verwertung, die nicht ausdrücklich vom Urheberrechtsgesetz zugelassen ist, bedarf der vorhe-
rigen Zustimmung des Verlags. Das gilt insbesondere für Vervielfältigungen, Bearbei-
tungen, Übersetzungen, Mikroverfilmungen und die Einspeicherung und Verarbeitung
in elektronischen Systemen.
Die Wiedergabe von Gebrauchsnamen, Handelsnamen, Warenbezeichnungen usw. in
diesem Werk berechtigt auch ohne besondere Kennzeichnung nicht zu der Annahme,
dass solche Namen im Sinne der Warenzeichen- und Markenschutz-Gesetzgebung als
frei zu betrachten wären und daher von jedermann benutzt werden dürften.
Der Verlag, die Autoren und die Herausgeber gehen davon aus, dass die Angaben und
Informationen in diesem Werk zum Zeitpunkt der Veröffentlichung vollständig und
korrekt sind. Weder der Verlag noch die Autoren oder die Herausgeber übernehmen,
ausdrücklich oder implizit, Gewähr für den Inhalt des Werkes, etwaige Fehler oder Äu-
ßerungen. Der Verlag bleibt im Hinblick auf geografische Zuordnungen und Gebiets-
bezeichnungen in veröffentlichten Karten und Institutionsadressen neutral.

Gedruckt auf säurefreiem und chlorfrei gebleichtem Papier

Springer Gabler ist Teil von Springer Nature
Die eingetragene Gesellschaft ist Springer Fachmedien Wiesbaden GmbH
Die Anschrift der Gesellschaft ist: Abraham-Lincoln-Str. 46, 65189 Wiesbaden, Germany

Vorwort

Rechnungslegung ist die Sprache der Wirtschaft. Verschiedene Abbildungssysteme versuchen die komplexen Sachverhalte wirtschaftlichen Handelns möglichst genau zu erfassen und unter Berücksichtigung verschiedener Rechnungslegungsziele darzustellen. Hierbei entsteht stets ein Spannungsfeld zwischen den Informationsinteressen der Adressaten und dem Aufwand der Unternehmen, Informationen zu beschaffen bzw. dem Wunsch, bestimmte Sachverhalte nicht veröffentlichen zu müssen. Traditionell verpflichten Staaten die unter ihre Jurisdiktion fallenden Unternehmen dazu, bestimmte Informationen vorzuhalten und zu veröffentlichen. Dies kann verschiedenen Zielsetzungen dienen und variiert stark zwischen den verschiedenen Staaten. Mögliche Ziele wie

- der Schutz von Gläubigern durch proaktive Darstellung von Risiken und gleichzeitig vorsichtigen Ausweis nicht realisierter Gewinne,
- die möglichst tatsachentreue Darstellung des Unternehmens zur Vergleichbarkeit durch Investoren,
- das Bereitstellen einer Bemessungsgrundlage für die Besteuerung und Ausschüttungen

stehen sich teilweise diametral gegenüber. Entsprechend schwierig ist es, die Publikationen nach verschiedenen Rechnungslegungssystemen miteinander zu vergleichen. Mit zunehmender Globalisierung erhöhte sich die Zahl der Unternehmen, deren Engagement sich auf mehr als ein Land erstreckt. Nicht nur große Konzerne, sondern auch Mittelständler und kleine Unternehmen sind vermehrt global tätig, weshalb ein Interesse an einheitlichen und vergleichbaren Informationen besteht. Die IFRS sind die Antwort auf dieses Interesse nach einer internationalen Rechnungslegung und kommen mittlerweile in hunderten Ländern mehr oder weniger umfassend zur Anwendung. Nicht zuletzt die Verpflichtung kapitalmarktorientierter Unternehmen innerhalb der Europäischen Union zum IFRS-Konzernabschluss unterstreicht deren Bedeutung.

Das System der IFRS-Rechnungslegung ist komplex und umfasst mehr als tausend Seiten Regelungstext. Aus diesem Grund ist es für viele Studierende und weitere Interessierte schwierig, einen Einstig zu finden, ohne das Gefühl zu haben, von der Materie erschlagen zu werden. Dieses Buch soll einen ersten Überblick über die IFRS-Rechnungslegung geben und an die Thematik heranführen. Hierzu wird mit den Grundlagen von Rechnungslegung im Allgemeinen begonnen, bevor grundsätzliches Wissen zur Systematik der IFRS vermittelt wird. Anschließend werden die Bestandteile von IFRS-Abschlüssen auf einem sehr elementaren Level vorgestellt, bevor in die Rechnungslegung eingestiegen wird. Entsprechend ist es nicht möglich, die IFRS vollumfänglich wiederzugeben und zusätzlich anhand von Beispielen zu erläutern. Aus diesem Grund empfehlen wir Ihnen:

▪ *Vertiefen Sie Ihr Wissen durch zusätzliche Literatur!*
Wir haben in den Literaturempfehlungen am Ende der Kapitel bewusst darauf verzichtet, auf Zeitschriftenartikel zu eingegrenzten Spezialthemen zu verweisen. Stattdessen zitieren wir die Klassiker unter den Lehrbüchern, die meistens sehr umfangreich sind. Studieren Sie die Inhaltsübersichten in diesen Werken und lesen Sie zunächst einzelne Kapitel.

▪ *Arbeiten Sie mit dem Gesetz!*
Die IFRS haben in Deutschland und vielen anderen Ländern Gesetzescharakter. Grundsätzlich ist juristisches Arbeiten ohne Gesetze nicht sinnvoll möglich. Beschaffen Sie sich daher die IFRS Texte[1], und lesen Sie nach Möglichkeit parallel. Wir haben hierzu die Fundstellen im Standard sehr häufig zitiert. Das Studium des Standards allein eröffnet zu Beginn meist nicht die wesentlichen Problemfelder. Daher ist es stets sinnvoll, Gesetz, Erläuterungen im Lehrbuch und Kommentar für Zweifelsfragen parallel zu bearbeiten. Vergegenwärtigen Sie sich hierbei des Unterschiedes zwischen den vom International Accounting Standards Board veröffentlichen – in der Fachliteratur häufig diskutierten – und den von der Europäischen Union zur Anwendung freigegebenen Standards. Dies betrifft auch die vorzeitige Anwendbarkeit einiger Standards.

▪ *Rechnungslegung ist kein Selbstzweck!*
Arbeiten Sie mit Konzernabschlüssen – dem Resultat der Rechnungslegungsstandards. Besuchen Sie dazu die Investor Relations Seiten verschiedener Unternehmen im Internet und wenden Ihr erlerntes Wissen über die vernetzenden Aufgaben am Ende der Kapitel hinaus an. Mit der Auswahl und dem Kauf einiger Aktien können Sie Ihre Analysefähigkeiten unter Beweis stellen.

▪ *Lesen und befolgen Sie den Serviceteil am Ende dieses Buchs!*
Dies wird Ihr Studium deutlich erleichtern.

---

1   Es gibt verschiedene Textsammlungen mit dem aktuell in der EU anzuwendenden Rechtstand. Wir empfehlen die IDW Textausgabe, da hier der englischsprachige Originaltext neben der, teils holprigen, amtlichen Übersetzung dargestellt wird. Für deutlich weniger Geld gibt es die einsprachigen IFRS-Texte vom nwb-Verlag.

Vollständig ausgeschlossen haben wir die folgenden Bereiche:

- Regelungen zur Konzernrechnungslegung. Die einschlägigen Regelungen und Erläuterung der praktischen Umsetzung im Rahmen der Konsolidierung stellen ein eigenes Buch dar.
- IFRS für kleine und mittlere Unternehmen *(IFRS for SEMs)*, die im Wesentlichen Erleichterungen beinhalten.
- Praktische Probleme, die bei der Erstanwendung der IFRS auftreten können. Hierzu gibt es einschlägige Literatur wie die Reihe „IFRS Best Practice" (Erich Schmidt Verlag).
- In weiten Teilen wurde auf die Erläuterung von Angabepflichten verzichtet. Es wird daher behandelt, wie ein Sachverhalt zu würdigen ist, nicht jedoch, welche zusätzlichen Anhangangaben erforderlich sind. Diese Information findet sich stets am Ende des einschlägigen Standards.

Die genannten Themen sind keinesfalls als unwichtig oder Spezialwissen zu betrachten und sollten in jedem Fall zu Ihrem Wissensschatz gehören. Gleichwohl ist ein grundlegendes Verständnis auch ohne diese Themenbereiche möglich.

Wir bedanken uns ganz herzlich bei Herrn Sean Needham, M. Sc., Frau Laura Nohdurft, BA, Herrn Sebastian Rodwald, BA und Frau Felizitas Weber, M. Sc. für die Zuarbeit bei der Erstellung dieses Buchs. Ein besonderer Dank gilt unserer Sekretärin Frau Katrin Hofmann, die tatkräftig beim Lektorat unterstützt hat, sowie Frau Stefanie Schwibode und dem ganzen Team des Springerverlages sowie Herrn Dominik Märkl und dem Team bei le-tex publishing services für die gesamte verlagsseitige gute Betreuung.

Wir wünschen Ihnen viel Erfolg beim Studium der internationalen Rechnungslegung und gutes Gelingen beim Lösen der Übungsaufgaben. Die Lösungen hierfür finden Sie unter ▶ http://www.springer.com/de/book/9783658173609.

Stefan Müller und Patrick Saile
Hamburg im Oktober 2017

Inhaltsverzeichnis

Inhaltsverzeichnis

Grundsachverhalte

Prof. Dr. Stefan Müller, Patrick Saile

© Springer Fachmedien Wiesbaden GmbH 2018
S. Müller, P. Saile, *Internationale Rechnungslegung (IFRS)*, Studienwissen kompakt,
https://doi.org/10.1007/978-3-658-17361-6_1

Lernagenda

Vor dem Hintergrund fortschreitender Internationalisierung steigt der Grad der Globalisierung innerhalb von Unternehmen. Entsprechend größer wird die Zahl der Interessensgruppen *(Stakeholder)*, die für ein einzelnes Unternehmen relevant ist. Die von den Märkten geforderte schnellere Reaktionsfähigkeit, die umfassendere Informationsversorgung der *Stakeholder* und immer komplexere Gesetze in verschiedenen Staaten, die sich teilweise widersprechen, sind große Herausforderungen für Unternehmen.

Die umfassende Abbildung der Unternehmung für interne Steuerungszwecke und zur externen Kommunikation mit den *Stakeholdern* ist daher unabdingbar. Diese Vielfalt interner und externer Anforderungen an das Rechnungswesen führen unweigerlich zu Zielkonflikten. Zentrale Fragestellungen sind:

- Welchen Zweck soll internationale Rechnungslegung verfolgen?
- Welche Adressaten sollen mit Informationen versorgt werden?
- Wie sind die IFRS aufgebaut?
- Welche Unternehmen stehen im Fokus der IFRS-Rechnungslegung?
- Nach welchen Grundsätzen oder Prinzipien kann die IFRS-Rechnungslegung entscheidungsnützliche Informationen liefern?
- Was soll wo im Abschluss wie dargestellt und bewertet werden?

▶ Abschn. 1.1	Grundlagen und Zielsetzung von Rechnungslegung	Die Grundlagen des betrieblichen Rechnungswesens und die verschiedenen Zielsetzungen von Rechnungslegung im Allgemeinen verdeutlichen die Anforderungen und Zielkonflikte, die bei der Entwicklung von Rechnungslegungsstandards zu bewältigen sind.
▶ Abschn. 1.2	Zweck internationaler Rechnungslegung und deren Implementierung im deutschen Recht	Neben der historischen Entwicklung internationaler Rechnungslegung ist für die Anwendung ein Überblick über deren Zusammensetzung und den strukturellen Aufbau der IFRS notwendig. Praktisch stellt sich aus Unternehmenssicht zunächst die Frage, ob die IFRS anzuwenden sind.

► Abschn. 1.3	Grundsätze in der IFRS-Rechnungslegung	Der Aufbau von Gesetzen und Normen folgen innerhalb jeder Rechtsordnung bestimmten Grundsätzen. Bei der Schaffung internationaler Gesetzgebung treffen unterschiedliche Auffassungen aufeinander, die zu einem einheitlichen System zusammengefasst werden müssen.
► Abschn. 1.4	Grundlegende Methoden von Ansatz und Bewertung	Aufgrund des nicht modularen Aufbaus der IFRS werden grundlegende Bewertungsmethoden und allgemeine Grundsätze „vor die Klammer gezogen". Diese sind zum weiteren Verständnis essentiell.

1.1 Grundlagen und Zielsetzung von Rechnungslegung

Unternehmen sind zunächst soziotechnische Systeme, die in einem marktwirtschaftlichen Umfeld wirtschaftlich agieren. Es handelt sich also um einen organisierten Zusammenschluss von Menschen, die im Leistungserstellungsprozess mittels Technologie ein bestimmtes Ziel anstreben, welches klassischer Weise die Gewinnerzielung darstellt.

Staaten bieten diesen Systemen rechtliche Hüllen durch verschiedene Rechtsformen an. Die Klassifizierung von der Ein-Personen-Unternehmung bis zur börsennotierten Publikums-Aktiengesellschaft ermöglicht eine juristische Fassbarkeit. Diese schlägt sich in den Regelungen der jeweiligen Rechte und Pflichten sowohl der Unternehmen zu ihrer Umwelt als auch innerhalb der Unternehmen nieder. Alle diese vielfältigen, juristisch eigenständigen Unternehmungen sollen im Weiteren als Einzelunternehmen bezeichnet werden.

Handeln rechtlich selbständige Unternehmen aufgrund einer wirtschaftlichen Unselbständigkeit abgestimmt und zielorientiert, liegen verbundene Unternehmen vor.[1] Die wirtschaftliche Unselbständigkeit kann dabei durch Mehrheitsbeteiligung, Abhängigkeit, Konzernzugehörigkeit, wechselseitige Beteiligung, Unternehmensverträge oder Eingliederung entstanden sein. Darüber hinaus existieren beispielsweise durch Kartelle, personelle Verflechtungen, Arbeitsgemeinschaften und Franchising vielfältige Möglichkeiten des abgestimmten Handelns zwischen Einzelunternehmen, die vom Gesetz kaum eingegrenzt werden können. Dies trifft auch auf die in jüngster

---

1   Vgl. § 15 Aktiengesetz (AktG).

Zeit zunehmend anzutreffenden anderen Formen der unternehmerischen Zusammenarbeit, wie Value-Added-Partnerships, strategische Allianzen, strategische Netzwerke,
Communities und virtuelle Unternehmen zu.

Aus betriebswirtschaftlicher Sicht ist der juristische Mantel eines Unternehmens
deshalb weniger relevant. Vielmehr geht es um die zutreffende Abbildung des gesamten unternehmerischen Handelns. Art und Umfang dieser Abbildungen sind jedoch
von der betriebswirtschaftlichen Theorie, in der juristischen Kodifizierung und in der
Handhabung der Praxis nicht abschließend bestimmt. Vielmehr ist eine ständige Weiterentwicklung von Abbildungssachverhalten, -regeln, -instrumenten und -verfahren
zu konstatieren. Für Kapitalgesellschaften und denen über § 264a des Handelsgesetz-
buchs (HGB) gleichgestellte Personenhandelsgesellschaften ist vorbehaltlich der Be-
freiungsmöglichkeiten der §§ 291–293 HGB die Aufstellung (§ 290 HGB), Prüfung
(§ 316 Abs. 2 HGB) und Offenlegung (§ 325 Abs. 3 HGB) des Konzernabschlusses und
des Konzernlageberichts vorgeschrieben. Dies gilt allerdings nur dann, wenn die Ge-
sellschaften ihren Sitz in Deutschland haben und mindestens über ein untergeordne-
tes Tochterunternehmen verfügen. Unternehmen anderer Rechtsformen sind über das
Publizitätsgesetz – allerdings erst ab deutlich höheren Schwellenwerten – ebenfalls zur
Konzernrechnungslegung verpflichtet.

Die Dokumentation der Ergebnisse des Handelns erfolgt durch die Rechnungslegung. Die möglichen abbildbaren Elemente können dabei von individuellen, persönlich und/ oder räumlich begrenzten Einzelbetrachtungen bis hin zur Abbildung ganzer
Staatengemeinschaften reichen. Sie sollen jedoch im Folgenden auf Unternehmen
beschränkt werden. Während für diese die Fremdinteressen insbesondere von Seiten
der aktuellen, sowie potentiellen

- Eigenkapitalgeber (z. B. Vermögensaufstellung, Gewinnermittlung und -vertei-
  lung, Überwachung des Managements), Fremdkapitalgeber (z. B. zur Einschätzung der Kreditfähigkeit),
- Mitarbeiter (z. B. zur Einschätzung der Sicherheit des Arbeitsplatzes, erfolgsori-
  entierter Entlohnung)
- oder des Staates (z. B. Steuerbemessungsgrundlage, Konzentrationsüberwa-
  chung)

im Vordergrund stehen, zielen die Eigeninteressen auf Lenkungszwecke der Unternehmensführung ab. Die Rechnungslegung wird hierbei zur informatorischen Basis
für die Planung, Steuerung und Kontrolle der Unternehmensprozesse. Hierzu werden
quantifizierte Größen der retrospektiven, aktuellen und prospektiven Abbildungen des
Unternehmens sowie seiner Umwelt zur Steuerung verwendet.

Das betriebliche Rechnungswesen wird, bezugnehmend auf die primären Adressaten, unterteilt in das **externe und interne Rechnungswesen**. Während das externe
Rechnungswesen die weitgehend gesetzlich fixierten Informationsansprüche der au-

ßerhalb des Unternehmens stehenden Interessenten umfasst, wird mit dem internen Rechnungswesen die Erweiterung, Veränderung und Aufbereitung der externen Informationen mit Blick auf die Informationsnotwendigkeiten der Unternehmensführung bezeichnet. Somit ist zu unterscheiden zwischen der externen Rechnungslegung, die insbesondere den offenlegungspflichtigen Jahresabschluss und den Lagebericht umfasst, und der internen Rechnungslegung, die im Wesentlichen auf der Kosten- und Leistungsrechnung aufbaut und um weitere Abbildungs- und Auswertungsinstrumente zur Generierung von führungsrelevanten Informationen ergänzt wird. Bei der technischen Abwicklung des Rechnungslegungsprozesses ist zwischen Einzel- und Konzernunternehmen zu unterscheiden. Während die Daten auf der Ebene der Einzelunternehmen originär erfasst und verarbeitet werden können, bezieht sich die Konzernrechnungslegung überwiegend auf die aggregierten Daten der in den Konzernabschluss einbezogenen Einzelabschlüsse, die im Rahmen der Konsolidierung vereinheitlicht und zu einer Konzernabbildung zusammengeführt werden.

Hintergrund: Offenlegungspflichten deutscher Unternehmen
Nach § 325 HGB haben Kapitalgesellschaften und denen über § 264a HGB gleichgestellte Personenhandelsgesellschaften (hier handelt es sich um Personengesellschaften, die keine natürliche Person als voll haftenden Gesellschafter aufweisen) innerhalb von 12 Monaten nach dem Abschlussstichtag den Jahresabschluss und Lagebericht beim Betreiber des Bundesanzeigers elektronisch einzureichen. Dabei gibt es größenabhängige Erleichterungen bezüglich des Offenlegungsumfangs und der Offenlegungsart. Zur Konzernrechnungslegung verpflichtete Unternehmen haben auch den Konzernabschluss und -lagebericht nach den gleichen Vorgaben offenzulegen. Für kapitalmarktorientierte Unternehmen (§ 264 d HGB) ist die Offenlegungspflicht auf 4 Monate verkürzt.

Durch die verwendeten Kalküle Ein- und Auszahlungen, Einnahmen und Ausgaben, Erträge und Aufwendungen, Leistungen und Kosten sowie Vermögen und Kapital unterstützt das Rechnungswesen zunächst nur Wertziele.

Die Abgrenzung der Begrifflichkeiten ist in Theorie und Praxis sehr wichtig, allerdings halten sich Gesetzgeber und Standardsetzer nicht immer an die Definitionen:

Merke!

Einzahlungen (Auszahlungen) stellen den Zugang (Abgang) an liquiden Mitteln, d. h. Kassenbestand und Sichtguthaben auf Konten dar, die in der Periode angefallen sind.

Teilweise wird auch eine Erweiterung der liquiden Mittel um Zahlungsmitteläquivalente vorgenommen, die kurzfristige hochliquide Finanzinvestitionen darstellen, die jederzeit in festgelegte Zahlungsmittelbeträge umgewandelt werden können und nur unwesentlichen Wertschwankungsrisiken unterliegen (IAS 7.6).

> **Merke!**
>
> **Einnahmen (Ausgaben)** stellen den Wert aller in der Periode veräußerten Leistungen (zugegangener Güter und Dienstleistungen = Beschaffungswerte) dar.

Dazu werden die Einzahlungen (Auszahlungen) um die Forderungen (Verbindlichkeiten) erweitert.

> **Merke!**
>
> Als **Aufwand** wird jeder erfolgswirksame Güterverzehr angesehen, der in der Betrachtungsperiode verursacht worden ist.

Es kommt hierbei nicht darauf an, ob diese Güterverbräuche betriebsbedingt-gewollter oder betriebsfremder sowie zufälliger und ungewöhnlicher Natur sind. Dabei stellen Aufwendungen periodisierte Ausgaben dar, die von dem externen Rechnungslegungssystem als solche anerkannt werden.

> **Merke!**
>
> **Erträge** sind analog zu den Aufwendungen die auf Basis externer Rechnungslegungsvorschriften zu bewertende Güterentstehung und müssen sich auf Einnahmen zurückführen lassen.

In Anlehnung an IAS 18.7 stellen Erträge die aus der Tätigkeit des Unternehmens resultierenden Bruttozuflüsse an wirtschaftlichem Nutzen der Periode dar, die zu einer Erhöhung des Eigenkapitals führen und nicht aus Einlagen der Eigentümer stammen.

> **Merke!**
>
> Als **Kosten** gelten im Gegensatz zu den Aufwendungen nur die leistungsbedingten, unmittelbar für den betrieblichen Leistungserstellungsprozess verursachten, gemäß dem Rechnungsziel bewerteten Güterverbräuche.

Diese Abgrenzung wird im Folgenden erläutert:

Beispiel: Unterscheidung Aufwendungen und Kosten

Verbraucht ein Unternehmen Bleche in der Produktion, stellt dies sowohl Aufwand als auch Kosten dar: Aufwand, da der Güterverzehr erfolgswirksam in der Betrachtungsperiode angefallen ist. Kosten, da der Verbrauch zusätzlich betriebsbedingt ist.

Der Mittelabfluss für die Reparatur einer abgebrannten Lagehalle ist zunächst ausschließlich Aufwand. Hier kann nicht von einer direkten Betriebsbedingtheit ausgegangen werden. Vielmehr werden diese Risiken nur auf kalkulatorischer Basis als Kosten berücksichtigt, was gegen das pagatorische Prinzip der Aufwandsbestimmung verstößt. Aufwendungen müssen immer direkt auf erfolgte oder zukünftige Auszahlungen zurückzuführen sein.

Analog ergibt sich die Definition von Leistungen als Gegenstück zu den Kosten:

Merke!

Leistungen sind definiert als betriebsbedingte bewertete Güterentstehungen, d. h. Leistung ist das bewertete Ergebnis betrieblicher Tätigkeit. Als Leistung gilt die Gesamtheit der erstellten Güter und Dienste, soweit sie Zweck der betrieblichen Tätigkeit gewesen ist, d. h. nicht außerordentlicher, zufälliger, spekulativer oder betriebsfremder Quelle entspringt.

Die Abgrenzung der eigentlichen betrieblichen Aktivitäten von den nicht als Leistung anzusehenden Werteentstehungen ist nicht nur theoretisch, sondern vor allem auch in der Praxis häufig nicht unproblematisch. Mit dem Leistungsbegriff gleichgesetzt werden auch die Erlöse. Kosten und Leistungen sind Gegenstand des internen Rechnungswesens.

Gleichwohl beeinflussen aber auch die i. d. R. nicht-monetären Größen der Sach- und Leistungs- sowie Sozial- bzw. Humanziele die Zielerreichung des Unternehmens, da Interdependenzen zwischen den Qualitäten, Mengen, Zeiten und Verhaltensweisen und den Wertgrößen bestehen, die oft aber nur schwer identifizierbar sind. So zeigt sich, dass im Rahmen der Rechnungslegung objektiv nur Ein- und Auszahlungen ermittelt werden können. Alle übrigen Größen bedürfen eines Bewertungsvorganges, der sich zwar i. d. R. an gewissen Prämissen orientiert, aber letztlich immer subjektiv beeinflusst ist.

◊ Auf den Punkt gebracht: Das zentrale Problem der Rechnungslegung besteht darin, dass für die Abbildung sozioökonomischer Systeme stets eine Vielzahl von Prämissen erforderlich ist, die subjektiv zu setzen sind. Eine zutreffende, tatsachengemäße Abbildung ist somit nur in einem genau bestimmten Modell-

rahmen und im Hinblick auf ein bestimmtes Abbildungsziel (Rechenzweck) möglich. Letztlich ist jeweils die Relevanz des Informationsgehalts einer Abbildung unter Berücksichtigung der Glaubwürdigkeit oder Verlässlichkeit der Abbildung zu optimieren.

So ist die Abbildung zur Gewinnermittlung für Zwecke der Besteuerung deutlich objektivierter, d. h. verlässlicher ausgestaltet, was jedoch zu Lasten der Relevanz der Abbildung geht. Einige handelsrechtliche Abbildungsregelungen werden trotz der bestehenden Maßgeblichkeit der Handels- auf die Steuerbilanz nicht übernommen. Die handelsrechtliche Abbildung ist für die Zwecke der Ausschüttungsbemessung (Gläubigerschutz), der Vorlage für die Steuerbilanz sowie für die Informationsvermittlung über die Vermögens-, Finanz- und Ertragslage eines Unternehmens unter Beachtung der Grundsätze ordnungsmäßiger Buchführung (GoB) optimiert. Allerdings leidet durch diese Multizielsetzung die Aussagekraft des HGB-Abschlusses bei der individuellen Betrachtung der einzelnen Ziele. Wie genannt ist der HGB-Abschluss nur die Vorlage für die Steuerbilanz und entfernt sich durch verbreitete steuerrechtliche Bilanzierungsvorbehalte zunehmend von einer einheitlichen Abbildung. Der Gläubigerschutz ist im Vergleich zu anderen Ausschüttungsregelungen im HGB weniger stark ausgeprägt. Dennoch ist auch die Informationsfunktion durch die noch bestehenden Verzerrungen aufgrund der anderen beiden Ziele nicht sehr charakteristisch.

1.2 Zweck internationaler Rechnungslegung und deren Implementierung im deutschen Recht

1.2.1 Zweck und Entwicklung der IFRS

Seit den 1990er-Jahren gelang es den *International Financial Reporting Standards (IFRS)*, damals noch als *International Accounting Standards (IAS)* bezeichnet, mit dem gegenüber dem HGB einzigen Zweck der Versorgung von Investoren und Gläubigern mit entscheidungsnützlichen Informationen über das abgebildete Unternehmen, sich in Deutschland zunehmend zu etablieren. Die IFRS werden von dem *International Accounting Standards Board (IASB)* als Standardsetzer verfasst. Dieses besteht aus Rechnungslegungsfachleute aus den Bereichen Anwendung, Prüfung und Wissenschaft. Träger ist die IFRS-Foundation. Derzeit gehören dieser ca. 150 Mitgliedsorganisationen aus fast 120 verschiedenen Ländern an, die das Ziel vereint, ein einheitliches Regelwerk hochwertiger, durchsetzbarer und weltweit anerkannter Rechnungslegungsstandards, die auf klar formulierten Grundsätzen basieren, zu entwickeln (vgl. IFRS 2015).

Seit Mai 2000 empfiehlt die internationale Organisation der Börsenaufsichtsbehörden *(International Organisation of Securities Commissions (IOSCO))* die IAS/IFRS weltweit als Rechnungslegungsstandards für grenzüberschreitende Notierungen zu akzeptieren.

Seit 2001 erfuhren die IFRS durch die am 19.07.2002 verabschiedete EU-Verordnung 1606/2002 (IAS-VO) mit der die IFRS für den Konzernabschluss kapitalmarktorientierter Mutterunternehmen verpflichtend vorgeschrieben wurde, einen entscheidenden Bedeutungszuwachs. Zur weiteren Verstärkung der internationalen Akzeptanz erfolgte eine Reorganisation, um den dominanten Einfluss des Berufsstands der Wirtschaftsprüfer zu reduzieren.

Im September 2002 vereinbarten IASB und FASB (*Financial Accounting Standards Board*, der US-amerikanische Standardsetter) im Rahmen des *Norwalk Agreement* eine enge Zusammenarbeit zur Reduzierung der Unterschiede zwischen den IFRS und den *US-Generally Accepted Accounting Principles (US-GAAP)*. In der Folge werden für Geschäftsjahre seit 2007 auch IFRS-Abschlüsse von der SEC *(Securities and Exchange Commission)* akzeptiert (sog. *Crossborder Listing*), sodass die zusätzlichen IFRS-Überleitungsrechnungen von IFRS nach US-GAAP entfallen sind. Allerdings hat die SEC die IFRS und nicht die EU-endorsed IFRS anerkannt.

1.2.2 Zusammensetzung und Aufbau der IFRS

Bis Oktober 2017 wurden 41 IAS, wobei 13 IAS nicht mehr in Kraft sind, und 17 IFRS verabschiedet, in denen Einzelfragen zur Rechnungslegung normiert sind. Darüber hinaus existieren Interpretationen, die insbesondere die einzelnen Standards zum Abbau von Auslegungsspielräumen ergänzen. Bisher wurden 33 *Standing Interpretation Committee (SIC)* (verschiedene SIC sind nicht mehr in Kraft) und 21 *International Financial Reporting Interpretation Committee (IFRIC)* verabschiedet (Endorsement 2017). Zusätzlich und als konzeptionelle Grundlage der gesamten Rechnungslegung nach IFRS kommt ein Rahmenkonzept (RK) *(Framework for the Preparation and Presentation of Financial Statements)* hinzu. Mit dem Rahmenkonzept, das erst im Jahre 1989 verabschiedet wurde, wurde eine Basis zur Entwicklung konsistenter Rechnungslegungsstandards primär für den Standardsetzer selber geschaffen. Es dient zudem der Interpretation bereits bestehender Standards sowie als Ausgangsbasis für eine deduktive Ableitung von Bilanzierungsfragen, allerdings nur soweit, wie in den Einzelstandards dieser Sachverhalt nicht geregelt ist. Das Rahmenkonzept gehört nicht zu den Standards, hat gegenüber diesen eine untergeordnete Bedeutung und somit nicht die verbindliche Wirkung eines Standards (RK.2). Wesentliche Inhalte des Rahmenkonzepts sind in IAS 1 („Darstellung des Abschlusses") geregelt und über diesen Standard verbindlich anzuwenden. Bereits im Oktober 2004 haben IASB und FASB vereinbart, das seit 1989 unveränderte Rahmenkonzept zu überarbeiten und zu vereinheitlichen. Das RK-Projekt wird schrittweise überarbeitet, wobei die entsprechenden Abschnitte im bestehenden RK ersetzt werden. Die Arbeiten dauern noch an, weshalb das derzeitige RK mit dem Stand 9/2010 aus überarbeiteten und unbearbeiteten Abschnitten besteht, die durch Buchstabenkombinationen kenntlich gemacht werden.

Unabhängig vom Rahmenkonzept haben die älteren Standards folgenden grundsätzlichen Aufbau.

- Zielsetzung *(objective)*,
- Anwendungsbereich *(scope)*,
- Definitionen *(definitions)*,
- Textteil mit weiteren Zwischenüberschriften (z. B. *recognition and measurement, presentation, …*),
- Angabepflichten *(disclosure)*,
- Übergangsvorschriften *(transitional provisions)*,
- Zeitpunkt des Inkrafttretens *(effective date)* sowie
- (ggf.) Anhang *(appendix)* mit erläuternden Beispielen.

Besonders komplizierte Standards werden auch mit einer Implementierungsanleitung ergänzt *(implementing guidance, IG)*. Zudem gibt es ähnlich wie bei Regierungsbegründungen von Gesetzen auch begleitende Informationen über die Beweggründe des IASB für bestimmte Regelungen *(basis for conclusions, BC)*. In jüngeren Standards finden sich Definitionen, Leitlinien für die Anwendung, Inkrafttreten und viele konkretisierende Regelungen eher in den Anhängen.

Merke!

Die **Standards** sind durch ihre Nummern klar voneinander abgegrenzt. Innerhalb eines Standards sind die einzelnen Abschnitte durchnummeriert. Somit kann eine klare Bezeichnung einer bestimmten Regelung erfolgen, wobei sich die folgende Notation ergeben hat:

- IAS 1.7: bezeichnet den 7. Absatz des IAS 1
- IFRS 10.B10: bezeichnet im Anhang B den 10. Absatz des IFRS 10
- RK.OB2: bezeichnet den 2. Absatz im Abschnitt *The objective of general purpose financial Reporting* des Rahmenkonzepts (Stand 9/2010)

Zum Verweis auf einen bestimmten Rechtsstand erfolgt der Zusatz der jeweiligen Jahresangabe, z. B. IAS 1.24 (revised 2008). In diesem Buch werden die von der EU übersetzten und bekannt gemachten Standards verwendet (Stand 10/2017). Einige Absätze sind zudem noch weiter mit kleinen Buchstaben (a), (b) usw. und auf der 2. Ebene mit kleinen römischen Ziffern (i, ii usw.) unterteilt (z. B. IFRS 12.10(a)(ii)). Bei ergänzenden Regelungen, die später eingeschoben wurden, werden Großbuchstaben verwendet (z. B. IFRS 1.25A).

Der IASB hält alle Standards immer auf dem aktuellen Stand und bietet jährlich eine konsolidierte Fassung der verabschiedeten Standards zum Kauf an. Auf EU-Ebene datiert die letzte kostenfrei zur Verfügung stehende konsolidierte Fassung aus dem November 2008. Alle seither erfolgten Änderungen müssen in diese eingearbeitet werden, was – mit Haftungsausschluss – einige Anbieter im Internet vornehmen und veröffentlichen (z. B. IFRS-Portal 2017).

Neben den IFRS wurde im Juli 2009 ein *IFRS for SMEs* veröffentlicht, die die internationale Rechnungslegung für nicht kapitalmarktorientierte kleine und mittelgroße Unternehmen regeln soll (vgl. IFRS for SMEs 2017). Diese stoßen aber bislang in der EU noch mehrheitlich auf Ablehnung und können in Deutschland nur ergänzend zum pflichtgemäßen Jahresabschluss nach HGB auf freiwilliger Basis angewandt werden. Daher werden sie im Folgenden nicht weiter behandelt.

1.2.3 Anwendung der IFRS in Deutschland

Angesichts der zunehmenden Internationalisierung der Güter- und Kapitalmärkte sowie aufgrund von Vorgaben der Europäischen Union (EU) hat der deutsche Gesetzgeber das HGB modernisiert. Dies wird besonders deutlich an der Verpflichtung zur Konzernrechnungslegung für kapitalmarktorientierte Unternehmen nach den IFRS gemäß § 315e HGB. Daneben strahlen die IFRS jedoch auch in die Bilanzierung nach HGB hinein, wo einerseits Regelungen in Richtung der IFRS verändert werden und andererseits die Grundsätze ordnungsmäßiger Buchführung Gedankengut der IFRS übernehmen. Zentrale Bedeutung für die Ausgestaltung und Entwicklung der Rechnungslegung in Deutschland kommt der IAS-VO zu, die in allen ihren Teilen verbindlich ist und im Gegensatz zu EU-Richtlinien, die einen nationalen Umsetzungsakt erfordern, unmittelbar in jedem Mitgliedstaat der EU gilt. Zur Konkretisierung der Wahlrechte erfolgte eine Umsetzung im HGB über das Bilanzrechtsreformgesetz.

Mit der IAS-VO werden europäische Unternehmen, deren Wertpapiere zum Handel auf einem organisierten Kapitalmarkt zugelassen sind, dazu verpflichtet, ihre Konzernabschlüsse nach den IFRS aufzustellen. Dies ist zur Schaffung von Rechtsklarheit in § 315e Abs. 1 HGB umgesetzt worden. Später hat der deutsche Gesetzgeber die verpflichteten Unternehmen als kapitalmarktorientiert bezeichnet.

Hintergrund: Kapitalmarktorientierte Unternehmen

Kapitalmarktorientiert sind Unternehmen gem. § 264d HGB, die entweder Eigenkapital (insb. Aktien) oder Fremdkapital (insb. Anleihen) an einer Börse innerhalb der EU mit einem geregelten (organisierten) Marktsegment (z. B. der Prime Standard der Frankfurter Wertpapierbörse) zum Handel zugelassen haben. Beispiele sind Konzerne wie die Volkswagen AG aber auch die Bertelsmann SE & Co KGaA (da Genussscheine und Anleihen am geregelten Markt) und die Robert Bosch GmbH (da Anleihen am geregelten Markt).

Über die Pflichtanwendung der IAS-VO erweitert der deutsche Gesetzgeber die Anwendungspflicht für die IFRS in Konzernabschlüssen gem. § 315e Abs. 2 HGB auch auf Unternehmen, die die Zulassung eines Wertpapiers zum Handel an einem organisierten Markt beantragt haben. Zudem wurde mit § 315e Abs. 3 HGB auch allen anderen zur Konzernrechnungslegung verpflichteten Unternehmen das Wahlrecht zur Erstellung des Konzernabschlusses nach IFRS eingeräumt. Einige HGB-Regelungen sind auch bei pflichtgemäßer oder freiwilliger Anwendung der IFRS vorgeschrieben. So haben diese Unternehmen den IFRS-Konzernabschluss stets um einen Konzernlagebericht nach § 315 HGB zu ergänzen. Außerdem sind einige Anhangangabepflichten aus dem HGB auch im IFRS-Konzernanhang notwendig. Schließlich gelten alle Prüfungs-, Offenlegungs- und Sanktionsnormen des HGB auch für die IFRS-Konzernabschlüsse, da die IFRS lediglich die Regeln für die Aufstellung der Abschlüsse behandeln. Sogar die Aufstellungspflicht entstammt dem HGB, d. h. ohne eine Verpflichtung zu Konzernrechnungslegung nach § 290 HGB muss ein kapitalmarktorientiertes Unternehmen keinen IFRS-Konzernabschluss aufstellen.

Zudem können gem. § 325 Abs. 2a HGB alle Unternehmen auch für die Zwecke der Veröffentlichung einen Einzelabschluss nach IFRS aufstellen, wobei aber für die Erfüllung der gesellschafts- und steuerrechtlichen Vorschriften weiterhin auch ein HGB-Einzelabschluss notwendig bleibt.

Die IAS-VO ist so gestaltet, dass spätere Änderungen an dieser Verordnung rechtlich gesehen automatisch in diese integriert werden. So müssen die Anwender den jeweiligen Stand aus der IAS-VO und allen seither erfolgten Änderungen dieser Verordnung ableiten. Grundsätzlich gilt, dass Änderungen der IFRS vor deren Wirksamwerden für deutsche Unternehmen einen auf europäischer Ebene angesiedelten Anerkennungsmechanismus durchlaufen müssen. In dessen Verlauf wird entschieden, ob ein IFRS ohne oder mit Modifikationen bzw. sonstigen Auflagen oder überhaupt nicht zur Anwendung gelangen kann. Weil einige IFRS im Widerspruch zur Bilanzrichtlinie 2013/34/EU stehen oder über sie hinausgehen können, sind einerseits Änderungen der Richtlinie möglich oder andererseits die Anpassungen der Standards nach Diskussionen mit dem IASB nötig. Dieser Endorsement-Prozess ist in ◘ Abb. 1.1 dargestellt. Die Anerkennung durch die EU benötigt in jüngster Zeit durch aufwendige Prüfungen zur Einschätzung von Informationsgewinn für die Adressaten einerseits und Aufwand für die Rechnungsleger andererseits immer länger (in einigen Fällen über 18 Monate).

Das Rahmenkonzept ist nicht Bestandteil der IAS-VO und wurde daher auch nicht im Amtsblatt veröffentlicht (Abruf kostenfrei möglich. Vgl. Framework 2010). Die Herausforderung des IASB besteht bei der Standardsetzung darin, die weltweit bestehenden Unterschiede in den Rechtsverständnissen auszugleichen. Als Gegenpole sind dabei die prinzipien- und die einzelfallorientierten Regelungen zu unterscheiden. Erstere verkörpern das kontinentaleuropäische Denken der Komplettregelung durch Festlegung von Prinzipien. Jedes Problem kann nach diesem Verständnis durch Auslegung des Gesetzestextes gelöst werden. Dagegen wendet sich das einzelfallorientierte

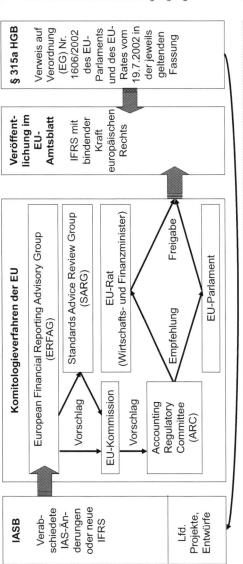

Noch nicht von der EU veröffentlichte Standards dürfen nur angewendet werden soweit kein Widerspruch zu freigegebenen Standards und der EU-Richtlinie 2013/34 besteht.

■ **Abb. 1.1** Anerkennung von IFRS durch die EU und Verbindung zum HGB

Rechtsverständnis mit der Sorge der Beliebigkeit der Auslegung. Hierbei werden alle Einzelsachverhalte klar geregelt. Dies kann angesichts der sich schnell wandelnden Wirtschaftspraxis mit immer neuen zu lösenden Problemen jedoch in der Reinform auch kein gangbarer Weg sein. Daher ist auch beim IASB in den letzten Jahren eine stärkere Prinzipienorientierung erkennbar.

1.3 Grundsätze in der IFRS-Rechnungslegung

1.3.1 Vermittlung eines den tatsächlichen Verhältnissen entsprechenden Bildes

Zentraler Unterschied zu einem kontinentaleuropäischen Gesetzbuch ist das Verhältnis der Normen untereinander, sodass nicht die Spezialnorm die Generalnorm verdrängt. In IAS 8 ist eine Hierarchie vorgegeben, die den Stellenwert der einzelnen Verlautbarungen nach ihrer Bedeutung einstuft:

▪ Als oberstes Prinzip der IFRS-Rechnungslegung ist die zentrale Aufgabe der Abschlüsse eingestuft, wonach die Vermögens-, Finanz- und Ertragslage sowie die Zahlungsströme eines Unternehmens **den tatsächlichen Verhältnissen entsprechend** abzubilden sind (*fair presentation* oder *true-and-fair-view-*Grundsatz, IAS 1.15). Alle anderen Regelungen sind hinsichtlich ihrer Anwendung hieran zu prüfen und ggf. muss von einer Anwendung abgesehen werden, wenn das Ziel der *fair presentation* ansonsten nicht erreicht wird (IAS 1.19).

▪ IAS 8.7 schreibt im nächsten Schritt die Anwendung der Standards und Interpretationen vor, um Bilanzierungsprobleme zu lösen. Die Interpretationen haben die gleiche bindende Wirkung wie einzelne Standards. Zu den Standards gehören häufig auch *IG* und *BC,* die ebenfalls nach IAS 8.9 auf dieser Ebene pflichtgemäß zu beachten sind, wenn es sich um integrale Bestandteile des Standards handelt. In einigen Fällen verweisen die Standards auf Ausführungen im Rahmenkonzept. Nur in diesen Passagen hat das Rahmenkonzept dann eine begrenzte Maßgeblichkeit und den gleichen Rang wie die Standards.

Liegen Regelungslücken vor, so ist nach IAS 8 folgende Hierarchie zur Lösung vorgeschrieben:

▪ Fallanalogien: Heranziehung bereits bestehender Vorschriften der IFRS, wie Standards oder Interpretationen, die ähnliche Sachverhalte regeln (IAS 8.11a),

▪ Systemanalogien: Ableitung von Rechnungslegungsmethoden, basierend auf dem *framework* (IAS 8.11b), was einer Prinzipienorientierung entspricht, sowie

▪ aktuelle Verlautbarungen anderer Standardsetter oder sonstige Rechnungslegungsverlautbarungen sowie anerkannte Branchenpraktiken, sofern sie nicht in Konflikt mit den Grundsätzen der IFRS stehen (IAS 8.12).

Stellt die Abbildung unter Beachtung der IFRS aus Sicht des Managements keine tatsachengemäße Abbildung dar (IAS 1.19) so ist eine Abbildung zu wählen, die eine tatsachengemäße Abbildung ermöglicht und Abweichung sowie abweichende Methode sind umfangreich zu erläutern und zu begründen (IAS 1.20). Nach IAS 1.24 besteht zwischen einer einzelnen Information und der Zielsetzung der Abschlüsse dann ein Konflikt, wenn die einzelne Information die Geschäftsvorfälle, sonstige Ereignisse und Bedingungen nicht so glaubwürdig darstellt, wie sie es entweder vorgibt oder wie es vernünftigerweise erwartet werden kann und die einzelne Information folglich wahrscheinlich die wirtschaftlichen Entscheidungen der Abschlussadressaten beeinflusst. Dabei hat die Unternehmensführung zu prüfen, warum diese Zielsetzung nicht erreicht wird und wie sich die besonderen Umstände des Unternehmens von denen anderer Unternehmen, die die Anforderung einhalten, unterscheiden. Wenn andere Unternehmen unter ähnlichen Umständen die Anforderung einhalten, gilt die widerlegbare Vermutung, dass die Einhaltung der Anforderung durch das Unternehmen nicht zu irreführend wäre.

Das Rahmenkonzept erweitert die Zielsetzung der IFRS-Rechnungslegung um den Aspekt der Vermittlung entscheidungsrelevanter Informationen als Entscheidungsunterstützung *(decision usefulness)* (RK.OB2; IAS 1.15). Das Ziel der Vermittlung entscheidungsrelevanter Informationen orientiert sich stark an der Bewertungsfunktion der Rechnungslegung (RK.OK3) und an den Informationsbedürfnissen von Kapitalinvestoren (RK.OK10). Zusätzlich sollen die Abschlussadressaten mithilfe der im IFRS-Abschluss bereitgestellten Informationen die geleistete Arbeit des Managements in der Berichtperiode beurteilen können. In diesem Sinne sollen die Abschlussinformationen der Beurteilung des wirtschaftlichen Handelns der Vergangenheit dienen und stellen eine Koordinationsfunktion dar. Jedoch wird die Rechenschaftsfunktion *(stewardship)* seit der Überarbeitung des Rahmenkonzepts in Phase A nicht mehr explizit genannt, sondern nur umschrieben (RK.OB4). In IAS 1.9 wird es aber weiter als explizites Ziel genannt. Der IASB geht davon aus, dass die Rechenschaft mit der Entscheidungsnützlichkeit ausreichend berücksichtigt ist.

1.3.2 Konzept der Wesentlichkeit

Die hohen Ansprüche an die IFRS-Rechnungslegung werden vom IASB in IAS 1.29–.31 und IAS 8.8 für den gesamten Jahresabschluss auf die wesentlichen Aspekte beschränkt. Daher müssen IFRS-Regelungen nicht angewandt werden, wenn die Auswirkung ihrer Anwendung unwesentlich ist (IAS 1.31). Allerding darf diese Möglichkeit nicht zu abschlusspolitischen Gestaltungen genutzt werden, indem eine Einschätzung der Wesentlichkeit für eine gewollte Darstellung der Vermögens-, Finanz- und Ertragslage oder der Cashflows eines Unternehmens getroffen wird.

Merke!

Nach RK.QC11 und IAS 1.7 wird lediglich qualitativ bestimmt, dass eine Information dann **wesentlich** ist, wenn ihr Weglassen oder ihre fehlerhafte Darstellung die auf der Basis des Abschlusses getroffene Entscheidung der Adressaten beeinflussen können.

Dabei sind bei der Beurteilung die unterschiedlichen Eigenschaften der Adressaten zu berücksichtigen und es ist von normalen Umständen bezüglich der von den Adressaten zu treffenden wirtschaftlichen Entscheidungen auszugehen. Da keine weiteren Konkretisierungen der Wesentlichkeitsschwelle vorgenommen werden, kann von derselben – ebenfalls handelsrechtlich letztlich ungeregelten – Größe wie nach HGB ausgegangen werden. Allerdings finden sich auch in der Auslegung in Theorie und Rechtsprechung höchst unterschiedliche Werte.

Beispiel: Fehlertoleranz

Exemplarisch kann eine Fehlerrelation zur Bilanzsumme angeführt werden
- von unter 0,5 % (OLG Frankfurt/Main, Urteil v. 18.03.2008, NZG 2008, S. 429, jedoch zusätzlich mit der Maßgabe, dass auch die Auswirkung auf die Liquidität unwesentlich ist),
- von unter 1 % (Frankfurt/Main, Urteil v. 03.05.2001, DB 2001, S. 1483) sowie
- von unter 5 %, eine Fehlerrelation zum Jahresüberschuss von weniger als 10 % sowie eine Kombination von beiden Werten (LG München, Urteil v. 12.04.2007, Betriebsberater (BB) 2001, S. 2510, sowie bestätigend OLG München, BB 2008, S. 440).

Lüdenbach, Hoffmann und Freiberg weisen jedoch darauf hin, dass es etwa US-amerikanische Gerichte regelmäßig nicht akzeptieren, wenn bis zu 3 % der Umsatzerlöse und 5 % der Bilanzsumme als unwesentlich eingestuft werden. Dies gilt, sofern die Abweichung dazu führt,
- einen Verlustausweis zu verhindern,
- die Änderung eines Trends zu verschleiern,
- bewusst externe Vorgaben von Analysten oder Kreditinstituten einzuhalten oder Zielvorgaben des Managements im Rahmen von Anreizsystemen zu erfüllen (Lüdenbach et al. 2017, § 1, Rz. 65).

Somit bleibt es bei dem diffusen qualitativen Kriterium der Beeinträchtigung der Adressatenentscheidung, was Rechnungsleger und Wirtschaftsprüfer jeweils als unbestimmte Messlatte für die Wesentlichkeit im Einzelfall zu bestimmen haben.

1.3.3 Adressaten und Prinzipienhierarchie der Rechnungslegung

Die Rechnungslegung nach IFRS ist grundsätzlich für eine Vielzahl von Adressaten bestimmt. Dazu zählen grundsätzlich alle potenziellen Nutzer, z. B. Anteilseigner, Kreditgeber, Lieferanten, Kunden, Arbeitnehmer, Finanzanalysten, die Öffentlichkeit usw. Aufgrund der zum Teil divergierenden Informationsbedürfnisse ist der IASB zu dem Ergebnis gekommen, dass nicht alle Informationsbedürfnisse gleichzeitig erfüllt werden können. Daher ist im Rahmenkonzept nunmehr eine Orientierung an den Informationsbedürfnissen der gegenwärtigen und künftigen Eigen- und Fremdkapitalgeber und anderen Gläubigern erfolgt (RK.OB2), die an der Vermittlung von Informationen über die Fähigkeit des Unternehmens zur Generierung zukünftiger Zahlungsströme interessiert sind (RK.OB3 f.). Dies wird damit begründet, dass diese Adressaten auf die Informationen der IFRS-Rechnungslegung angewiesen sind, da sie nicht direkt Informationen vom Unternehmen fordern können (RK.OB5).

Die in ▶ Abb. 1.2 dargestellten Rechnungslegungsgrundsätze sollen diese Informationsbedürfnisse bestmöglich befriedigen. Sie werden in den folgenden Abschnitten detaillierter dargestellt.

Die weiteren Prinzipien der Rechnungslegung nach IFRS werden im Rahmenkonzept bzw. in den IFRS direkt unterschieden in:

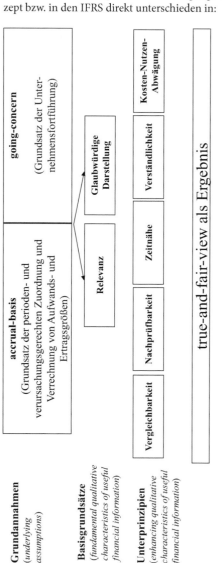

Grundannahmen
(*underlying assumptions*)

Basisgrundsätze
(*fundamental qualitative characteristics of useful financial information*)

Unterprinzipien
(*enhancing qualitative characteristics of useful financial information*)

Weitere Grundsätze mit Verankerung in den Standards
1. Grundsätzliches Saldierungsverbot
2. Häufigkeit der Berichterstattung

Abb. 1.2 System der Rechnungslegungsgrundsätze nach IFRS (Rahmenkonzept 2010)

1.3.4 Grundsatz der Unternehmensfortführung

Zu der grundlegenden Annahme des Rahmenkonzepts gehört der Grundsatz der Unternehmensfortführung (*going concern*; RK.4.1, IAS 1.25). Nach IAS 1.25 hat das Management die Fähigkeit zur Unternehmensfortführung bei der Abschlussaufstellung einzuschätzen. Die Annahme der Unternehmensfortführung ist gegeben, bis das Management beabsichtigt, das Unternehmen aufzulösen, das Geschäft einzustellen oder keine realistische Alternative mehr besteht, als so zu handeln. Die Einschätzung der Unternehmensfortführung hat Informationen für mindestens 12 Monate nach dem Abschlussstichtag zu berücksichtigen (IAS 1.26). Dieser Grundsatz wird als Begründung für die Bewertung zu fortgeführten Anschaffungs- oder Herstellungskosten herangezogen, weil angenommen wird, dass der erzielbare Nutzen aus den Vermögenswerten nicht unter deren Anschaffungs- oder Herstellungskosten liegt (zur Definition von Vermögenswerten und dem Anschaffungs- oder Herstellungskostenmodell vgl. ▶ Abschn. 1.4). Kein Management würde Vermögenswerte erwerben, wenn nicht der (angenommene) Nutzen für das Unternehmen mindestens den (erwarteten) Beschaffungskosten entsprechen würde. Für andere Unternehmen mag der Wert der Maschine dagegen geringer sein.

> ❯❯ **Auf den Punkt gebracht:** Rechnungslegung ist unabhängig von dem verwendeten Rechnungslegungssystem deshalb so herausfordernd, weil es etwas abzubilden versucht, was sich einer objektiven Abbildung entzieht. Es gibt keine objektiv richtigen Werte für einen Gegenstand (z. B. eine Maschine). Stets geht es bei Preisbildung um subjektive Einschätzungen des eigenen Nutzens, den der Gegenstand für einen Käufer oder Verkäufer hat und ein subjektives Abwägen gegenüber dem Nutzen des Gegenwerts. Diese Nutzeneinschätzungen ändern sich im Zeitverlauf ständig. Die Rechnungslegung bietet Vorgaben, wie diese Subjektivität eingegrenzt und im Abschluss dargestellt werden kann. Eine richtige Abbildung, die etwa ein Wirtschaftsprüfer mit seinem Testat nach der Prüfung des Abschlusses feststellt, bezieht sich stets nur auf die richtige Anwendung der Abbildungsvorgaben (IFRS, Gesetze, usw.) nicht aber auf eine objektiv richtige Darstellung.

Nur wenn keine Unternehmensfortführung mehr gegeben ist, dürfen Liquidationswerte im Abschluss berücksichtigt werden. IFRS 5 ermöglicht, zur Veräußerung bestimmte langfristige Vermögenswerte gesondert im Abschluss auszuweisen und mit dem niedrigeren aus Buchwert und beizulegendem Zeitwert abzüglich der Veräußerungskosten zu bewerten, wenn nur für Teile des Unternehmens die Fortführung nicht mehr gegeben ist (▶ Abschn. 3.2.2.3).

1.3.5 Periodenabgrenzung

Der Grundsatz der Periodenabgrenzung gehört nicht mehr explizit zu den grundlegenden Annahmen. Das Konzept ist aber in IAS 1.27–28 verankert und wird in RK. OB17 und RK 4.50–53 erwähnt. Bei der Periodenabgrenzung werden Posten als Vermögenswerte, Schulden, Eigenkapital, Erträge und Aufwendungen dann erfasst, wenn sie die im Rahmenkonzept für die betreffenden Elemente enthaltenen Definitionen und Erfassungskriterien erfüllen (▶ Abschn. 1.4). Somit kommt es etwa nicht darauf an, ob ein Ertrag auch bereits als Geldzufluss (Einzahlung) vorliegt. Vielmehr ist der Ertrag in dem Geschäftsjahr zu erfassen, in dem die Kriterien erfüllt sind.

1.3.6 Relevanz und glaubwürdige Darstellung

Zu den Primärgrundsätzen *(fundamental qualitative characteristics)* zählen gem. RK.QC4 der Grundsatz der Relevanz einschließlich der Wesentlichkeit und die glaubwürdige bzw. tatsachengetreue Darstellung. Der Grundsatz der Relevanz *(relevance;* RK.QC6 ff.) einschließlich der Wesentlichkeit steht in engem Zusammenhang zur Zielsetzung der IFRS-Rechnungslegung.

Merke!

Informationen gelten dann als **relevant**, wenn sie die wirtschaftliche Entscheidung von Abschlussadressaten beeinflussen.

Relevante Informationen können dazu beitragen, einen Input bei der Vorhersage künftiger Ergebnisse zu geben (Vorhersagekraft) oder eine in der Vergangenheit getroffene Entscheidung zu bestätigen oder zu korrigieren (Bestätigungskraft; RK.QC.7–9). Viele Informationen sind für Abschlussadressaten relevant. Dennoch sind nicht alle relevanten Informationen im Jahresabschluss offenzulegen. Eine Einschränkung erfolgt durch den Grundsatz der Wesentlichkeit *(materiality;* RK.QC11, IAS 8.8; IAS 1.29 ff.). Die Wesentlichkeit von Informationen ist abhängig von ihrer Art und ihrer Auswirkung auf Abschlussgrößen wie z. B. das Eigenkapital und den Gewinn oder Verlust.

Merke!

Informationen sind erst dann **entscheidungsnützlich**, wenn sie zusätzlich zum Grundsatz der Relevanz auch die Anforderungen an eine glaubwürdige Darstellung *(faithful representation)* erfüllen (RK.QC12).

Der Grundsatz der glaubwürdigen Darstellung fordert eine den tatsächlichen wirtschaftlichen Verhältnissen entsprechende Abbildung im IFRS-Abschluss. Da die Abbildung im Abschluss mit Schätzungen verbunden ist, z. B. Schätzung der Nutzungsdauer, Schätzung der Rückstellungshöhe, und objektiv nicht gelingen kann, sind ergänzend die Vollständigkeit, Neutralität und Fehlerfreiheit als Gütekriterien definiert (RK.QC12). Die **Vollständigkeit** *(complete)* fordert die Präsentation sämtlicher Informationen, die zum Verständnis des abgebildeten Sachverhalts notwendig sind (RK. QC13). Entsprechend der **Neutralität** *(neutral)* sollen die im Abschluss gebotenen Informationen frei von Verzerrungen sein (RK.QC14). Dies schließt alle abschlusspolitischen Maßnahmen des Managements aus, das nur der Generierung möglichst entscheidungsnützlicher Information der Kapitalgeber gegenüber verpflichtet ist. Die **Fehlerfreiheit** *(free from error)* meint, dass die gebotenen Informationen korrekt hergeleitet werden müssen, d. h., Schätzungen sind klar zu umschreiben, ggf. mit Angabe einer Wahrscheinlichkeitsverteilung (RK.QC15).

Implizites Merkmal der glaubwürdigen Darstellung ist die **wirtschaftliche Betrachtungsweise** *(substance over form)*, obwohl diese nicht mehr explizit im Rahmenkonzept genannt wird (RK.BC3.26). Entsprechend der wirtschaftlichen Betrachtungsweise sind Geschäftsvorfälle und sonstige Ereignisse nach ihrem wirtschaftlichen Gehalt und nicht nach ihrer rechtlichen Gestaltung abzubilden. Nach RK.QC17 müssen die im Abschluss präsentierten Informationen sowohl die Anforderungen der Relevanz als auch die der glaubwürdigen Darstellung erfüllen. Allerdings sind beide Grundsätze nicht widerspruchsfrei bzw. sogar häufig konträr, sodass auf ein ausgewogenes Verhältnis von Relevanz und glaubwürdiger Darstellung zu achten ist (RK.QC17).

Beispiel: Zusammenhang zwischen Relevanz und glaubwürdiger Darstellung

Der beizulegende Zeitwert *(fair value)* kann zweifelsohne als für die Adressaten relevant angesehen werden, jedoch ist der Wert mit einer häufig wenig glaubwürdigen Ermittlung mit vielen Prämissen verbunden. Letzteres setzt die Entscheidungsrelevanz wieder deutlich herab.

In der praktischen Anwendung wird die Relevanz vor der glaubwürdigen Darstellung zu prüfen sein (RK.QC18).

1.3.7 Vergleichbarkeit (Darstellungsstetigkeit), Nachvollziehbarkeit, Zeitnähe und Verständlichkeit

Als Sekundärgrundsätze *(enhancing qualitative characteristics)* sind gem. RK.QC19 die Grundsätze der Vergleichbarkeit, der Nachprüfbarkeit, der Zeitnähe und der Verständlichkeit zu beachten.

Die **Vergleichbarkeit** *(comparability;* RK.QC20 ff.) impliziert, dass die angewendeten Ansatz- und Bewertungsmethoden angegeben werden und dass auf Änderungen hingewiesen wird, um eine zeitliche und zwischenbetriebliche Vergleichbarkeit zu gewährleisten. Die Vergleichbarkeit im Zeitablauf setzt die Beachtung der Stetigkeit auch der Darstellung voraus (IAS 1.45). Außerdem sind gem. IAS 1.38 f. alle quantitativen Vorjahresinformationen anzugeben. Erst damit kann ein Vergleich des Unternehmens im Zeitverlauf erreicht werden. Dies erklärt, weshalb der IASB auch hohe Anforderungen an die rückwirkende Änderung von Rechnungslegungsmethoden stellt und umfangreiche Berichtspflichten fordert (IAS 1.39). So sind nach IAS 1.40A bzw. IAS 8.22 zusätzlich zu der nach der neu angewandten Rechnungslegungsmethode berechneten Vorjahresangabe eine Angabe der Eröffnungsbilanzwerte des Vorjahrs notwendig, in der die Auswirkungen der Rechnungslegungsänderung erfolgsneutral, d. h. ohne die Gewinn- und Verlustrechnung (GuV) zu berühren, berücksichtigt wurde. Die jeweiligen Anpassungsbeträge sind offenzulegen und zu erläutern. Abweichungen von diesem Grundsatz sind nur erlaubt, wenn dieses Verfahren undurchführbar ist (IAS 8.23 ff).

Ebenso ist eine Darstellungsänderung nach IAS 1.41 zu begründen und mit Zusatzinformationen für den Adressaten nachvollziehbar zu gestalten. Die überbetriebliche Vergleichbarkeit kann durch die Beachtung der Angabepflichten erreicht werden.

Nachprüfbarkeit (*verifiability*) ist als intersubjektive Nachprüfbarkeit zu verstehen und gilt als erfüllt, wenn andere Dritte zum selben Ergebnis kommen würden. RK. QC27 besagt, dass ein Sachverhalt direkt, z. B. durch körperliche Bestandsaufnahme, oder indirekt, z. B. durch analytische Herangehensweise, nachgeprüft werden kann. Grundsätzlich ist auch eine Darstellung quantitativer Werte in Form einer Bandbreite sachgerecht, soweit deren Eintrittswahrscheinlichkeiten ebenfalls angegeben werden. Zukunftsgerichtete Aussagen bedürfen nach RK.QC28 einer Darstellung der zugrunde gelegten Annahmen, damit der Adressat zumindest diese überprüfen kann.

Zeitnähe (*timeliness*) bedeutet, dass Informationen für die Entscheidungsunterstützung zeitnah zur Verfügung zu stellen sind. Eine zeitnahe Berichterstattung ist notwendig, weil der Informationsnutzen abnimmt, je älter die Information ist (RK. QC29). In diesem Sinne ist der *fast-close*-Abschluss zur herrschenden Praxis in großen Unternehmen geworden. Die Abwägung zugunsten der schnellen Informationsvermittlung betrifft insbesondere kapitalmarktorientierte Unternehmen, da eine späte Informationsbereitstellung i. d. R. von der Börse abgestraft wird.

Die **Verständlichkeit** (*understandability*) fordert eine klare, präzise Systematisierung und Darstellung von Informationen (RK.QC30). Dies bedeutet nicht, dass komplexe Sachverhalte ausgeschlossen sind (RK.QC31). Vielmehr sind die Informationen so aufzubereiten, dass sie für einen fachkundigen Leser verstehbar sind (RK.QC32).

Als Nebenbedingung ist eine **Abwägung von Kosten und Nutzen** (*balance between benefit and cost*) vorzunehmen (RK.Q35–39). Hiermit ist der Grenznutzen zusätzlicher Informationen unter Berücksichtigung der Kosten der Informationsbeschaffung angesprochen. Demnach muss der Nutzen der gebotenen Information höher sein als die Kosten ihrer Bereitstellung.

Gem. RK.QC34 kommt der Beachtung der Primärgrundsätze eine hohe Bedeutung zu, weil Informationen nicht entscheidungsnützlich sind, wenn diese nicht relevant und glaubwürdig dargestellt sind.

1.3.8 Saldierungsverbot und Berichtshäufigkeit

Eine Saldierung von Vermögenswerten und Schulden sowie Erträgen und Aufwendungen ist nach IFRS grundsätzlich verboten; es ist nur in den Fällen erlaubt, in denen dies explizit in einem Standard oder einer Interpretation gefordert wird (IAS 1.32) oder aufgrund von Unwesentlichkeit die Aussagekraft des Abschlusses durch Zusammenfassen von Positionen nicht herabgesetzt wird (IAS 1.35).

Die Länge der Berichtsperiode wird in IAS 1.36 mit grundsätzlich maximal einem Jahr festgelegt, was auch den handelsrechtlichen Vorgaben entspricht. Kapitalmarktorientierte Unternehmen haben aber nach dem Wertpapierhandelsgesetz (WpHG) auch (verkürzte) unterjährige Berichte als Halbjahresfinanzbericht und aktuell noch als Zwischenmitteilungen jeweils innerhalb der beiden Jahreshälften offenzulegen. Davon getrennt muss die Länge des Geschäftszyklus bestimmt werden, um die unternehmensindividuell vorzunehmende Unterteilung in kurz- und langfristig vornehmen zu können (▶ Abschn. 2.2).

1.4 Grundlegende Methoden von Ansatz und Bewertung

1.4.1 Grundsachverhalte

Im Rahmen der Bilanzierung stellen sich grundsätzlich drei zentrale Fragen:

- Was soll im Jahresabschluss abgebildet werden? Hierbei wird von **Ansatzregelungen** gesprochen. Da der Jahresabschluss in einer Währung (von IFRS-Anwendern mit Sitz in Deutschland nach § 315e Abs. 1 HGB i. V. m. § 298 Abs. 1 HGB i. V. m. § 244 HGB in Euro) darzustellen ist, stellt sich nach Klärung dieser Frage sofort das nächste Problem:
- Mit welchem Betrag, sollen die Sachverhalte dargestellt werden? Hier wird von **Bewertungsregelungen** gesprochen.
- Zudem wäre noch nach dem Ort zu fragen, wo die Angaben erfolgen. Dies wird durch **Ausweisregelungen** beantwortet.

Im Abschluss ist generell zu unterscheiden zwischen Bestands- und Stromgrößen. Während die Bestandsgrößen Endbestände zu einem bestimmten Stichtag darstellen und primär in der Bilanz (▶ Abschn. 2.2) ausgewiesen werden, stellen Stromgrößen die aufgelaufenen Beträge der Berichtsperiode dar. Diese werden, wenn es sich um Erträge und Aufwendungen handelt, in der Gewinn- und Verlustrechnung (GuV) (▶ Abschn. 2.3) und bei Ein- und Auszahlungen in der Kapitalflussrechnung (▶ Abschn. 2.5) gezeigt.

Der IASB definiert im Rahmenkonzept die relevanten Begrifflichkeiten grundsätzlich, konkretisiert dies dann aber sachverhaltsspezifisch noch in den jeweiligen Standards. Daher werden im Folgenden die grundsätzlichen Definitionen kurz dargestellt, während im ▶ Kap. 3 konkretere Vorgaben dargestellt werden.

1.4.2 Definition und Ansatz von Bestandsgrößen

Nach dem Rahmenkonzept werden die wirtschaftlichen Auswirkungen von Geschäftsvorfällen und anderen Ereignissen durch Abschlussposten dargestellt. Für die Darstellung der Vermögens- und Finanzlage in der Bilanz sind Vermögenswerte, Schulden und Eigenkapital relevant (RK 4.2).

Merke!

Für einen **Vermögenswert** *(asset)* besteht eine Ansatzpflicht, wenn

- es sich um eine in der Verfügungsmacht des Unternehmens stehende Ressource, die ein Ergebnis von Ereignissen der Vergangenheit darstellt, aus der ein künftiger wirtschaftlicher Nutzenzufluss zu erwarten ist, handelt (RK 4.4(a)) **und**
- die Wahrscheinlichkeit für den Nutzenzufluss gegeben, die Messbarkeit des Wertes verlässlich und dieser als relevant anzusehen ist (RK 4.38).

Der Begriff der Verfügungsmacht erweitert die abzubildenden Vermögenswerte. Es sind nicht nur diejenigen abzubilden, die sich im Eigentum des Unternehmens aus juristischer Sicht befinden. Vielmehr wird nach dem wirtschaftlichen Eigentum gefragt, was die Sichtweise erweitert auf Ressourcen, bei denen das Unternehmen die Mehrheit der Risiken und Chancen trägt. So müssen etwa nach IAS 17 einige Leasinggegenstände beim bilanzierenden Unternehmen als Leasingnehmer wie normale Vermögenswerte in der Bilanz ausgewiesen werden, obwohl juristisch der Leasinggegenstand weiterhin dem Leasinggeber gehört (▶ Abschn. 3.2.2.2).

Ressourcen können auch individuelle Vorteile darstellen, die keine Vermögensgegenstände sind. Der Vermögensgegenstandsbegriff wird im HGB verwendet und knüpft an die selbstständige Verkehrsfähigkeit an, d. h. Vermögensgegenstände liegen dann vor, wenn sie aus dem Unternehmen herausgelöst und einzeln veräußert werden können. Vermögenswerte sind dagegen weiter gefasst.

Beispiel: Disagio

Wenn ein Darlehen nicht zu 100 % ausgezahlt wird, sondern das Kreditinstitut bereits einen Teil der Schulden einbehält, um damit Gebühren zu decken und um über die Laufzeit damit einen geringeren laufenden Zinssatz anbieten zu können, wäre dieser Differenzbetrag (Disagio) ein individueller Vorteil für das Unternehmen. Obwohl das Disagio nicht verkauft werden kann, stellt es eine Ressource mit zu erwartendem zukünftigem, wirtschaftlichem Nutzenzufluss dar, weil die späteren Zinszahlungen niedriger ausfallen.

Der wirtschaftliche Nutzenzufluss muss nicht direkt in Geld erfolgen, es können, wie im Beispiel beschrieben, auch zukünftig ersparte Auszahlungen oder erhaltene Sachleistungen sein, die dann später in Geld umwandelbar sind. Es ist auch nicht notwendig, dass die Ressource sofort verkauft werden kann. Der IFRS-Abschluss bietet hier keinen hohen Gläubigerschutz über die Darstellung des liquidierbaren, d. h. schnell in Geld umwandelbaren Vermögens.

Die in der Verfügungsmacht des Unternehmens stehende Ressource muss durch ein vergangenes Ereignis bestehen. Damit werden zukünftig mögliche Vermögenswerte aus der Abbildung ausgeschlossen. Es muss bereits bis zum Abbildungsstichtag ein Ereignis eingetreten sein, sodass ein Vermögenswert für das Unternehmen entstanden ist.

Die Wahrscheinlichkeit des Nutzenzuflusses ist ein unbestimmter Rechtsbegriff. Er wird zwar formal vom IASB mit dem schlichten *more likely than not*, d. h. über 50 % Eintrittswahrscheinlichkeit beschrieben, doch ist das lediglich eine Scheingenauigkeit. Es ist nicht möglich, alle zukünftigen Ereignisse exakt einzuschätzen und genaue Wahrscheinlichkeiten anzugeben. Dies ist nur annäherungsweise und mit Hilfe von statistischen Verfahren bei häufigen Vorgängen der Fall. Somit besteht hier ein erheblicher Einschätzungsspielraum in der Definition von Vermögenswerten.

Eine verlässliche Messbarkeit verlangt eine gewisse Greifbarkeit der Ressource. Eine vage Vermutung eines wirtschaftlichen Nutzens, ohne diesen verlässlich messen zu können, wobei auch bestimmte Schätzverfahren den Verlässlichkeitsanforderungen genügen, reicht nicht aus. Gleichzeitig wird durch den Hinweis auf die Relevanz der Ressource die verlässliche Messbarkeit wieder relativiert. Für die genannten Kriterien der Relevanz und der Zuverlässigkeit der Information besteht häufig ein Spannungsfeld, was ein Grundproblem der Rechnungslegung darstellt. Wenn der Nutzenzufluss erst in einer ex-post-Betrachtung (im Nachhinein) zuverlässig messbar ist, verliert die Information ihre Relevanz. Im umgekehrten Fall (ex-ante) können relevante Informationen nicht immer zuverlässig sein, weil z. B. noch nicht alle Details feststehen. Dieser Zielkonflikt führt zu einem Einschätzungsspielraum. Da auch der IASB oft keine operationalen und gleichzeitig sinnvollen Ansatzkriterien bestimmen kann, fehlt es an objektiven und gleichzeitig relevanten Ansatzgrundsätzen, sodass die Ansatzkriterien nur beschreibend sind und keine vollständig zufriedenstellende Hilfestellung bei konkreten Bilanzierungsproblemen bieten können.

┌─ **Merke!** ───

Unter **Schulden** *(liabilities)* werden gemäß RK 4.4(b) spiegelbildlich zu den Vermögenswerten alle gegenwärtigen Verpflichtungen subsumiert, die aus einem vergangenen Ereignis resultieren und mit einer künftigen Belastung des Unternehmens verbunden sind. Zudem muss die Wahrscheinlichkeit für den Nutzenabfluss und eine Bewertbarkeit gegeben sein (RK 4.46).

Dieser Begriff umfasst neben Schuldposten aus rechtlichen (vertraglichen) Verpflichtungen auch Ansprüche, denen sich das Unternehmen aus wirtschaftlichen Gründen nicht entziehen kann (faktische Verpflichtungen), d. h. Verbindlichkeiten und Rückstellungen. Allerdings ist der Schuldbegriff lediglich auf Verpflichtungen gegenüber Dritten beschränkt. Es müssen also immer außenstehende Anspruchsteller gegenüber dem Unternehmen auftreten oder auftreten können. Eine Innenverpflichtung, wie dies etwa für Fälle einer unterlassenen Instandhaltung auftreten könnte, ist nach den IFRS nicht passivierungsfähig. Die Anforderungen an die Bewertbarkeit sind nicht zu stark zu gewichten, da RK 4.41 die Verwendung von Schätzungen bei mangelnder Bewertbarkeit zulässt. An das vergangene Ereignis als Ansatzvoraussetzung sind dagegen hohe Anforderungen zu stellen, da jede einzelne Schuld auf ein vergangenes Ereignis rückbezogen werden muss.

Beispiel: Rückstellungen
Einem Unternehmen sind bei Überprüfungen von Produkten Fehler aufgefallen, die Kunden verletzen könnten. In diesem Fall ist der zurückliegende Verkauf von diesen potenziell fehlerbehafteten Produkten zusammen mit einer anzunehmenden Wahrscheinlichkeit, dass Kunden das Unternehmen erfolgreich auf Schadensersatz verklagen könnten, ein ausreichender Grund, um eine Rückstellung für ungewisse Verbindlichkeiten für diese Fälle zu bilden. Zu argumentieren, es kämen auch zukünftig immer mal Fehler vor und daher würde ganz unspezifisch eine Rückstellung für zukünftige Fehler gebildet, scheidet dagegen aus (▶ Abschn. 4.1).

Bezüglich der Wahrscheinlichkeit des Nutzenabflusses und der Bewertbarkeit der Schuld sind die Ausführungen zu Vermögenswerten analog anwendbar.

┌─ **Merke!** ───

Das **Eigenkapital** *(equity)* ergibt sich als Restgröße von Vermögen abzüglich Schulden (RK 4.4(c)).

Gemäß IAS 1.106 ist das Eigenkapital begrifflich durch Sachverhalte, die eine Veränderung des Eigenkapitals bewirken, abzugrenzen. Demnach sind innerhalb des Eigenkapitals die Sachverhalte getrennt auszuweisen, die aus Transaktionen mit den Anteilseignern stammen und die eine Vermögens- und Schuldenänderung mit Gesamtergebnis-Relevanz bewirken und somit über den (im Konkreten noch weiter zu untergliedernden) Posten des Gesamtergebnisses das Eigenkapital berühren. Zudem wird in RK 4.20 ff. eine Aufgliederung des Eigenkapitals in verschiedene Kriterien vorgenommen.

Insgesamt existieren nach IFRS somit kaum explizite Ansatzwahlrechte. Daher sind sämtliche Vermögenswerte und Schulden in die Bilanz aufzunehmen. Zudem spiegeln die Ansatzkriterien die zentrale Bedeutung der periodengerechten Erfolgsermittlung wider, da eine Aktivierung nur sinnvoll ist, wenn damit die entstandenen Auszahlungen in der laufenden Periode neutralisiert und erst mit den daraus resultierenden Erträgen als Aufwand in späteren Perioden gebucht werden. Sind diese Erträge nicht zu erwarten, stellen die entstandenen Ausgaben Aufwand der Periode dar.

1.4.3 Definition und Ansatz von Stromgrößen

Als für die IFRS relevante Stromgrößen können zunächst die Ein- und Auszahlungen angeführt werden. Diese unterliegen jedoch mit Ausnahme von Zahlungen in fremder Währung grundsätzlich keiner Bewertung. Werden also lediglich die Ströme an liquiden Mitteln abgebildet, gibt es keine Abweichung von den allgemeinen Definitionen in ▶ Abschn. 1.1. Komplizierter wird es aber bei den Erfolgsgrößen der Gewinnermittlung. Erträge und Aufwendungen werden für die Darstellung der Ertragskraft in der GuV IFRS-spezifisch definiert, da sie zu den bereits vorgestellten Definitionen der Vermögenswerte und Schulden passen müssen.

> **Merke!**
>
> **Erträge** *(income)* sind nach RK 4.25(a) Zuwächse an wirtschaftlichen Vorteilen einer Berichtsperiode aufgrund von Zuflüssen oder Wertsteigerungen von Vermögenswerten oder der Abnahme von Verbindlichkeiten, die das Eigenkapital erhöhen.
>
> **Aufwendungen** *(expenses)* sind als das genaue Gegenteil in RK 4.25(b) definiert, stellen also die Abnahme an wirtschaftlichen Vorteilen dar, die das Eigenkapital verringern.

Diese Definitionen werden dann aber im Rahmenkonzept noch jeweils aufgespalten. Erträge sind nach RK 4.29 sowohl die Einnahmen bzw. Umsatzerlöse *(revenue)*, die der normalen Geschäftstätigkeit zuzurechnen sind und Gewinnen *(gains)*, die zusätzlich auch aus der Veräußerung langfristiger Vermögenswerte oder aus der Neubewertung resultieren. Aufwendungen sind nach RK 4.39 zu unterteilen in die Aufwendungen der laufenden Geschäftstätigkeit *(expenses)* sowie die (Einmal-)Verluste *(losses)*. Diese Aufteilung ist aber nicht trennscharf genug für die im Weiteren notwendige Zuordnung der Aufwendungen und Erträge zu den beiden in der Gesamtergebnisrechnung (▶ Abschn. 2.3) enthaltenen erfolgswirksamen und erfolgsneutralen Veränderungen des Eigenkapitals. Die erfolgswirksamen Eigenkapitalveränderungen werden in der GuV (bzw. dem GuV-Teil der Gesamtergebnisrechnung) ermittelt und im Periodenergebnis zusammengefasst. Die erfolgsneutralen Erträge und Aufwendungen werden an der GuV vorbei im sonstigen Ergebnis zusammengefasst (IAS 1.7). Letztlich nimmt der IASB eine Definition vor, was als Erfolg im Periodenergebnis der GuV gezeigt wird und was das Eigenkapital direkt verändert (▶ Abschn. 2.3). Diese Aufteilung ist umstritten, da es für die Eigenkapitalgeber kurzfristig gesehen egal ist, wie es zu einer Mehrung des Eigenkapitalanteils gekommen ist.

1.4.4 Bewertung von Vermögenswerten

1.4.4.1 Grundsachverhalte

In den IFRS existiert kein einheitlicher Bewertungsmaßstab, der für alle Bilanzpositionen verbindlich ist, vielmehr werden im Rahmenkonzept als Bewertungskategorien angeführt (RK 4.55):

- Historische Anschaffungs- oder Herstellungskosten *(historical cost)*,
- Tageswert *(current cost)*,
- Veräußerungswert/ Erfüllungsbetrag *(realisable/settlement value)* sowie
- Barwert *(present value)*.

Der anzuwendende Bewertungsmaßstab ergibt sich aus den Einzelstandards für die jeweiligen Sachverhalte. Ebenso regeln die Standards, wie genau die Bewertungskategorien im Einzelnen zu ermitteln sind. So können die Anschaffungs- oder Herstellungskosten in verschiedenen Standards unterschiedlich definiert sein. Allerdings enthalten einzelne Standards darüber hinaus noch weitere Bewertungsmaßstäbe, die sich nicht eindeutig den vier Bewertungskategorien zuordnen lassen. Zudem erlauben einige Standards die Anwendung alternativer Bewertungsmethoden.

Die genannten Bewertungskategorien werden im Folgenden in ihren Grundzügen erläutert. Da die Bewertungsmodelle, welchen die historischen Anschaffungs- oder Herstellungskosten bzw. den Fair Value anwenden, die größte praktische Relevanz aufweisen, werden diese ausführlicher dargestellt.

Bilden die **historischen Anschaffungs- oder Herstellungskosten** *(historical cost)* die Ausgangsgröße der Bewertung, wird entweder auf die Kosten im Zusammenhang mit der Anschaffung oder der Herstellung des Vermögenswerts abgestellt. Dieses Konzept wird unten im Zusammenhang mit den Ausführungen zum Anschaffungs- oder Herstellungskostenmodell näher erläutert. In der Praxis kommt es regelmäßig zu einer Vermengung von Anschaffungs- und Herstellungskosten, da etwa eine erworbene Maschine (Anschaffungskosten) noch von Mitarbeitern des Unternehmens aufgestellt und angeschlossen werden muss (Herstellungskosten). Daher wird von Anschaffungs- und Herstellungskosten gesprochen, wobei das **und** auch als **oder** gelesen werden kann, wenn es nicht zu einer Vermengung gekommen ist.

Wird auf den **Tageswert** *(current cost)* abgestellt, basiert die Bewertung auf der Annahme, dass der Vermögenswert zum gegenwärtigen Zeitpunkt gekauft bzw. die zu bewertende Schuld jetzt getilgt wird. Entsprechend müssen für die Bewertung aktuelle Preise o. Ä. vorliegen. Eine Abzinsung des Betrags auf den Zeitpunkt der tatsächlichen Tilgung widerspräche dieser Annahme. Daher handelt es sich beim Tageswert nicht um einen Barwert (s. u.).

Ähnlich verhält es sich beim **Veräußerungswert/Erfüllungsbetrag** *(realisable/settlement value)*. Dieser stellt im Falle eines Vermögenswerts den Gegenwert dar, der momentan bei einem Verkauf erzielt werden kann. Im Falle einer Schuld wird auf den Betrag abgestellt, der im normalen Geschäftsverlauf zum Begleichen der Schuld benötigt werden würde. Die Verwendung eines Barwerts ist auch hier ausgeschlossen.

Beim **Barwert** *(present value)* handelt es sich um den Wert eines zukünftigen Zahlungsstroms in der Gegenwart. Die Ermittlung des Barwerts erfolgt durch Abzinsung. Hierbei ist auf die im normalen Geschäftsverlauf erwarteten Mittelzu- bzw. -abflüsse abzustellen.

Beispiel: Barwert

Es soll zum heutigen Zeitpunkt eine Schuld bewertet werden, die erst in 10 Jahren erfüllt werden muss (z. B. eine Verpflichtung für Pensionen). Der im normalen Geschäftsverlauf geschätzte Erfüllungsbetrag sei 200.000 €. Der Barwert ist die Antwort auf die Frage, wie viel Geld heute beiseitegelegt werden muss, damit in 10 Jahren 200.000 € bezahlt werden können. Unter der Annahme, dass die heute angelegten Mittel bis zur Auszahlung in 10 Jahren aufgrund des Zinseszinseffekts einer Wertsteigerung unterliegen, reicht es aus, weniger als den Erfüllungsbetrag anzulegen. Angenommen die jährliche Verzinsung beträgt 3,5 %, kann der Barwert nach folgender Formel berechnet werden:

$$E_n = \frac{E_0}{(1+i)^n}$$

$$141.783,76 = \frac{200.000}{1,035^{10}}$$

Entsprechend müssen heute 141.783,76 € zu 3,5 % p. a. Zinsen angelegt werden, damit in 10 Jahren 200.000 € verfügbar sind.

Der **Nettoveräußerungswert** *(net selling price)* ist für Vorräte nach IAS 2.6 definiert. Hierbei soll es sich um den im normalen Geschäftsgang erzielbaren Verkaufserlös abzüglich der geschätzten Kosten bis zur Fertigstellung sowie der Veräußerungskosten handeln.

Der **beizulegende Zeitwert** *(fair value)* wird in verschiedenen Standards verwendet. Während abweichende Definitionen in den einzelnen Standards gegeben sind, beschäftigt sich IFRS 13 („Bemessung des beizulegenden Zeitwerts") ausschließlich mit diesem Bewertungskonzept. Nach IFRS 13.2 stellt der beizulegende Zeitwert eine marktbasierte Bewertung dar. Umstände des Unternehmens, wie z. B. Marktmacht, bleiben folglich außer Betracht. Unabhängig davon, ob tatsächlich beobachtbare Marktdaten vorhanden sind, die der Bewertung zugrunde gelegt werden können, wird dasselbe Ziel verfolgt: Es soll der Marktpreis geschätzt werden, der unter den Marktbedingungen am Bemessungsstichtag zustande kommen würde.

Eine Mischung aus Nettoveräußerungswert und beizulegendem Zeitwert findet sich in IAS 36.6, wo der beizulegende Zeitwert abzüglich Veräußerungskosten definiert wird.

> ⟫ **Auf den Punkt gebracht: Die beiden zentralen Bewertungsmodelle stellen auf die Anschaffungs- oder Herstellungskosten bzw. auf den Fair Value ab.**

Bei der Bewertung ist zu unterscheiden zwischen Zugangsbewertung, d. h. mit welchem Wert der Vermögenswert oder die Schuld bei der ersten Einbuchung zu erfassen ist, und die Folgebewertung zu späteren Bilanzstichtagen.

1.4.4.2   Zugangsbewertung
1.4.4.2.1   Anschaffungs- oder Herstellungskostenmodell

Die Verwendung von historischen Anschaffungs- oder Herstellungskosten ist die eingängigste Bewertungskategorie für die Zugangsbewertung. Die Ermittlung richtet sich maßgeblich nach der Art und Weise, in der ein Unternehmen in den Besitz des Vermögenswerts gekommen ist.

Wurde der Vermögenswert **angeschafft**, sind die Kosten im Zusammenhang mit der Anschaffung maßgeblich. Diese können in Form von Zahlungsmitteln oder Zahlungsmitteläquivalenten abgeflossen sein.

Wurde der Vermögenswert im Zuge eines Tauschs erworben, liegt kein monetärer Kaufpreis vor. Zur Bewertung ist zunächst festzustellen, ob das Tauschgeschäft überhaupt über wirtschaftliche Substanz verfügt (IAS 38.45, IAS 16.24 bzw. IAS 40.27).

Hierzu wird auf den Einfluss des Tauschgeschäfts auf künftige Cashflows abgestellt. Das Tauschgeschäft hat wirtschaftliche Substanz, wenn sich entweder

- die Cashflows der getauschten Vermögenswerte bezüglich ihrer Risiken, des zeitlichen Anfalls oder des Betrags signifikant unterscheiden **oder**
- sich der unternehmensspezifische Wert des Teils der Geschäftstätigkeit, der vom Tausch betroffen ist, in signifikanter Weise ändert.

Hierbei ist auf den beizulegenden Zeitwert abzustellen. Liegt keine wirtschaftliche Substanz vor, gilt der Buchwert des hingegebenen Vermögenswerts als Anschaffungskosten des erhaltenen Vermögenswerts. Kann hingegen eine wirtschaftliche Substanz des Tauschgeschäfts festgestellt werden, ist weiter zu prüfen, ob der beizulegende Zeitwert des erhaltenen Vermögenswerts verlässlich ermittelbar ist. Ist dies der Fall, ist dieser als Anschaffungskosten heranzuziehen. Der beizulegende Zeitwert ist grundsätzlich nach IFRS 13 zu ermitteln (Abschn. 1.4.4.3.2). Eine verlässliche Ermittlung kann angenommen werden, wenn die möglichen Schätzwerte für den beizulegenden Zeitwert entweder in einer akzeptablen Bandbreite liegen oder die Eintrittswahrscheinlichkeiten der verschiedenen Schätzwerte innerhalb dieser Bandbreite angemessen eingeschätzt und verwendet werden können (IAS 38.47, IAS 16.26 bzw. IAS 40.29). Ist der beizulegende Zeitwert des erhaltenen Vermögenswerts nicht verlässlich bestimmbar, kann hilfsweise auch der des hingegebenen Vermögenswerts für die Ermittlung der Anschaffungskosten herangezogen werden. Ist auch dies nicht möglich, gilt wieder der Buchwert des hingegebenen Vermögenswerts als Anschaffungskosten des erhaltenen Vermögenswerts.

Findet ein Erwerb ganz oder zum Teil durch Zuwendungen der öffentlichen Hand statt, ist IAS 20 einschlägig, wenn gleichermaßen eine angemessene Sicherheit darüber besteht, dass die an das Unternehmen gestellten Bedingungen erfüllt werden und die Zuwendung gewährt werden wird (IAS 16.28). Dies ist z. B. bei der Vergabe von Lizenzen, Quoten, Konzessionen oder Rechten der Fall. Gewährte Investitionszuschüsse der öffentlichen Hand können nach IAS 16.28 bzw. IAS 38.44 entweder als passivischer Rechnungsabgrenzungsposten innerhalb der langfristigen Schulden erfasst oder als direkte Kürzung bei den Anschaffungs- oder Herstellungskosten abgezogen werden. Letzteres ist nur möglich, wenn es sich um unbedingte Zuwendungen handelt, diese also nicht zurückgefordert werden können.

Beispiel: Zuwendungen der öffentlichen Hand

Ein Unternehmen hat ein Grundstück im Wert von 2 Mio. € im Rahmen einer öffentlichen Strukturmaßnahme von der Gemeinde unentgeltlich erhalten. Auf dem Grundstück wird eine Fabrikhalle mit 4 Mio. € Herstellungskosten gebaut. Das Unternehmen kann die Immobilie (Grundstück und Gebäude) mit 6 Mio. € (**brutto**) ansetzen und dafür einen Passivposten für Zuwendungen der öffentlichen Hand i. H. v. 2 Mio. € ausweisen.

Alternativ kann der **Nettowert** der Immobilie (4 Mio. €) als Herstellungskosten angesetzt werden, die Passivierung der öffentlichen Zuwendung unterbleibt dann. Dies allerdings nur, wenn der Zuschuss unbedingt erfolgt und nicht zurückgefordert werden kann.

Zu den Anschaffungskosten gehören auch die Anschaffungsnebenkosten. Hierzu zählen alle Aufwendungen der Anlieferung, Aufstellung und Inbetriebnahme, bis der vom Management beabsichtigte betriebsbereite Zustand erreicht ist (IAS 38.27, IAS 16.16 bzw. IAS 40.23(a)). Beispielhaft mindern Löhne und Gehälter, Honorare, aber auch Kosten für Testläufe sowie Einfuhrzölle sowie nicht erstattungsfähige Umsatzsteuern die Anschaffungskosten, während Rabatte, Boni oder Skonti abgezogen werden (IAS 38.28 bzw. IAS 40.21). Ist der betriebsbereite Zustand erreicht, sind darüber hinaus anfallende Kosten – auch wenn diese zur Nutzung nötig sind – sowie Kosten einer späteren Verlagerung des Vermögenswerts nicht Teil der Anschaffungskosten. Diese werden als Aufwand bzw. Ertrag erfasst (IAS 38.30–.31). Dies betrifft auch alle Aufwendungen und Erträge, die qua Definition nicht aktivierungsfähig sind. Beispiele hierfür sind Aufwendungen bzw. Erträge für die Einführung neuer Produkte, Werbung, Personalschulungen, die Eröffnung neuer Betriebstätten, neue Geschäftsführungsaufgaben, Verwaltungs- und allgemeine Gemeinkosten (IAS 38.29 bzw. IAS 16.19) sowie Vorbereitungs-, Leerlauf- und Rüstkosten, Anlaufverluste und Kosten der Restrukturierung (IAS 16.20). Bei Investment Properties können Anlaufverluste z. B. durch anfänglichen Leerstand entstehen (IAS 40.23(b)).

Handelt es sich hingegen um einen **selbst erstellten** Vermögenswert, sind die Kosten der Herstellung die maßgebliche Größe, auf die für Bewertungszwecke abgestellt wird. Für die Ermittlung der Herstellungskosten muss auf die Kostenrechnung zurückgegriffen werden. Die Kostenrechnung ist im Prinzip nicht gesetzlich vorgeschrieben und stellt ein individuelles, die Unternehmensführung mit Kosteninformationen versorgendes Instrument dar. Hierbei wird das Unternehmen in Abrechnungseinheiten (**Kostenstellen**) sowie die anfallenden Kosten in Einzel- und Gemeinkosten (**Kostenarten**) unterteilt. Im Rahmen der **Kostenträgerrechnung** werden dann die Selbstkosten oder Herstellkosten ermittelt.

Die während der Erstellungszeit angefallenen Fremdkapitalkosten[2] sind nach IAS 23.11 zusätzlich in die Herstellungskosten mit einzubeziehen, soweit der Vermögenswert als sog. *qualifying asset* anzusehen ist. Qualifizierte Vermögenswerte werden über einen beträchtlichen Zeitraum hergestellt (IAS 23.7), wie etwa Wasserkraftwerke mit Staudämmen, Gebäude oder Schiffe. Wie lange dieser Zeitraum sein soll, ist umstritten. Als sicher gilt jedoch, dass ein Zeitraum von länger als 12 Monaten als beträchtlicher Zeitraum anzusehen ist. Ausschlaggebend sind die Fremdkapitalkosten, die dem Unternehmen erspart geblieben wären, wenn es die Investition nicht vorge-

---

2   Die vollumfängliche Behandlung von Fremdkapitalkosten mit allen Zweifelsfragen ist nicht Teil dieses Buches. Es wird das Studium von IAS 23 i. V. m. Lüdenbach et al. 2017, § 9 empfohlen.

nommen hätte (IAS 23.10). Daher ist es auch möglich, konzernintern vergebenes Fremdkapital oder von zentralen Finanzierungsabteilungen aufgenommene Kredite einzubeziehen. Wird eine verdeckte Finanzierungskomponente durch ungewöhnliche lange Zahlungsziele vereinbart, ist der Barwert anzusetzen, sofern keine Fremdkapitalkosten nach IAS 23 vorliegen (IAS 16.23 bzw. IAS 40.24).

Zusammenfassend sind die Herstellungskosten nach der Aufzählung zu ermitteln, wie sie in ◘ Tab. 1.1 dargestellt ist.

Nicht zu den Herstellungskosten gehören:

- überhöhte Kosten (z. B. durch Fehlarbeiten, außerplanmäßige Abschreibungen),
- Kosten der Abweichung von der Normalbeschäftigung,
- allgemeine Verwaltungs- und Sozialaufwendungen (nicht fertigungsbezogen),
- Fremdkapitalkosten bei nicht qualifizierten Vermögenswerten,
- Vertriebskosten,
- Anlauf- und Vorproduktionskosten,
- eigene Forschungskosten,
- Ertrag- und Substanzsteuern (nicht fertigungsbezogen) sowie
- kalkulatorische Kosten.

◘ **Tab. 1.1** Zusammensetzung der Herstellungskosten

	Materialeinzelkosten	Pflichtbestandteil
+	Anteilige Materialgemeinkosten	Pflichtbestandteil
+	Fertigungseinzelkosten	Pflichtbestandteil
+	Anteilige Abschreibungen von eingesetzten Anlagevermögen	Pflichtbestandteil
+	Anteilige Entwicklungs-, Konstruktions- und Versuchskosten	Pflichtbestandteil
+	Sondereinzelkosten der Fertigung	Pflichtbestandteil
+	Anteilige Sondergemeinkosten der Fertigung	Pflichtbestandteil
+	Fertigungsbezogene Verwaltungskosten	Pflichtbestandteil
+	Fertigungsbezogene Sozialaufwendungen	Pflichtbestandteil wenn klar fertigungsbezogen
+	Entsorgungs- und Entfernungskosten (IFRIC 1)	Pflichtbestandteil
+	Herstellungsbezogene Fremdkapitalkosten (IAS 23)	Pflichtbestandteil bei *qualifying assets*
=	Herstellungskosten	

Diese sind (bis auf die kalkulatorischen Kosten, die nur in der Kostenrechnung Verwendung finden dürfen) als Aufwand der Periode zu erfassen.

Bei der Bewertung von Schulden wird nach Möglichkeit auf die Erlöse abgestellt, die dem Unternehmen für das Eingehen der Schuld zufließen. Findet kein Zufluss statt, wie es z. B. bei einer Ertragssteuerverpflichtung der Fall wäre, wird auf den erwarteten Abfluss von Zahlungsmitteln abgestellt.

Konkrete Beispiele für Anschaffungs- oder Herstellungskosten finden sich in ▶ Abschn. 3.1.3.1 und 3.2.3.1.

1.4.4.2.2 Neubewertungsmodell

Die IFRS lassen neben dem Anschaffungs- oder Herstellungskostenmodell auch das Neubewertungsmodell zu – allerdings nur für die Folgebewertung. Daher erfolgt die Zugangsbewertung grundsätzlich zu den Anschaffungs- oder Herstellungskosten. Wenngleich für einige Vermögenswerte eine über die Anschaffungs- oder Herstellungskosten hinausgehende Neubewertung zum beizulegenden Wert zugelassen ist, überwiegt in der deutschen IFRS-Anwendung das Konzept der nominellen Kapitalerhaltung, was auf dem Anschaffungs- oder Herstellungskostenmodell basiert.

1.4.4.3 Folgebewertung
1.4.4.3.1 Planmäßige Abschreibung im Anschaffungs- oder Herstellungskostenmodell

Spätestens zu jedem Bilanzstichtag stellt sich die Frage, mit welchem Wert die Vermögenswerte und Schulden fortgeführt werden sollen. Allgemein wird hier von Folgebewertung gesprochen. Nach der Zugangsbewertung kann zwischen der Fortführung der Anschaffungs- oder Herstellungskosten oder dem Neubewertungsmodell (▶ Abschn. 1.4.4.3.4) gewählt werden (IAS 16.29 bzw. IAS 38.75). Erfolgt eine Bewertung zu fortgeführten Anschaffungs- oder Herstellungskosten wird zunächst bezüglich der Nutzungsdauer für Vermögenswerte weiter unterschieden:

Lässt sich die voraussichtliche **Nutzungsdauer** des Vermögenswerts verlässlich **bestimmen**, ist diese in die Erstellung des Abschreibungsplans einzubeziehen. Für solche planmäßigen Abschreibungen sind die verschiedenen Regelungen in den Standards weitestgehend inhaltsgleich. Es gilt, die Anschaffungs- oder Herstellungskosten so über die Nutzungsdauer zu verteilen, dass in den jeweiligen Perioden eine zutreffende Darstellung des Werteverzehrs ermöglicht wird. Hierzu sind betriebswirtschaftlich tatsachengemäße Nutzungsdauern zugrunde zu legen. Bei der Ermittlung der Nutzungsdauer sind Schätzungen unerlässlich, die an Erfahrungswerte mit gleichartigen Vermögenswerten angelehnt sein können. Ein Indiz können auch die in der Kostenrechnung verwendeten Nutzungsdauern sein. Auch wenn kein Zwang zur Verwendung besteht, liegt eine Übernahme dieser Werte in die in der Praxis regelmäßig verwendeten unternehmensinternen Bilanzierungshandbücher und damit in die Finanzbuchhaltung nahe. Sinnvoll erscheint es, die konkrete Investitionsplanung zugrunde zu legen, da durch die Berücksichtigung von Veräußerungswerten auch eine Investitionspolitik mit einer deutlich kürzeren als der technisch möglichen Nutzungsdauer zutreffend im Abschluss abgebildet werden kann. Die Schätzwerte für die Nutzungsdauern sind nach IAS 16.51 wenigstens jährlich zu überprüfen, wobei Schätzwertänderungen nach IAS 8 zu berücksichtigen sind.

In ökonomischer Hinsicht führt die Abschreibung zu einer Minderung des Buchwerts des Vermögenswerts, die den Werteverzehr der Abrechnungsperiode widerspiegelt. Konkret sind die **lineare** *(straight line method)*, die (geometrisch-)**degressive** *(diminishing balance method)* und die **leistungsbedingte** Abschreibung *(sum of the units method)* erlaubt (IAS 16.52). Die Anwendung hat stetig zu erfolgen und den Werteverzehr angemessen widerzuspiegeln. Letzteres ist objektiv in der Praxis nicht zu bestimmen, sodass bei der Auswahl der geeigneten Abschreibungsmethode stets ein Ermessensspielraum gegeben ist.

In der Regel wird eine gleichmäßige Nutzung unterstellt, was zu einer linearen Abschreibung führt. Es erfolgt eine Abschreibung jährlich gleicher Beträge.

Beispiel: Lineare Abschreibung

Die neue Dosenstanzmaschine der MD Blechtechnik GmbH wurden zu einem Anschaffungspreis von 100.000 € erstanden. Die vom Unternehmen geschätzte wirtschaftliche Nutzungsdauer beträgt 10 Jahre. Die jährliche Abschreibungsrate beträgt demnach 10.000 € (100.000 € / 10 Jahre ND = 10.000 €). Nach dem ersten Jahr beträgt der Buchwert noch 90.000 €, nach dem zweiten Jahr 80.000 € usw.

Werden geometrisch degressive Abschreibungen eingesetzt, fallen in den ersten Jahren höhere Abschreibungsbeträge an (da dort ggf. noch Garantieansprüche bestehen) und später (z. B. mit steigendem Reparaturaufwand) geringere.

Beispiel: Degressive Abschreibung

Bei der Abschreibung einer Fräsmaschine stellt die geometrisch-degressive Abschreibungsmethode, den wirtschaftlichen Wertverzehr der 100.000 € Anschaffungskosten sachgerechter dar. Mittels eines Abschreibungsprozentsatzes wird die Anlage jährlich abgeschrieben. Die Abschreibungsrate soll dem 2,5-fachen der linearen Abschreibung entsprechen (10.000 € × 2,5 = 25.000 €). Im zweiten Jahr wird lediglich auf die verminderten Anschaffungskosten abgeschrieben, in diesem Fall in Höhe von 18.750 € (25 % von 75.000 €) usw. Dies hat zur Folge, dass eine vollständige Abschreibung auf 0 € nach der degressiven Methode nicht möglich ist. Daher findet in dem Jahr ein Wechsel zur linearen Abschreibungsmethode statt, in dem diese der Höhe der degressiven Abschreibung entspricht bzw. diese übersteigt.

Jahr	Buchwert	% von fortgeführten HK	geometrisch-degressiv	Restbuchwert	linear	Restbuchwert
t1	100.000	25,00%	25.000	75.000	10.000	
t2	75.000	25,00%	18.750	56.250	8.333	
t3	56.250	25,00%	14.063	42.188	7.031	
t4	42.188	25,00%	10.547	31.641	6.027	
t5	31.641	25,00%	7.910	23.730	5.273	
t6	23.730	25,00%	5.933	17.798	4.746	18.984
t7	17.798	25,00%	4.449	13.348	4.746	14.238
t8	13.348	25,00%	3.337	10.011	4.746	9.492
t9	10.011	25,00%	2.503	7.508	4.746	4.746
t10	7.508	25,00%	1.877	5.631	4.746	0

Liegen genauere Nutzenprofile vor, kann auch eine leistungsabhängige Abschreibung erfolgen.

Beispiel: Leistungsbezogene Abschreibung

Eine spezielle Werkzeugmaschine mit Anschaffungskosten von 100.000 € wird leistungsbezogen abgeschrieben. Somit entwickeln sich die Kosten der Abnutzung entsprechend zum Absatz. Mit der Maschine können 200.000 Stück produziert werden. Daher liegt der Abschreibungsbetrag bei 0,5 € je Stück.

Jahr	Buchwert	Ausbringungsmenge in Stk.	Abschreibung in €	Restbuchwert
t1	100.000	45.000	22.500	77.500
t2	77.500	75.000	37.500	40.000
t3	40.000	40.000	20.000	20.000
t4	20.000	20.000	10.000	10.000
t5	10.000	15.000	7.500	2.500
t6	2.500	5.000	2.500	0

Werden relevante Veräußerungserträge am Ende der Nutzungsdauer beim Verkauf des (abgenutzten) Vermögenswerts erwartet, so sind diese in die Rechnung einzubeziehen und nur bis auf diesen Restwert abzuschreiben. Bei Unwesentlichkeit kann auf die Berücksichtigung eines Restwerts verzichtet werden (IAS 16.53), was sich ggf. nicht zuletzt mit einer unzureichenden Verlässlichkeit der Restwertschätzung begründen lässt. Über die planmäßigen Abschreibungen ist im Anhang nach IAS 16.73 und 38.118 ausführlich zu berichten. Die Abschreibungen erfolgen in der Praxis aus Vereinfachungsgründen monatsgenau.

Eine aus dem Wirtschaftlichkeitsgrundsatz folgende Sofortabschreibung oder Poolbildung von geringwertigen Vermögenswerten – wie nach dem Einkommensteuergesetz (EStG) – ist nach IFRS nicht explizit benannt. Obwohl in der Theorie umstritten, wird dies in der Praxis verbreitet in Anlehnung an deutsche Regelungen durchgeführt, wobei die vorgenommene Auslegung des Wirtschaftlichkeitsgrundsatzes im Anhang anzugeben ist.

Bei **unbestimmter Nutzungsdauer**, die etwa für einen erworbenen Geschäfts- oder Firmenwert nach IFRS 3.80a (▶ Abschn. 3.1.3.2.1) oder für Grundstücke (▶ Abschn. 3.2.3.2.2) unterstellt wird, kommt keine planmäßige Abschreibung in Betracht. In solchen Fällen ist jährlich zu prüfen, ob eine Wertminderung erfasst werden muss.

1.4.4.3.2 Wertminderung

Außerplanmäßige Abschreibungen berücksichtigen die nicht vorhersehbaren Wertminderungen, welche von den planmäßigen Abschreibungen, die für abnutzbare Vermögenswerte des Sachanlage- und immateriellen Vermögens nicht abgedeckt werden. Die Berücksichtigung eines Wertminderungsaufwands *(impairment loss)* ist unabhängig davon, ob der betroffene Vermögenswert begrenzt nutzbar ist und damit planmäßig abgeschrieben wird oder ob eine unbestimmte Nutzungsdauer vorliegt und folglich keine planmäßige Abschreibung möglich ist (IAS 36.BCZ96–.97). Zielsetzung des Impairment Tests ist es, Verfahren für ein Unternehmen vorzuschreiben, welche sicherstellen, dass Vermögenswerte nicht mit mehr als ihrem erzielbaren Betrag *(recoverable amount)* bewertet werden (IAS 36.1).

Die Regelungen für den Impairment Test nach IAS 36 betreffen im Wesentlichen das Sachanlagevermögen (IAS 16), die immateriellen Vermögenswerte (IAS 38) und die Geschäfts- oder Firmenwerte aus Unternehmenszusammenschlüssen (IFRS 3). Zudem unterliegen auch Anteile an Tochterunternehmen (IFRS 10), an assoziierten Unternehmen (IAS 28) und an Gemeinschaftsunternehmen (IFRS 11) im Konzern- und Einzelabschluss mit Ausnahme der Anteile, die unter IAS 39 fallen, sowie mit dem Anschaffungs- oder Herstellungskostenmodell bewertete Finanzanlagen in Immobilien (IAS 40) den Regelungen des IAS 36.

Entsprechend der Zielsetzung des IAS 36 ist ein Vermögenswert zwingend außerplanmäßig abzuschreiben, wenn dessen erzielbarer Betrag unter seinem aktuellen Buchwert liegt (IAS 36.1 und .59). Liegt der erzielbare Betrag unter dem Buchwert, ist der Vermögenswert als wertgemindert zu bezeichnen und das Unternehmen hat einen Wertminderungsaufwand i. H. d. Differenz zwischen Buchwert und dem erzielbaren Betrag zu erfassen (IAS 36.6). Dieser Sachverhalt wird in ◨ Abb. 1.3 dargestellt.

Anders als bei den immateriellen Vermögenswerten kommt der Impairment Test aber bei den übrigen Vermögenswerten nicht mindestens jährlich zur Anwendung, sondern nur bei Vorliegen von in IAS 36.12 exemplarisch aufgezählten unternehmensinternen und -externen Anhaltspunkten. Diese sind Anzeichen auf

- einen stark gefallenen Marktpreis eines Vermögenswerts,
- eingetretene oder mögliche Veränderungen im technischen, marktbezogenen, ökonomischen oder gesetzlichen Unternehmensumfeld,

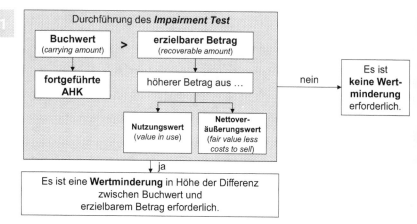

Abb. 1.3 Impairment Test nach IAS 36

- einen Anstieg der Marktzinssätze oder anderer Marktrenditen, die den Nutzwert mindern könnten,
- ein Übersteigen des Buchwerts des Unternehmensreinvermögens über seine Marktkapitalisierung,
- eine Überalterung oder einen physischen Schaden eines Vermögenswerts,
- eingetretene oder mögliche Veränderungen der Nutzung des Vermögenswerts,
- eingetretene oder mögliche Verringerungen der wirtschaftlichen Ertragskraft des Vermögenswerts.

Somit sind zu jedem Bilanzstichtag etwa für die Werte des Sachanlagevermögens lediglich jeweils qualitative Tests in der Weise durchzuführen, dass Anzeichen für das Vorliegen einer Wertminderung aufzuspüren sind, wobei das interne Berichtswesen einzubeziehen ist.

Merke!

Der **erzielbare Betrag** *(recoverable amount)* eines Vermögenswerts ist gem. IAS 36.6 als der höhere der beiden Beträge aus Veräußerungswert abzüglich Veräußerungskosten *(fair value less costs to sell)* und Nutzungswert *(value in use)* definiert.

Beim *fair value less costs to sell* handelt es sich um den Betrag, der bei einem (fiktiven) Verkauf an einen Dritten erzielt werden kann – im Idealfall also um den Marktpreis.

Der Nutzungswert spiegelt hingegen den wirtschaftlichen Nutzen des Vermögenswerts wider, wenn dieser weiterhin im Unternehmen genutzt wird. Grundlage der Regelung ist, dass eine rational denkende und handelnde Unternehmensleitung grundsätzlich die wirtschaftlich vorteilhaftere Alternative aus Veräußerung und weiterer Nutzung des Vermögenswerts wählt (IAS 36.BCZ23).

Zur Ermittlung des erzielbaren Betrags sind die interne Unternehmensperspektive, die der Nutzungswert repräsentiert, und die externe Marktperspektive in Form des Nettoveräußerungswerts zu vergleichen. Letzterer ergibt sich gem. IAS 36.6 aus dem beizulegenden Zeitwert abzüglich Veräußerungskosten. Der Nutzungswert stellt dagegen den Barwert der voraussichtlichen zukünftigen Cashflows dar (IAS 36.6).

Beispiel: Wertminderung

Die MD aus ▶ Abschn. 1.4.4.3.1 hat im obigen Beispiel eine Dosenstanzmaschine erworben, die linear abgeschrieben wird. Die Anschaffungskosten betrugen 100.000 €.
Zunächst wird die lineare Abschreibung des Jahres t2 vorgenommen:

Lineare Abschreibung	10.000 €	an	Maschinen	10.000 €

Der Buchwert nach linearer Abschreibung in t2 beträgt 80.000 €.
Nach der Einführung des Dosenpfands zum 01.01.2003 erhöht die Regierung dieses zum 31.12.t2 erheblich.[3]
Das erhöhte Dosenpfand kann als unternehmensexternes Anzeichen für eine Wertminderung gesehen werden, da der Dosenabsatz hierdurch vermutlich abnehmen wird. Der künftige Nutzen der Maschine für das Unternehmen sinkt dadurch. Daher wird ein ereignisbezogener Wertminderungstest durchgeführt:

▪ Nettoveräußerungswert: Der beizulegende Zeitwert abzüglich Veräußerungskosten sei aufgrund am Markt beobachtbarer Preise am 31.12.t2 bei 60.000 €. Der Buchwert wird also deutlich unterschritten.

▪ Nutzungswert: Das Management ist der Meinung, die operativen Cashflows aus der Produktion der Dosen für die kommenden zwei Jahre verlässlich schätzen zu können. Danach muss eine pauschale Hochrechnung erfolgen, da zu viele Unsicherheiten bestehen. Der Steuersatz für die GmbH betrage 30 %. Es wird mit einem Zinssatz von 10 % gerechnet. Dieser beinhaltet die risikolose Verzinsung des Geldes am Markt, die Marktrisikoprämie sowie den Risikofaktor des Unternehmens. Mit einer Wachstumsrate wird nicht gerechnet.

---

3 Hierbei handelt es sich um ein fiktives Gesetz, zur Veranschaulichung in diesem Beispiel.

	Detailplanungsphase		Fortschreibungsphase					
Nutzungsjahr der Maschine	t3	t4	t5	t6	t7	t8	t9	t10
Jahr (Restnutzung)	1	2	3	4	5	6	7	8
Buchwert 01.01.	80.000	70.000	60.000	50.000	40.000	30.000	20.000	10.000
- lineare Abschreibung	10.000	10.000	10.000	10.000	10.000	10.000	10.000	10.000
= Buchwert 31.12.	70.000	60.000	50.000	40.000	30.000	20.000	10.000	0
geschätzter operativer cash flow v. St.	15.000	12.500	13.750					
- Ertragsteuern	-4.500	-3.750	-4.125					
+ Tax-Shield	3.000	3.000	3.000					
= cash flow nach Steuern	13.500	11.750	12.625					
Diskontierungsfaktor	0,90909	0,82645	0,75131	0,68301	0,62092	0,56447	0,51316	0,46651
diskontierter cashflow	12.273	9.711	9.485	8.623	7.839	7.126	6.479	5.890
Nutzungswert (Summe diskontierter cf)	67.426							

Folgende Anmerkungen und Erläuterungen sind zu der Beispielrechnung zu beachten:

- Da das Management in den Jahren 3–8 keine operativen Cashflows prognostizieren kann, wird vom Management mit dem Durchschnitt der vorausgegangenen Jahre gerechnet (15.000 € + 12.500 €) / 2.
- Der Steuervorteil *(tax shield)* ergibt sich aus dem objektiven Nettoprinzip im deutschen Steuerrecht. Danach werden nur Nettoeinkünfte (= Einnahmen – Betriebsausgaben) besteuert. Die jährlichen Abschreibungen sind Betriebsausgaben, die das zu versteuernde Einkommen mindern. Hätte die MD Einnahmen i. H. v. 100.000 € wären ohne die Abschreibung 30.000 € Steuern zu bezahlen. Durch die Abschreibung beträgt die Steuer jedoch (100.000 € – 10.000 €) × 0,3 = 27.000 €. Die Differenz ist der Steuervorteil durch die Abschreibung 10.000 € × 0,3 = 30.000 € – 27.000 € = 3.000 €.
- Der Diskontierungsfaktor gibt die Abzinsung wieder, wie sie in ▶ Abschn. 1.4.4.1 gezeigt wurde.

$$Nutzungswert = \sum_{t=1}^{8} cashflow \times \frac{1}{(1+i)^t}$$

Da der Nutzungswert den Buchwert ebenfalls unterschreitet, den beizulegenden Zeitwert abzüglich Veräußerungskosten jedoch übersteigt, ist der Nutzungswert anzusetzen. Es ist zusätzlich zur linearen Abschreibung (oben) eine erfolgswirksame Wertminderung zu buchen:

Wertminderungsaufwand   12.574 €   an   Maschinen   12.574 €

Die neue Abschreibungsbasis ist 67.426 €. D. h. in den kommenden 8 Jahren werden jeweils 8.428 € abgeschrieben. Zum 31.12.t3 beträgt der Buchwert damit 58.998 €.

Irrtümlicherweise könnte aus der Definition des Nettoveräußerungswerts geschlossen werden, dass sich der beizulegende Zeitwert nicht aus zukünftigen Cashflows ermitteln lässt. Doch etwa gem. IDW RS HFA 40 ist der Nutzungswert stets und der Nettoveräußerungswert häufig mit einem Barwertkalkül zu ermitteln. Grund hierfür sind i. d. R. nicht vorhandener aktiver Märkte und vergleichbarer Transaktionen. Dabei ist für die Bestimmung des beizulegenden Zeitwerts das *Discounted Cash Flow (DCF)-*Verfahren als kapitalwertorientiertes Verfahren nur eines von mehreren gleichwertigen Bewertungsverfahren. Muss auf ein kapitalwertorientiertes Verfahren zurückgegriffen werden, unterscheidet sich lediglich die Perspektive aus welcher bewertet wird:

- Der Nutzungswert stellt den zukünftigen Nutzen des Bewertungsobjekts dar, der sich für das bewertende Unternehmen ergeben wird. Entsprechend fließen unternehmensinterne Synergieeffekte o. Ä. mit in die Bewertung ein.

- Bei der Bewertung zum beizulegenden Zeitwert wird von der Unternehmensinternen Perspektive abstrahiert. Es wird aus der Sicht eines dritten Marktteilnehmens bewertet.

- Entsprechend ist es möglich, dass Nettoveräußerungswert und Nutzungswert bei der Bewertung mittels Barwertkalkül auseinanderfallen.

Zahlungsmittelgenerierende Einheit Grundsätzlich ist der Zeitwert bzw. der erzielbare Betrag für den einzelnen Vermögenswert zu ermitteln. Liegen keine zurechenbaren Zahlungsströme vor, so ist der Zeitwert bzw. der erzielbare Betrag nach IAS 36.66 für eine Gruppe von Vermögenspositionen, einer sog. zahlungsmittelgenerierenden Einheit (ZGE) *(cash generating unit – CGU)* zu ermitteln. Dieser Hinweis führt einerseits dazu, dass der Nutzwert für viele Vermögenswerte überhaupt sinnvoll ermittelt werden kann. Andererseits fällt damit die Ermittlung des Verkaufspreises schwerer und es ergeben sich Probleme bei der Zuordnung von Wertminderungen auf die weiterhin einzeln zu bilanzierenden Vermögenswerte. Um diese Anwendungsschwierigkeiten zu begrenzen, verlangt IAS 36.6, stets von der kleinsten identifizierbaren Gruppe von Vermögenswerten auszugehen. Faktisch hängen die Möglichkeiten von der Ausgestaltung des internen Kosten- und Erlösrechnungssystems ab und es ergeben sich für die Unternehmen enorme Einschätzungsspielräume. So wird beispielhaft in IAS 36.130(d)(i) für eine *cash generating unit* eine Produktlinie, ein Werk, ein Geschäftsbereich, ein geografisches Gebiet oder ein Segment genannt. Wenn auf dieser Ebene ein Wertminderungsbedarf festgestellt wird, ist die Entscheidung, welche der vielen einbezogenen Vermögenswerte außerplanmäßig abzuschreiben sind, nicht objektiv zu treffen. Gleichzeitig kommt es durch die in der Praxis zu beobachtende Bildung großer Einheiten auch seltener zu einem Abschreibungsbedarf, da sich Wertminderungen einzelner Vermögenswerte häufig mit Wertsteigerungen anderer kompensieren.

IAS 36.104 schreibt konkret vor, dass für den Fall, dass ein Goodwill in der ZGE enthalten ist, eine Wertminderung zunächst in dieser Position zu erfolgen hat. Erst wenn dieser aufgebraucht ist, erfolgt eine Verteilung ratierlich auf die übrigen Vermögenswerte, wobei nur Vermögenswerte, die dem IAS 36 unterliegen, außerplanmäßig abgeschrieben werden können. Somit sind liquide Mittel, Finanzinstrumente und Vorräte, soweit sie zur Bewertung in einer ZGE enthalten sind, nicht abzuschreiben.

Die Abgrenzung der ZGE ist im Zeitverlauf beizubehalten. So sind bei später eintretenden Werterholungen auch auf dieser Ebene die Zuschreibungen zuzurechnen und ratierlich auf die Vermögenswerte **ohne** einen eventuellen Goodwill zu verteilen, was enorme Anforderungen an das Buchhaltungssystem stellt, da neben den Buchwerten auch die fiktiven Buchwerte vorzuhalten sind, die im Anschaffungskostenmodell die Obergrenze für Zuschreibungen bilden.

1.4.4.3.3 Zuschreibungspflicht

Generell besteht hinsichtlich der Wertaufholungen nach IFRS ebenso wie nach HGB eine Zuschreibungspflicht. Dabei ist der Zuschreibungsbetrag analog nach IAS 36.117 auf die Höhe begrenzt, die sich bei fiktiver regulärer Abschreibung zum Stichtag ergeben hätte, was eine Art Schattenbuchführung erfordert. Für die Ermittlung des Zuschreibungsbedarfs ist ein spiegelbildliches Verfahren wie bei dem Impairment Test notwendig. Somit sind jährlich die Indizien für einen Wertverlust mit Blick auf eine Wertsteigerung zu prüfen. Für den Fall, dass ein solches Anzeichen vorliegt, sind der Nutzwert und der Nettoveräußerungspreis zu ermitteln. Liegt mindestens einer von diesen oberhalb des aktuellen Buchwerts, so ist auf den höheren der beiden Werte unter Beachtung der Obergrenze bei den fiktiv fortgeführten Anschaffungs- oder Herstellungskosten zuzuschreiben.

1.4.4.3.4 Abschreibungen im Neubewertungsmodell

In verschiedenen Standards kann alternativ zum Anschaffungs- oder Herstellungskostenmodell das Neubewertungsmodell gewählt werden.

> **Merke!**
>
> Bei jeder Neubewertung ist der beizulegende Zeitwert des Vermögenswerts zu bestimmen. Der Ansatz erfolgt zu diesem Wert (IAS 16.22).

Das Neubewertungsmodell gilt nach IAS 16.31 für alle Vermögenswerte des Sachanlagevermögens; nach IAS 38.75 kann bei vorliegenden Wertmaßstäben aus aktiven Märkten das Modell auch für immateriellen Vermögenswerte zur Anwendung kommen, was allerdings eher selten der Fall sein dürfte. Das Methodenwahlrecht zur Anwendung des Neubewertungsmodells hat der Bilanzierende vor dem Hintergrund der Generalnorm stets so auszuüben, dass eine tatsachengemäße Abbildung erfolgt. Somit ist die Neubewertungsmethode tendenziell in Ländern mit hohen Inflationsraten anzuwenden. Die Möglichkeit eines Methodenwechsels ist an die Bedingung einer dadurch hervorgerufenen verbesserten Darstellung der Vermögens-, Finanz- und Ertragslage oder der Cashflows geknüpft; es sei denn, ein anderer Standard verlangt ausdrücklich einen Methodenwechsel (IAS 8.14). Eine erhöhte Darstellungstransparenz wird regelmäßig nur bei einem Wechsel vom Anschaffungskostenmodell zum Neubewertungsmodell als gegeben unterstellt. Einen Ausnahmefall stellt der Wegfall eines aktiven Markts dar.

Bei der Neubewertung werden die Wertsteigerungen nicht über die GuV, sondern nach Berücksichtigung latenter Steuern erfolgsneutral über das OCI in der Neubewertungsrücklage im Eigenkapitals erfasst. Für die Anwendung des Neubewertungsmodells ist nach IAS 16.31 ff. sicherzustellen, dass

- eine verlässliche Bestimmbarkeit des beizulegenden Zeitwerts gegeben ist,
- die Neubewertung in regelmäßigen Abständen durchgeführt wird und vor dem Hintergrund der Volatilität der Wertentwicklung des Vermögenswerts in ausreichend kurzen Abständen erfolgt, um eine möglichst zutreffende Bewertung zu erreichen,
- die Neubewertung nur für eine ganze Gruppe von Vermögenswerten, d. h. z. B. Grund und Boden, Maschinen, Büroausstattung, erfolgen darf **und**
- die Neubewertung für die Gruppe gleichzeitig erfolgen kann.

Merke!

Der **beizulegende Zeitwert** *(fair value)* ist für Geschäftsjahre, die am oder nach dem 01.01.2014 begonnen haben, der Preis, der in einem geordneten Geschäftsvorfall zwischen Marktteilnehmern am Bemessungsstichtag für den Verkauf eines Vermögenswerts eingenommen bzw. für die Übertragung einer Schuld bezahlt werden würde (IFRS 13.9).

Es handelt sich um einen Abgangspreis, wobei es unerheblich ist, ob dieser unmittelbar beobachtet werden kann oder über anerkannte Bewertungstechniken geschätzt wird. Eine Berücksichtigung von Transaktionskosten hat nicht zu erfolgen, da diese nicht Merkmal eines Vermögenswerts oder einer Schuld sind (IFRS 13.25). Anders verhält es sich dagegen mit Transportkosten, die Bestandteil des Vermögenswerts sein können (IFRS 13.26/BC62).

Für die Fair Value-Ermittlung eines Bewertungsobjekts ist dessen „bestmöglicher" Verwertungszweck, der „richtige" Markt und die angemessene Bewertungsmethodik zu beachten (IFRS 13.IN10/B2). Dazu sind die Eigenschaften des zu bewertenden Vermögenswerts zu berücksichtigen, wie die konkrete Beschaffenheit, der Ort der Verwertung sowie vertragliche oder sonstige Beschränkung des Einsatzes. Die Sichtweise muss dabei stets unternehmensunabhängig aus der eines beliebigen, auf den eigenen wirtschaftlichen Nutzen achtenden Marktteilnehmers erfolgen (IFRS 13.11 und .22).

Merke!

Nach IFRS 13 gelten notierte Preise auf **aktiven Märkten** als beste Schätzung für den Fair Value. Als Markt stellt sich der IASB zunächst den Hauptmarkt vor, der bestimmt wird als der

- mit dem größten Handelsvolumen und Aktivitätenlevel (IFRS 13.A),
- vom Unternehmen gewöhnlich in Anspruch genommen wird (IFRS 13.17) **und**
- dem Unternehmen auch offensteht – hier ist somit auf die Unternehmensperspektive abzustellen (IFRS 13.19).

Sollten diese Voraussetzungen für einen Hauptmarkt nicht erfüllt sein, so ist auf den vorteilhaftesten Markt auszuweichen, auf dem bei Vermögenswerten der höchste bzw. für Schulden der niedrigste Preis erzielt werden kann (IFRS 13.16b).

Beispiel: Aktiver Markt

Die MD entscheidet sich, die zu Anschaffungskosten angesetzte und linear abgeschriebene Dosenstanzmaschine ab dem 31.12.t4 nicht mehr linear abzuschreiben, sondern das Neubewertungsmodell anzuwenden.

- Die Anschaffungskosten betrugen 100.000 €.
- Nach einer Wertminderung war der Buchwert am 31.12.t2 bei 67.426 €.
- Nach erneuten linearen Abschreibungen in t3 und t4 liegt der Buchwert am 31.12.t4 bei 50.570 €.
- Da die Maschine auf dem europäischen Markt gekauft wurde und keine Erfahrungen mit anderen Märken besteht, ist dies der gewohnte Markt für die GmbH.

	Europäischer Markt	Asiatischer Markt
Handelsvolumen	500 Mrd. €	600 Mrd. €
Durchschnittlicher Umschlag/Monat	70 Mio. €	65 Mio. €
Maschinenpreis am Markt	85.000 €	80.000 €
– Transportkosten	– 5000 €	– 8000 €
= Fair Value	80.000 €	72.000 €
– Transaktionskosten	– 2000 €	– 10.000 €
= **Nettopreis**	**78.000 €**	**62.000 €**

Die beiden Märkte unterscheiden sich in ihrer Größe und Aktivität nicht wesentlich. Daher ist der europäische Markt als Heimatmarkt als der relevante Markt anzusehen. Zudem lässt sich hier ein höherer Nettopreis erzielen.

Diese hohen Anforderungen werden vom IASB durch den expliziten Hinweis etwas entschärft, dass stets nur die allgemein zur Verfügung stehenden Informationen heranzuziehen sind, mithin eine aufwendige Recherche nicht notwendig ist (IFRS 13.19). Nach Ansicht der Literatur reicht eine jährliche Überprüfung des relevanten Marktes aus – höchstens bei wesentlichen Entwicklungen wäre eine häufigere anlassbezogene Prüfung notwendig.

Merke!

Beliebige Marktteilnehmer werden nach IFRS 13.A definiert als

- unabhängig zueinanderstehende (keine nahestehenden Personen/Unternehmen),
- sachkundige und über ein hinreichendes (nicht vollständiges) Wissen verfügende und
- willige und fähige Personen, eine Transaktion vorzunehmen, sie agieren also nicht unter Zwang.

Dem Umstand, dass der unmittelbare Rückgriff auf das Konstrukt eines aktiven Markts und der daran anknüpfenden Bedingungen im Fall produktionsbezogener und mehrheitlich unternehmensspezifischer Vermögenswerte, wie Sachanlagen und Gebäude, angesichts vielfältiger Spezifikationen und einer daraus resultierenden Inhomogenität, vielfach nicht möglich ist, trägt IFRS 13 durch den erlaubten Rückgriff auf entsprechende Marktpreisschätzungen Rechnung. Konkret ist folgende *fair value*-Hierarchie für Faktoren der Bewertung vorgesehen:

- Bei Vorliegen eines beobachtbaren Marktpreises an einem aktiven, dem Unternehmen zugänglichen Markt ist dieser als Fair Value am Bewertungsstichtag anzusetzen *(mark to market)*.
- Wenn zwar am Stichtag keine entsprechenden Marktpreise existieren, sich jedoch zeitnahe Markt- oder Transaktionspreise für vergleichbare Vermögenswerte beobachten lassen, sind Letztere – ggf. angepasst – zugrunde zu legen.
- Sollte auch dies nicht möglich sein, ist der Fair Value mithilfe eines Bewertungsverfahrens *(technique)* zu ermitteln. Infrage kommt der Vergleich mit aktuellen Transaktionspreisen ähnlicher Vermögenswerte oder ein DCF-Modell *(mark to model)*, alternativ noch ein kostenorientiertes Verfahren (IFRS 13.B5 ff.).

Anpassungen von Marktpreisen kann nach IFRS 13.82 erfolgen auf Basis von

- Preisnotierungen für ähnliche Bewertungsobjekte auf aktiven Märkten,
- Preisnotierungen für identische Bewertungsobjekte auf Märkten, die nicht aktiv sind,

- anderen Inputfaktoren als Marktpreisen, die für das Bewertungsobjekt beobachtet werden können, wie etwa Zinssätze, Volatilitäten oder Kredit-Spreads **oder**
- marktgestützte Inputfaktoren.

Wie der ◨ Abb. 1.4 zu entnehmen ist, nimmt der Vorrang der Methoden aus Sicht des IASB von oben nach unten hin ab. Gleichzeitig zeigt die Pyramide an, dass die Anwendbarkeit in der Praxis nach oben hin immer schmaler wird. Dies hängt damit zusammen, dass die meisten Vermögenswerte sehr unternehmensspezifisch sind und keine Märkte dafür vorhanden sind.

Die Bewertungsverfahren lassen sich in 3 Gruppen zusammenfassen (IFRS 13.62):
- Marktpreisorientierte Verfahren leiten den Zeitwert aus Markt- bzw. Transaktionspreisen vergleichbarer Vermögenswerte ab (IFRS 13.B6).
- Kapitalwertorientierte Verfahren wie das DCF-Verfahren ermitteln den Zeitwert als Zukunftswert über die Diskontierung zukünftiger Zahlungsmittelüberschüsse aus der Nutzung des Bewertungsobjekts (IFRS 13.B10).
- Kostenorientierte Verfahren stellen den Zeitwert über die Wiederbeschaffungskosten unter Berücksichtigung der Eigenschafften des Bewertungsobjekts dar (IFRS 13.B8).

Beispiel: Neubewertung I

Das Management der MD rechnet damit, sich langfristig auf dem internationalen Markt durchsetzen zu können. Daher wird der Geschäftsbereich der Dosenproduktion trotz des erhöhten Dosenpfands nicht aufgegeben.

Am Markt wurde ein Nettopreis von 78.000 € festgestellt. Da bei der Neubewertungsmethode im Gegensatz zur Ermittlung von Wertminderungen keine Veräußerungskosten angesetzt werden, beträgt der am Markt ermittelte Fair Value der Maschine 80.000 €.

Eine Wertermittlung anhand der DCF-Methode wäre nur möglich gewesen, wenn keine der höheren Hierarchiestufen (◨ Abb. 1.4) ein zutreffendes Ergebnis gebracht hätten.

Da bei Neubewertung auf den beizulegenden Zeitwert und nicht wie beim Wertminderungstest auf den Nutzungswert abgestellt wird, ist das Beispiel zur DCF-Methode in ▶ Abschn. 1.4.4.3.2 bezüglich der Methodik nicht aber bezüglich der Bewertungsparameter vergleichbar.

Für die Verbuchung der Neubewertung stehen mit dem Brutto- und dem Nettoverfahren zwei unterschiedliche Möglichkeiten innerhalb der betreffenden Vermögensposition zur Verfügung (IAS 16.35(a) und (b)).
- Bei der **indirekten Methode (Bruttoverfahren)** werden der Bruttobuchwert der Sachanlage und die bisherigen kumulierten Abschreibungen simultan im gleichen Verhältnis angepasst. Die Differenz beider Größen entspricht dem zu ermittelnden beizulegenden Wert.
- Bei der **direkten Methode (Nettoverfahren)** erfolgt dagegen zunächst eine Verrechnung des unangepassten Bruttobuchwerts mit dem bisherigen Betrag der unangepassten kumulierten Abschreibungen. Erst der daraus resultierende

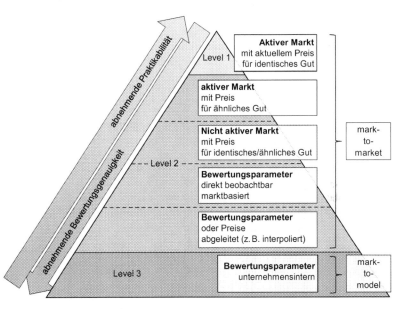

◻ Abb. 1.4 fair-value-Hierarchie

Nettobuchwert wird anhand eines bereits über die gleiche Nutzungsdauer abgeschriebenen und damit gebrauchten Vermögenswerts neu bewertet.

Beispiel: Neubewertung II

Nachdem die MD sich ab dem 31.12.t4 für einen Wechsel zur Neubewertungsmethode entschieden hat, stellt der beizulegende Zeitwert der teilabgenutzten Maschine von 80.000 € den neuen Buchwert dar. Der Steuersatz liegt unverändert bei 30 %. Nach der linearen Abschreibung in t4 i. H. v. 8.428 € beträgt der Buchwert am 31.12.t4 50.570 €

Nettoverfahren:

- Von den historischen Anschaffungskosten der Maschine (100.000 €) wurden alle Abschreibungen und Wertminderungen abgezogen. Der Buchwert beträgt vor Neubewertung 50.570 € (= Nettobuchwert).
- Es erfolgt eine Zuschreibung um 29.431 € auf den neuen Buchwert (= Bruttobuchwert = Nettobuchwert)

Bruttoverfahren:

- Die Anschaffungskosten der Maschine betrugen 100.000 € (= Bruttobuchwert).
- Die kumulierten Abschreibungen betragen 49.431 €.
- Der Buchwert vor Neubewertung ergibt sich aus der Differenz und liegt bei 50.570 €.

- Da der neue Buchwert 80.000 € betragen soll, ist auf dieser Basis ein neuer Brutto-buchwert nach Neubewertung zu errechnen: 80.000 € / 50.570 € × 100.000 € = 158.198 €.
- Die kumulierten Abschreibungen nach Neubewertung betragen 158.198 € − 80.000 € = 78.198 €. Entsprechend erhöhen sich die kumulierten Abschreibungen um 28.768 €.

Beide Verfahren kommen zum selben Ergebnis. Es ergibt sich lediglich ein unterschiedlicher Ausweis. Bei der Nettodarstellung wird der Buchwert nach Abzug der kumulierten Abschreibungen (Nettobuchwert) ausgewiesen. Bei der Bruttomethode der Bruttobuchwert und die kumulierten Abschreibungen.

Unabhängig vom gewählten Verfahren ist die Zuschreibung aufzuteilen. Die in ► Abschn. 1.4.4.3.2 erfolgswirksam erfasste Wertminderung i. H. v. 12.574 € muss hierbei berücksichtigt werden. Ohne Wertminderung wäre der Buchwert nach dem ursprünglichen Abschreibungsplan bei 60.000 €. Diese fortgeführten Anschaffungs- oder Herstellungskosten dürfen bei der Zuschreibung nicht überschritten werden. Es dürfen also maximal 60.000 € − 50.570 € = 9.430 € aufgeholt werden.

- Erfolgswirksame Wertaufholung: 9.430 €
- Erfolgsneutrale Neubewertung: 20.000 €

Die Buchungssätze unterscheiden sich jedoch nach den Verfahren:

Nettoverfahren:

Maschinen	29.431 €	an	Wertaufholung	9.431 €
			sonstiges Ergebnis (OCI)	20.000 €

Bruttoverfahren:

Maschinen	58.198 €	an	kumulierte Abschreibungen	28.768 €
			Wertaufholung	9.430 €
			sonstiges Ergebnis (OCI)	20.000 €

In beiden Fällen wurde eine über die reine Wertaufholung hinausgehende Werterhöhung i. H. v. 20.000 € erfolgsneutral erfasst. In den steuerlichen Vorschriften wäre eine derartige Werterhöhung nicht zulässig gewesen. Es entsteht daher eine latente Steuer (► Abschn. 4.2):

sonstiges Ergebnis (OCI)	6.000 €	an	passive latente Steuern	6.000 €

Während das Bruttoverfahren bei einer Neubewertung mittels Indizes naheliegt, spricht die direkte Ermittlung des gegenwärtigen Zeitwerts für das Nettoverfahren.

Nicht explizit geregelt ist die Frage, wie abnutzbare Vermögenswerte nach erfolgter Neubewertung planmäßig und außerplanmäßig abzuschreiben sind. Generell sind die Abschreibungsregelungen von dem Anschaffungskostenmodell auch im Neubewertungsmodell relevant. Durch die Neubewertung steigt jedoch im Zeitverlauf möglicherweise das Abschreibungsvolumen, was eine Erhöhung der planmäßigen Abschreibungen nach sich ziehen sollte. Dabei kann der Erhöhungsbetrag in den Folgejahren entweder erfolgswirksam über die GuV verrechnet werden, wobei aber gleichzeitig eine Reduktion der Neubewertungsrücklage zugunsten der Gewinnrücklagen zu erfolgen hat, oder es erfolgt eine Aufteilung der Abschreibungen in den bisherigen anschaffungskostenbasierten erfolgswirksamen und den neubewertungsbedingten erfolgsneutralen Teil. Letzterer würde direkt in der Neubewertungsrücklage erfasst und diese reduzieren. Die zweite Methode erscheint theoretisch sachgemäßer zu sein, wenngleich die erfolgswirksame Methode aus Vereinfachungsgründen in der Praxis mehrheitlich verwendet wird.

Beispiel: Neubewertung III

Die verbleibende Nutzungsdauer der Maschine beträgt nach der Neubewertung zum 31.12.t4 noch 6 Jahre. Der Buchwert (80.000 €) stellt die neue Abschreibungsbasis dar. Die lineare Abschreibung erfolgt erfolgswirksam:

Abschreibungen	13.333 €	an	Maschinen	13.333 €

Ohne die Neubewertung wäre der Buchwert am 31.12.t4 bei 60.000 € (100.000 € − 4 × 10.000 €). Die Differenz von 20.000 € wurde im Rahmen der Neubewertung über das sonstige Ergebnis gebucht. Dabei wurden 14.000 € in die Neubewertungsrücklage eingestellt und passive latente Steuern i. H. v. 6.000 € gebucht. Muss der Wert später nach unten korrigiert werden, kann die Neubewertungsrücklage insoweit ausgebucht werden.

Die genannte Differenz ist der Grund für die Mehrabschreibungen von 3.333 € pro Jahr. Da der Wert des Vermögenswerts jährlich um 1/6 sinkt, ist in diesem Umfang keine Neubewertungsrücklage mehr nötig. Diese wird daher in die Gewinnrücklage gebucht:

Neubewertungsrücklage	2.333 €	an	Gewinnrücklage	2.333 €

Da in der IFRS-Bilanz mehr abgeschrieben wird (13.333 €) als in der Steuerbilanz (10.000 €) verringert sich die gebildete passive latente Steuer mit jeder Abschreibung:

passive latente Steuern	1.000 €	an	Steueraufwand	1.000 €

Das hier beschriebene Vorgehen entspricht wiederbeschaffungsbezogenen Abschreibungen, die den Nachteil haben, dass die GuV übermäßig belastet wird. Der Standard legt sich nicht auf eine Abschreibungsbasis fest. Daher ist alternativ auch denkbar, die Abschreibung in einen erfolgswirksamen und einen erfolgsneutralen Anteil zu trennen. Der erfolgswirksame Anteil würde dann der ursprünglichen Abschreibung mit den historischen Anschaffungskosten als Abschreibungsbasis entsprechen. Diese Variante wird teilweise in der Literatur abgelehnt.

Die Anwendung des Neubewertungsmodells verlangt gegenüber dem Anschaffungskostenmodell deutlich erweiterte Angabepflichten im Anhang (z. B. IAS 16.77). Zusätzlich sind nach IFRS 13 erhebliche Anhangangabepflichten zu erfüllen.

> **Merke!**
>
> Nach dem **Imparitätsprinzip** sind mögliche Verluste früher zu erfassen als mögliche Gewinne.

Dieses Prinzip ist im HGB fest kodifiziert. Im Rahmenkonzept der IFRS gibt es kein derartiges Prinzip. Dies würde auch der *fair presentation* (▶ Abschn. 1.3.1), die in der Rechnungslegung nach den IFRS erreicht werden soll, widersprechen. Durch die Regelungen in IAS 16, dass eine Abwertung im Zuge der Neubewertung erfolgswirksam über die GuV zu erfassen ist, während bei einer Neubewertung über das sonstige Ergebnis gebucht wird (▶ Abschn. 2.3), besteht in den IFRS faktisch ein Imparitätsprinzip. Trotz der Zielsetzung der *fair presentation* scheint dies sinnvoll zu sein.

1.5 Lern-Kontrolle

Kurz und bündig

Das externe Rechnungswesen (die Rechnungslegung) hat zum Ziel, relevante Informationen über Unternehmen als sozioökonomische Systeme glaubwürdig nach außen darzustellen. Basierend auf den Grundsätzen des Rahmenkonzepts bestehen die IFRS aus den alten IAS, den neueren IFRS und den dazugehörigen Interpretationen (SIC bzw. IFRIC). Die Standards folgen im Wesentlichen einer identischen Gliederung und sind als *case-law* abgefasst. Die IFRS sind in ihrer Gesamtheit nur teilweise modular aufgebaut, was teilweise zu uneinheitlichen Definitionen führt. Daher ist es bei der Arbeit mit Standards wichtig, auf die exakte Formulierung zu achten und sich die Gemeinsamkeiten bzw. Unterschiede zwischen den Standards ins Bewusstsein zu rufen. Die von einer privatwirtschaftlichen Institution (dem IASB) herausgegebenen und dann im *Endorsement*-Prozess in EU-Recht übernommenen Standards sind in Deutschland aufgrund des § 315e HGB anzuwenden. Somit ist die Anwendung der IFRS für kapitalmarktorientierte Konzerne im Konzernabschluss verpflichtend und für alle weiteren konzernrechnungslegungspflichtigen Unternehmen freiwillig.

Die *fair presentation* gilt als oberster Grundsatz der Rechnungslegung, an dem sich die Anwendung und Interpretation aller Standards orientieren müssen. Daran angelehnt soll die analoge Anwendung anderer Standards, die Orientierung am *framework* und die *best practice* zur Auslegung der Standards herangezogen werden. Leitende Grundsätze, wie die der Relevanz und Wesentlichkeit von Informationen, sollen bei der Anwendung der Standards behilflich sein. Bei praktischen Fallstudien zeigt sich, dass gerade bei großen, multinationalen Konzernen die Prinzipienorientierung starken Einfluss auf die Umsetzung der Standards hat. So werden auf den Wesentlichkeitsgedanken gestützt vergleichbare Sachverhalte unterschiedlich dargestellt.

Bei der Bilanzierung ist grundlegend zwischen Bestandsgrößen in der Bilanz und Stromgrößen in der GuV zu differenzieren. In diesem Zusammenhang sind die Begriffsdefinitionen von Vermögenswerten, Schulden und Eigenkapital sowie von Erträgen und Aufwendungen von elementarer Bedeutung. Diese sind Grundlage der bilanziellen bzw. erfolgswirksamen Greifbarkeit von Sachverhalten, bevor die spezielleren Regelungen der Standards zur Anwendung kommen. Über die Perioden hinweg ist es notwendig, die erfolgswirksame Erfassung des Wertverzehrs von Vermögenswerten und Schulden zu quantifizieren, um deren Erfolgsbeiträge perioden- und sachgerecht in der GuV darzustellen. Hierbei muss teilweise mit typisierenden Verfahren wie der linearen Abschreibung oder mit Modellen zur (Unternehmens-)Bewertung gearbeitet werden. Diese Verfahren ergeben sich teilweise aus finanzmathematischen oder bewertungstheoretischen Überlegungen und sind daher auf eine Vielzahl von Vermögenswerten anwendbar. Wie auch bei den Grundsätzen und Prinzipien der IFRS-Rechnungslegung sind diese Verfahren für das Verständnis der Behandlung spezifischer Sachverhalte essentiell.

❓ Let's check

1. Stellen die folgenden Beispiele Auszahlungen, Ausgaben, Aufwand, Einzahlungen, Einnahmen oder Ertrag dar? Begründen Sie Ihre Auffassung.
   - Barkauf von Waren
   - Maschinenverkauf auf Ziel
   - Verkauf von Erzeugnissen
   - Zieleinkauf von Rohstoffen
   - Lagerentnahme von Rohstoffen
   - Barausgleich von Lieferantenverbindlichkeiten
   - Barverkauf von Waren
   - Zielkauf von Waren
   - Lagerentnahme von fertigen Erzeugnissen
2. Wie unterscheidet sich der Begriff der Rechnungslegung vom internen und externen Rechnungswesen? Was sind jeweils die Zielsetzungen?
3. Wer ist für die Entwicklung der IFRS verantwortlich?
4. Welche Stellung nimmt das Rahmenkonzept in der IFRS-Rechnungslegung ein?
5. Nach welcher Hierarchie ist bei der Auslegung von Standards vorzugehen?
6. Was versteht man unter dem Oberbegriff verbundene Unternehmen? Welcher Paragraph ist hierfür einschlägig?
7. Die B-K-Weinhandels-AG mit Sitz in Hamburg ist an der M-H-Weinvertriebs-GmbH zu 75 % beteiligt.
   - Muss die B-K-AG einen Konzernabschluss und einen Konzernlagebericht aufstellen?
   - Ist die B-K-AG prüfungs- und offenlegungspflichtig?
   - Würde sich daran etwas ändern, wenn die B-K-Weinhandels-AG stattdessen eine KG ist, bei der keine natürliche Person Vollhafter ist?

8. Aus welcher Norm ergibt sich die Anwendbarkeit der IFRS in Deutschland?
9. Was ist das oberste Prinzip der IFRS-Rechnungslegung?
10. Wie sind Vermögenswerte und Schulden in den IFRS definiert?
11. Wie sind Erträge und Aufwendungen in den IFRS definiert?
12. Was drückt der Barwert inhaltlich aus?
13. Was versteht man unter historischen Anschaffungs- und Herstellungskosten und unter kumulierten Abschreibungen?
14. Was sind die Pflichtbestandteile von Herstellungskosten?
15. Worin besteht der Unterschied zwischen planmäßigen Abschreibungen und außerplanmäßigen Wertminderungen?
16. Wie ist der erzielbare Betrag im Rahmen eines Werthaltigkeitstests zu bestimmen und wozu dient er?
17. Worin unterscheidet sich der Nettoveräußerungswert vom beizulegenden Zeitwert?
18. Was sind die Voraussetzungen für die Anwendung des Neubewertungsmodells?
19. Wie ist der Fair Value definiert? Wie gestaltet sich die Fair Value-Hierarchie?
20. Was versteht man unter dem Imparitätsprinzip?

❓ Vernetzende Aufgaben

1. Schlagen Sie neue Begriffe und Fremdwörter nach.
2. Beschaffen Sie sich eine aktuell gültige Ausgabe der IFRS-Texte. Vergleichen Sie den Aufbau von IAS 1, IAS 8, IAS 38 und IAS 36. Was fällt Ihnen auf? Worin unterscheiden sich verschiedene Definitionen des beizulegenden Zeitwerts?
3. Welches Problem ergibt sich im IFRS-Rechnungslegungssystem durch den Grundsatz der Wesentlichkeit, den das Unternehmen selbst auszulegen und anzuwenden hat?

ℹ️ Lesen und Vertiefen

- Lüdenbach et al. (2017). *IFRS-Kommentar*. Freiburg: Haufe, §§ 8a, 10 und 11. Die Arbeit mit Kommentaren ist bei juristischen Themengebieten unerlässlich. Hier wird mitunter die herrschende Meinung gebildet. Die Autoren gehen auf die wesentlichen Zweifelsfragen in bestimmten Bereichen ein, geben Beispiele und fassen die Literaturmeinung zusammen. Kommentare sind in Paragraphen und Randziffern eingeteilt. Wenngleich nicht immer so verständlich wie ein Lehrbuch, sollte der Kommentar Ihre weitere Anlaufstelle sein. Die angegebenen §§ behandeln die Fair-Value Bewertung nach IFRS 13 mit der Neubewertungsmethode, planmäßige und außerplanmäßige Abschreibungen.
- Pellens et al. (2017). *Internationale Rechnungslegung*. Stuttgart: Schäffer-Poeschel.
  Das Standardlehrbuch für IFRS mit Beispielen, Aufgaben und Fallstudie. Mit über 1.000 Seiten ein äußerst detailliertes Lehrbuch.

–   Coenenberg et al. (2016). *Jahresabschluss und Jahresabschlussanalyse*. Stuttgart:
    Schäffer-Poeschel.
    Ein Standardwerke zum Thema Jahresabschluss. Das Buch erläutert die
    Regelungen von HGB, IFRS und US-GAAP in vergleichender Weise. Es ist ein
    zusätzliches Übungsbuch verfügbar.
–   Heuser, P. J. und Theile, C. (2012) *IFRS Handbuch*. Köln: Dr. Otto Schmidt.
    Ein einfach geschriebener IFRS-Kommentar, der sich gut für den ersten Einstieg
    eignet.
–   Lüdenbach, N. und Christian, D. (2015). *IFRS Essentials*. Herne: nwb.
    Ein Trainingsbuch, welches den Inhalt der Standards nach ihrer Nummerierung
    wiedergibt und komplexe Fälle mit deren Lösung bietet.

Bestandteile von IFRS-Abschlüssen

Prof. Dr. Stefan Müller, Patrick Saile

© Springer Fachmedien Wiesbaden GmbH 2018
S. Müller, P. Saile, *Internationale Rechnungslegung (IFRS)*, Studienwissen kompakt,
https:/doi.org/10.1007/978-3-658-17361-6_2

Lernagenda

Der Geschäfts- oder Finanzbericht ist ein wesentliches Instrument der Unternehmenskommunikation. Zentrale und gesetzlich fixierte Bestandteile stellen der (Konzern-)Lagebericht, der (Konzern-)Abschluss sowie weitere Bestandteile wie das Testat des Wirtschaftsprüfers und der Bericht des Aufsichtsrats dar. Insgesamt ist der Geschäfts- oder Finanzbericht das Ergebnis dessen, was Rechnungslegungsstandards (IFRS), HGB und weitere rechtsformspezifische Gesetze für die Unternehmenspublizität vorschreiben.

In diesem Kapitel sollen Sie lernen,

- wie ein IFRS-Abschluss grundsätzlich aufgebaut ist,
- welches die Haupt- und Nebenrechenwerke eines Abschlusses sind,
- welche Kontenkreise es in der Technik der doppelten Buchführung gibt,
- wie zwischen erfolgswirksamen- und erfolgsneutralen Vorgängen unterschieden wird,
- welche Verknüpfungen zwischen den einzelnen Rechenwerken und insb. dem Anhang bestehen,
- wie der Management-Approach die Segmentberichterstattung vom restlichen Abschluss abgrenzt.

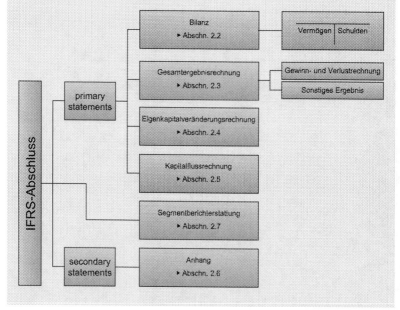

2.1 Grundsätzliches

Ein Geschäftsbericht muss neben dem hier betrachteten IFRS-Abschluss weitere Informationen enthalten. Alle Informationen, die nicht Gegenstand eines Standards sind, müssen deutlich erkennbar vom Abschluss abgegrenzt dargestellt werden. Der Abschluss muss als solcher erkennbar gemacht werden (IAS 1.49). In der Praxis überwiegt das Volumen der zusätzlichen Informationen regelmäßig das des Abschlusses. Beispielsweise umfasst der Geschäftsbericht des Volkswagenkonzerns des Jahres 2016 neben dem 118 Seiten langen IFRS-Konzernabschluss gut 300 Seiten (72 %) weiterer Informationen. Vor diesem Hintergrund wird häufig ein sog. *information overload* beklagt, welcher den Verlust der Entscheidungsfähigkeit aufgrund zu vieler Informationen beschreibt. Dieser Effekt tritt verstärkt dann auf, wenn der Adressat die zusätzlichen Informationen zum Plausibilisieren des Abschlusses heranziehen möchte.

Ein vollständiger IFRS-Abschluss besteht nach IAS 1.10 aus

- Bilanz
- Gesamtergebnisrechnung (ggf. weiter unterteilt in GuV sowie sonstiges Ergebnis)
- Eigenkapitalveränderungsrechnung
- Kapitalflussrechnung
- Anhang

Die ersten vier (bzw. fünf, wenn die Gesamtergebnisrechnung als GuV mit separatem sonstigen Ergebnis dargestellt wird) Bestandteile werden dabei als (Haupt-)Rechenwerke *(primary statements)*, der Anhang als *secondary statement* bezeichnet.

Börsennotierte (Konzernmutter-)Unternehmen haben den Abschluss nach IFRS 8.2 um eine Segmentberichterstattung zu ergänzen. Anderenfalls handelt es sich hierbei um keinen Pflichtbestandteil des Abschlusses.

Merke!

Börsennotiert bezeichnet handelsrechtlich eine Untergruppe der kapitalmarktorientierten Unternehmen. Es sind nur die kapitalmarktorientierten Unternehmen gemeint, die mit Eigenkapitalinstrumenten (insb. Aktien) an einem geregelten Markt innerhalb der EU gehandelt werden. Unternehmen, die nur Fremdkapitalpapiere (z. B. Anleihen) am geregelten Markt haben, gelten nicht als börsennotiert aber als kapitalmarktorientiert (§ 264d HGB).

Da § 315e Abs. 1 HGB eine entsprechende Anwendung des § 315 HGB fordert, müssen deutsche Unternehmen zusätzlich einen Konzernlagebericht erstellen. Dieser findet in IAS 1.13 Erwähnung, ist jedoch kein Bestandteil des Abschlusses und wird nicht nach den IFRS, sondern den maßgeblichen Normen des HGB folgend erstellt. Entsprechend ist dieser wie auch die anderen Pflichtbestandteile eines Geschäftsberichts außerhalb des Jahresabschlusses nicht Inhalt dieses Buches.

2.2 Bilanz

Nach deutschem Handelsrecht sind grundsätzlich alle Kaufleute verpflichtet Bücher zu führen (§§ 238 ff. HGB). Dadurch kann zu jeder Zeit ein Überblick über die Vermögens- und Ertragslage des Kaufmanns bzw. seines Unternehmens erlangt werden. Auch der IFRS-Rechnungslegung liegt die Idee zugrunde, dass Bücher mit der Technik der doppelten Buchhaltung geführt werden, wenngleich dies nicht explizit geregelt ist.

Hierzu werden Konten geführt. Diese sind keine Bankkonten, sondern Nebenrechnungen der Buchführung. Die Konten können wie in ◨ Abb. 2.1 in T-Konten-Form dargestellt werden. Die Soll- und die Haben-Seite des Kontos bezeichnen die linke und rechte Seite des Kontos und sind nicht mit der Bedeutung der Verben „sollen" und „haben" zu verwechseln.

Zunächst ist in Bestands- und Erfolgskonten zu unterteilen. Der Erfolgskontenkreis wird in ▶ Abschn. 2.3 erläutert. In den Bestandskonten wird der Bestand des Vermögens (Aktiva) und des Kapitals (Passiva) erfasst. Im Weiteren werden die Passiva als Schulden bezeichnet, wenngleich hier auch Eigenkapitalanteile berücksichtigt werden. Entsprechend handelt es sich bei den Konten des Bestandskontenkreises, die Vermögen erfassen, um Aktivkonten, bei jenen, die die Schulden erfassen, um Passivkonten. In ◨ Abb. 2.1 wird deutlich, dass der Anfangsbestand bei Aktivkonten stets links (im Soll), bei Passivkonten stets rechts (im Haben) steht. Die Konten nehmen auf der jeweiligen Seite des Anfangsbestands zu, auf der jeweils anderen Seite ab. Hier wird schließlich der Saldo gebildet. Am Ende muss die Kontensumme beider Seiten immer ausgeglichen sein. Die Form der T-Konten erinnert daher an eine Balkenwaage.

◨ **Abb. 2.1** Bestandskontenkreis

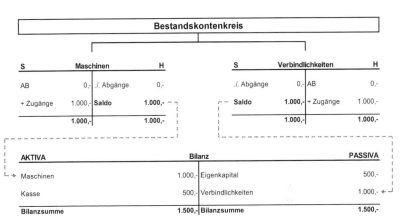

◻ Abb. 2.2 Entstehen der Bilanz

Beispiel: Aktivierung von Maschinen

Eine in t0 für 1.000 € gekaufte Maschine soll in den Büchern erfasst werden. Dies erfolgt im entsprechenden Konto Maschinen. Da es sich bei Maschinen um Vermögen handelt, ist das Maschinenkonto ein Aktivkonto. Dieses hat in diesem Beispiel einen Anfangsbestand i. H. v. 0 € und nimmt durch die Anschaffung der Maschine um 1.000 € zu. Abgänge liegen keine vor. Entsprechend muss der Saldo ebenfalls 1.000 € betragen, damit das Konto ausgeglichen ist. Die Kontensumme beträgt damit ebenfalls 1.000 €.

Bei diesem Vorgang wird von Aktivierung gesprochen. Jeder Geschäftsvorgang ist in den Büchern zu erfassen. Entweder durch Aufnahme als Vermögenswert in die Bilanz (sofern die Voraussetzungen hierfür erfüllt sind) oder erfolgswirksam als Aufwand oder Ertrag über die GuV.

Am Ende des Geschäftszyklus werden alle Bestandskonten in der Bilanz zusammengefasst, welche wiederum ausgeglichen sein muss. Entsprechend muss bei der Einbuchung der Maschine in ein Aktivkonto entweder ein anderes Aktivkonto um diesen Betrag verringert werden (Aktivtausch) oder eine entsprechende Buchung auf einem Passivkonto erfolgen. Aus diesem geht hervor, woher das Kapital stammt, das in die Maschinen investiert wurde. In diesem Beispiel wurde die Maschine noch nicht bezahlt. Daher wird eine Verbindlichkeit gegenüber dem Lieferanten passiviert. Der Anfangsbestand des Verbindlichkeitenkontos befindet sich auf der Habenseite, da es sich um ein Passivkonto handelt. Auch hier liegen Zugänge i. H. v. 1.000 € vor, sodass der Kauf der Maschine doppelt gebucht wurde und die Bilanz ausgeglichen ist. In ◻ Abb. 2.2 werden diese Vorgänge veranschaulicht.

In diesem Beispiel soll das Unternehmen unabhängig vom Kauf der Maschine einen Kassenbestand von 500 € haben. Auch für die Kasse liegt ein entsprechendes Konto vor. Da es sich um Vermögen handelt, ist das Kassenkonto ein Aktivkonto. Auch beim Einbuchen der Einzahlung in die Kasse wurde ein entsprechendes Passivkonto berührt. Hat der Unternehmer Barmittel in das Unternehmen eingelegt, handelt es sich um Eigenkapital. So ergibt sich die Bilanzsumme i. H. v. 1.500 €.

Merke!

Durch die **Doppelte Buchführung** sind an jedem Vorgang mindestens zwei Konten beteiligt. Um welche Konten es sich handelt, ergibt sich aus der wirtschaftlichen Realität. Als Regel gilt hierbei: Gebucht wird immer **Soll an Haben**. Hierbei zeigt das Wort „an" nicht den Fluss des Geldes an. Ebenso bedeutet die Regel nicht, dass Soll-Konten immer ab- und Haben-Konten immer zunehmen. Vielmehr verdeutlicht der Grundsatz die Reihenfolge der Konten im Buchungssatz.

Beim beschriebenen Kauf der Maschine auf Ziel (auf Ziel bedeutet, dass ein Zahlungsziel, d. h. eine Zahlung erst nach einer gewissen Zeit, vereinbart wurde) sind die Konten Maschinen (Aktiva) und Verbindlichkeiten (Passiva) betroffen. Beide Konten nehmen zu (Bilanzverlängerung), da Vermögen gekauft wird, ohne sofort zu bezahlen. Da Aktivkonten im Soll und Passivkonten im Haben zunehmen, ergibt sich unter Anwendung der Regel Soll an Haben der Buchungssatz

| Maschinen | 1.000 € | an | Verbindlichkeiten | 1.000 € |

Würde der Buchungssatz

| Verbindlichkeiten | 1.000 € | an | Maschinen | 1.000 € |

lauten, ist durch die Regel Soll an Haben klar, dass ein Abgang bei Verbindlichkeiten und Maschinen vorläge. Wirtschaftlich würde dies einer Rückgabe der Maschine gegen Aufhebung der Schuld entsprechen.

Im Gegensatz zu zeitraumbezogenen Stromgrößen, die in ▶ Abschn. 2.3 näher erläutert werden, enthält die Bilanz Bestandsgrößen. Diese beziehen sich auf einen konkreten Zeitpunkt. So bildet die Bilanz die Vermögens- und Finanzsituation des Unternehmens zu einem Stichtag ab, der grundsätzlich am Ende des Geschäftszyklus liegt. Die Entwicklung der Werte lässt sich entsprechend nur durch den Vergleich mehrerer Bestandsgrößen zu verschiedenen Zeitpunkten feststellen.

Eine konkrete Vorgabe hinsichtlich der Länge des Geschäftszyklus erfolgt seitens des IASB nicht, allerdings muss die eindeutige Identifizierbarkeit des Geschäftszyklus gegeben sein (IAS 1.62).

> **Merke!**
>
> Der **Geschäftszyklus** beschreibt die Zeitspanne zwischen Erwerb von Vermögens-
> werten, die in den Produktionsprozess eingehen, und deren Umwandlung in
> Zahlungsmittel/-äquivalente (Verkauf) (IAS 1.68).

Die Länge des Geschäftszyklus ist bei Unternehmen der Branchen Dienstleistung, Industrie und Handel oft einfach identifizierbar und beträgt hier generell weniger als zwölf Monate. Problematisch erscheint die Identifikation der Länge des Zyklus bei Unternehmen, die verschiedene Tätigkeitsfelder aufweisen. Ein Beispiel hierfür ist Siemens als Mischkonzern, dessen Tätigkeiten sowohl lange Zyklen, wie Planung und Bau von Investitionsgütern (z. B. Kraftwerke), als auch kurze Zyklen, wie bei der Produktion von Konsumgütern (z. B. Computer, Toaster, etc.) umfasst. Für diese Fälle ist eine Länge von zwölf Monaten anzunehmen (IAS 1.68). Das deutsche Rechnungslegungs Interpretations Comittee (RIC) empfiehlt in diesem Fall zusätzlich eine Anhangangabe, die auf den Sachverhalt hinweist (RIC 1.17).

Wie genau die Bilanz aufzubauen ist, wird in den IFRS nicht vorgegeben. Die Darstellung soll dazu geeignet sein, das Verständnis der Vermögens- und Finanzlage des Unternehmens zu vermitteln. Lediglich ein Mindestumfang ist in IAS 1.54 geregelt. Dieser ist

- mittels Überschriften und Zwischensummen zu untergliedern (IAS 1.55),
- um relevante Posten zu ergänzen (IAS 1.57(a)) **und**
- in Bezeichnung, Reihenfolge und Aggregationsgrad anzupassen (IAS 1.57(b)),

sofern dies einem besseren Verständnis der Informationen dient.

Die Darstellung der Bilanzpositionen hat grundsätzlich nach deren Fristigkeit zu erfolgen. Führt eine abweichende Untergliederung nach der Liquidierbarkeit der Vermögenswerte und Schulden zu aussagekräftigeren Ergebnissen, ist diese vorzuziehen (IAS 1.60). Unabhängig von der gewählten Methode ist entsprechend der Dauer des Geschäftszyklus zu untergliedern. Dauert dieser z. B. zwölf Monate sind Vermögen und Schulden, die innerhalb dieses Zeitraums fällig sind bzw. liquidiert werden und solche, die noch über ein Jahr vorhanden sein werden getrennt auszuweisen. Darüber hinaus sind als kurzfristige Vermögenswerte gem. IAS 1.66 anzusehen:

- Zu Handelszwecken gehaltene Vermögenswerte,
- Vermögenswerte, deren Realisierung innerhalb von zwölf Monaten nach dem Abschlussstichtag erwartet wird, sowie
- Zahlungsmittel und -äquivalente.

Für Schulden gilt eine im Grundsatz entsprechende Systematik.

Der erwähnte Mindestumfang in entsprechender Gliederung nach kurz- und langfristigem Vermögen und Schulden ist ◘ Abb. 2.3 zu entnehmen.

Einige Informationen können entweder in weiterer Untergliederung in der Bilanz oder alternativ im Anhang (▶ Abschn. 2.6) angegeben werden. Dies betrifft insbesondere Sachanlagen, Forderungen, Vorräte, Rückstellungen, Eigenkapital und Rücklagen. Hierbei sehen IAS 1.79 f. besondere Aufgliederungspflichten der Angaben zu Eigenkapitalanteilen vor.

2.3 Gesamtergebnisrechnung

Neben dem Bestand von Vermögen und Schulden zum Abschlussstichtag müssen Bücher über die Gewinne und Verluste sowie das sonstige Ergebnis geführt werden. Ziel ist es, dem Abschlussadressaten ein Bild über die Ertragskraft des Unternehmens zu vermitteln. Die Gesamtergebnisrechnung kann wahlweise als GuV mit anschließender Überleitungsrechnung zum Gesamtergebnis unter Ausweis des sonstigen Ergebnisses *(two statement approach)* oder alternativ als einheitliches Rechenwerk *(single statement approach)* erstellt werden. Gewinn oder Verlust und Gesamtergebnis sind dabei aufzugliedern nach dem Teil, der auf nicht beherrschende Anteile und dem, der den Eigentümern des Mutterunternehmens zuzurechnen ist (IAS 1.80 f.).

Grundsätzlich wird zwischen erfolgswirksamen und erfolgsneutralen Vorgängen unterschieden. Hierfür gibt es momentan keine einheitliche Definition. Eine solche ist jedoch in der geplanten Überarbeitung des Rahmenkonzepts (▶ Abschn. 1.2.2) vorgesehen und wird dann in den Standards entsprechend integriert werden. Bis diese erfolgt ist, regeln die einzelnen Standards, ob und inwieweit eine erfolgswirksame oder eine erfolgsneutrale Buchung zu erfolgen hat (IAS 1.88 f.). Liegt keine explizite Einzelfallregelung vor, ist grundsätzlich eine erfolgswirksame Erfassung vorzunehmen (IAS 1.88). Die Gegenüberstellung der erfolgswirksamen Erträge und Aufwendungen erfolgt in der GuV, deren Ergebnis einen Gewinn *(profit)* oder einen Verlust *(loss)* darstellt. Die Verrechnung der erfolgsneutralen Erträge und Aufwendungen bilden das sonstige Ergebnis *(other comprehensive income – OCI)*. Das Gesamtergebnis *(comprehensive income – CI)* setzt sich schließlich aus dem Gewinn oder Verlust und dem sonstigen Ergebnis zusammen. Für den Ausweis des Ergebnisses je Aktie *(earnings per share)* gem. IAS 33 wird jedoch ausschließlich auf den Gewinn oder Verlust, nicht aber auf das Gesamtergebnis abgestellt.

Zur Erläuterung dieser Zusammenhänge werden im Weiteren zunächst die Aufstellung der GuV und die Ermittlung des sonstigen Ergebnisses isoliert dargestellt. Anschließend wird eine Zusammenfassung dieser beiden Bestandteile der Gesamtergebnisrechnung vorgenommen werden.

Aktiva	Passiva
Langfristiges Vermögen	**Eigenkapital**
Sachanlagen	Gezeichnetes Kapital und den den Eigentümern zuzuordnende Rücklagen
Als Finanzinvestitionen gehaltene Immobilien	Nicht beherrschende Anteile des Eigenkapitals
Immaterielle Vermögenswerte	
Finanzielle Vermögenswerte	**Langfristige Schulden**
Nach der Equity-Methode bilanzierte Finanzanlagen	Rückstellungen
biologische Vermögenswerte	finanzielle Verbindlichkeiten
Steuererstattungsansprüche	Steuerschulden
Latente Steueransprüche	Latente Steuerschulden
	Schulden, die zur Veräußerung gehalten Vermögensgruppen zuzuordnen sind
Kurzfristiges Vermögen	
Vorräte	**Kurzfristige Schulden**
Forderungen aus Lieferungen und Leistungen und sonstige Forderungen	Verbindlichkeiten aus Lieferungen und Leistungen und sonstige Verbindlichkeiten
Zahlungsmittel und Zahlungsmitteläquivalente	
Zur Veräußerung gehaltene (langfristige) Vermögenswerte	
Bilanzsumme	**Bilanzsumme**

◻ **Abb. 2.3** Mindestumfang der Bilanz

Zur Erstellung der GuV werden Vorgänge mittels doppelter Buchführung im Erfolgskontenkreis erfasst. Dieser ist in ◙ Abb. 2.4 dargestellt. Während im Bestandskontenkreis von Aktiv- und Passivkonten gesprochen wurde, handelt es sich hier um Aufwands- und Ertragskonten. Diese stellen Unterkonten des Eigenkapitals dar und folgen daher derselben Logik. Aufwandskonten nehmen wie Aktivkonten im Soll zu (und führen damit zu einer Verminderung des Eigenkapitals) und im Haben ab, wo auch der Saldo gebildet wird. Bei Ertragskonten wird wie bei Passivkonten verfahren.

Im Gegensatz zur zeitpunktbezogenen Darstellung von Bestandsgrößen in der Bilanz wird in der Gesamtergebnisrechnung auf zeitraumbezogene Stromgrößen abgestellt. Da sich diese nicht auf einen Zeitpunkt, sondern auf eine bestimmte Periode beziehen gibt es bei Erfolgskonten keine Anfangsbestände. Alle Aufwendungen und Erträge einer Periode werden in den Konten gesammelt. Beim Abschluss der Konten werden die Salden umgebucht, sodass die Konten zu Beginn des nächsten Geschäftszyklus wieder leer sind.

Beispiel: Abschreibung von Maschinen

Die in ▶ Abschn. 2.2 gekaufte Maschine wird nicht bereits in t0 in voller Höhe erfolgswirksam und damit den Gewinn mindernd erfasst. Stattdessen werden die Anschaffungskosten über die Nutzungsdauer verteilt. Es erfolgt eine lineare Abschreibung über 10 Jahre (Planmäßige Abschreibung im Anschaffungs- oder Herstellungskostenmodell ▶ Abschn. 1.4.4.3.1), weshalb dem Unternehmen jährlich ein Aufwand i. H. v. 100 € entsteht, welcher den Gewinn mindert. Am Ende des Geschäftszyklus werden die Aufwands- und Ertragskonten in der GuV abgeschlossen. Die Abschreibungen der Maschine erhöhen die Aufwendungen. Erträge hat das Unternehmen hier keine. Da die Summe der Aufwendungen die der Erträge im GuV-Konto übersteigt, wird der Saldo auf der Habenseite gebildet und es entsteht ein Verlust, der letztlich das Eigenkapital mindert. Dies wird in ◙ Abb. 2.5 veranschaulicht.

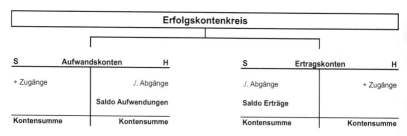

◙ **Abb. 2.4** Erfolgskontenkreis

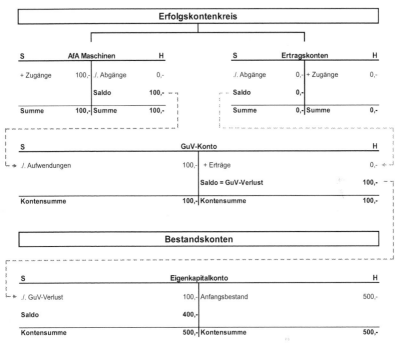

◻ Abb. 2.5 Entstehen der Gewinn- und Verlustrechnung

Würden hingegen 200 € Erträge und weitere 50 € Aufwendungen vorliegen, würde sich ein Saldo auf der Soll-Seite ergeben; es läge ein Gewinn i. H. v. 50 € vor.

Der Gewinn oder Verlust ist eine Bestandsgröße, da sich dieser auf einen Stichtag bezieht. Es erfolgt eine Überführung in den Bestandskontenkreis. Der Gewinn oder Verlust ist den Anteilseignern zuzurechnen und geht daher im Eigenkapital (Passivkonto ▶ Abschn. 2.2) des Unternehmens auf. Es wird deutlich, dass der Verlust das Eigenkapital von vormals 500 auf 400 € reduziert. Dies ist ebenfalls in ◻ Abb. 2.5 dargestellt.

Einige Vorgänge sollen nach dem Willen des IASB den Gewinn oder Verlust nicht beeinflussen und müssen daher erfolgsneutral Eigenkapital erfasst werden. Dies ist erforderlich, wenn Vorgänge erfasst werden, die dem Grunde nach jedoch kein realisierter Erfolgstatbestand darstellen. Auch für die erfolgsneutralen Aufwendungen und Erträge muss ein gesonderter Kontenkreis erstellt werden, der systematisch mit dem Erfolgskontenkreis gleich ist, aber in das sonstige Ergebnis mündet. Er kann Erfolgs-neutralkontenkreis genannt werden.

Umsatzkostenverfahren (UKV)	Gesamtkostenverfahren (GKV)
Umsatzerlöse	
- Umsatzkosten	+/- Bestandsveränderungen fertiger und
= Bruttoergebnis vom Umsatz	unfertiger Erzeugnisse
- Vertriebskosten	+ Aktivierte Eigenleistungen
- Verwaltungskosten	- Materialaufwand
	- Personalaufwand
	- Abschreibungen
+ Sonstige betriebliche Erträge	
- Sonstige betriebliche Aufwendungen	
= Ergebnis der betrieblichen Tätigkeit	
+ Erfolg aus Beteiligungen, die nach der Equity-Methode bewertet sind	
+ Finanzerträge	
- Finanzaufwendungen	
= Finanzergebnis	
Ergebnis vor Steuern (= Ergebnis der betrieblichen Tätigkeit + Finanzergebnis)	
- Ertragsteuern	
= Ergebnis aus fortgeführten Aktivitäten	
+/- Ergebnis aus aufgegebenen Geschäftsbereichen	
= Gewinn oder Verlust	

▢ Abb. 2.6 Beispielgliederungen nach dem Gesamt- und dem Umsatzkostenverfahren

Für die Darstellung der Erfolgsbestandteile der GuV kann grundsätzlich zwischen zwei Arten der Aufgliederung unterschieden werden. Es kann entweder das Gesamtkostenverfahren (GKV, *nature of expense method*) oder das Umsatzkostenverfahren (UKV, *function of expense method*) angewandt werden. Bei ersterem werden alle Aufwendungen der Periode nach ihrer Art dargestellt. Letzteres gliedert die Aufwendungen für die ausgewiesenen Umsätze nach ihrer Zugehörigkeit zu den Funktionsbereichen des Unternehmers auf (IAS 1.101–.103). Die in ▢ Abb. 2.6 dargestellten Beispiele für mögliche Gliederungen nach den beiden Verfahren verdeutlichen die Unterschiede.

Wird UKV angewandt, muss zusätzlich über die Art der Aufwendungen sowie den Umfang planmäßiger Abschreibungen und Wertminderungen sowie Leistungen an Arbeitnehmer im Anhang informiert werden.

Sofern dies zu einem besseren Verständnis beiträgt oder eine präzisere Vorhersage der künftigen Erfolgslage des Unternehmens ermöglicht, ist eine individuelle Anpassung der Gliederung, das Einfügen von Zwischensummen und die Aufnahme zusätzlicher Posten möglich (IAS 1.86). Außerordentliche Aufwands- und Ertragsposten sind in keinem Fall zulässig (IAS 1.87).

Verschiedene Standards geben an, ob und wann im sonstigen Ergebnis erfasste Beträge in den Gewinn oder Verlust ungegliedert werden müssen (IAS 1.93). Diese Umgliederungsbeträge sind in der Darstellung des Gesamtergebnisses oder im Anhang anzugeben (IAS 1.92 und .94). Das sonstige Ergebnis ist von Anfang an nach Beträgen, die später umgegliedert werden sollen, und solchen, auf die dies nicht zutrifft, aufzuteilen (IAS 1.82). Im folgenden Abschnitt wird hierauf nochmals eingegangen.

2.4   Eigenkapitalveränderungsrechnung

Wie in ▶ Abschn. 2.3 gezeigt wurde, stellt das Eigenkapital eine Residualgröße dar und ergibt sich aus der Differenz aller Vermögenswerte und Schulden. Entsprechend entspricht die Gesamtentwicklung des Eigenkapitals in einer Periode dem gesamten Ertrag bzw. Aufwand einschließlich Gewinn oder Verlust sowie dem Saldo der Einzahlungen von den und Auszahlungen an die Eigenkapitalgeber. Da der Erfolg des Unternehmens über den Abschluss der Konten einen direkten Einfluss auf das Eigenkapital hat, dient das Eigenkapital auch als Reserve für Verlustjahre. Ändert sich das Eigenkapital jedoch aufgrund von Transaktionen mit den Eigentümern (z. B. Kapitalerhöhungen, Dividenden, usw.) wird dieser Zusammenhang zwischen Änderung des Eigenkapitals und Entwicklung des Nettovermögens verfälscht. Die Eigenkapitalveränderungsrechnung führt derartige Transaktionen gesondert auf, um Auskunft über mögliche Verfälschungen geben zu können.

Die Eigenkapitalveränderungsrechnung muss gem. IAS 1.106 mindestens enthalten:

- Das Gesamtergebnis aufgeteilt nach Anteilen, die auf die Anteilseigner und auf nicht beherrschte Anteile entfallen.
- Rückwirkende Anpassungen gem. IAS 8 für jede Komponente separat.
- Überleitungsrechnungen für die Buchwerte zum Beginn und Ende der Berichtsperiode für jede Komponente und ob die Änderung auf Gewinn oder Verlust, sonstiges Ergebnis oder Transaktionen mit Eigentümer zurückzuführen sind. Bei letzteren ist getrennt auszuweisen, ob die Transaktionen zu einem Verlust der Beherrschungsmöglichkeit führen.

Grundsätzlich kann das Eigenkapital in eingezahlte und erwirtschaftete Kapitalbestandteile untergliedert werden.

Das eingezahlte Kapital besteht aus dem gezeichneten Kapital (◼ Abb. 2.7) und der nach IAS 1.78(e) zu bildenden Kapitalrücklage. Das **gezeichnete Kapital** ist der von

(in Mio. €)	Gezeichnetes Kapital	Gewinn-rücklage	Effekte aus Währungs-differenzen	Finanzielle Eigenkapital-instrumente	Cashflow-Hedges	Neubewer-tungsrücklage	Summe	Nicht be-herrschende Anteile	Gesamtes Eigenkapital
Saldo 2013	X	X	X	X	X	–	X	X	X
Änderung Rechnungslegungsmethoden (IAS 8)	–	X	–	–	–	–	X	X	X
Angepasster Saldo	X	X	(X)	X	X	–	X	X	X
Eigenkapitalveränderungsrechnung 2014 (Vorjahr)									
Dividenden	–	(X)	–	–	–	–	(X)	–	(X)
Gesamtergebnis	X	X	X	X	(X)	X	X	X	X
Saldo 2014	X	X	X	X	X	X	X	X	X
Eigenkapitalveränderungsrechnung 2015									
Kapitalerhöhung	X	–	–	–	–	–	X	–	X
Dividenden	–	(X)	X	(X)	(X)	X	(X)	X	(X)
Gesamtergebnis	X	X	X	X	X	X	X	X	X
Einstellungen in die Gewinnrücklagen	–	X	–	–	–	(X)	–	–	–
Saldo 2015	X	X	X	X	X	X	X	X	X

◘ Abb. 2.7 Beispiel für die Darstellung einer Eigenkapitalveränderungsrechnung den Eigentümern zur Verfügung gestellte Teil des Eigenkapitals, der sich aus Stamm- und Vorzugsaktien bzw. Nennaktien zusammensetzt. Die **Kapitalrücklage** enthält das Agio (Aufgeld), welches sich aus der Differenz zwischen Ausgabekurs und Nennwert bzw. rechnerischem Wert der ausgegebenen Aktien ergibt.

Das erwirtschaftete Kapital enthält die Rücklagen, das kumulierte sonstige Ergebnis (OCI) sowie weitere kumulierte erfolgsneutrale Positionen.

Die **Gewinnrücklage** (◘ Abb. 2.7) umfasst die über die Jahre kumulierten Gewinne und Verluste eines Unternehmens, die bei jedem bisherigen Abschluss der GuV in das Eigenkapitalkonto gebucht und ausgeschüttet wurden. Wenngleich dieser Betrag durch Gewinne des Unternehmens erwirtschaftet wurde, handelt es sich bei Rücklagen nicht um Bargeld, das dem Unternehmen zur Verfügung steht, da die Passivseite lediglich Auskunft über die Mittelherkunft gibt. In Deutschland kann die Gewinnrücklage in die gesetzliche Rücklage, satzungsmäßige Rücklagen und steuerliche Rücklagen unterteilt sein. Derartige Rücklagen können einer Ausschüttungssperre unterliegen.

Im Rahmen der IFRS von besonderer Bedeutung sind die Rücklagen, die sich aus dem Abschluss des **sonstigen Ergebnisses** ergeben. Wird ein Ertrag oder ein Aufwand erfolgsneutral im Eigenkapital erfasst, erfolgt zunächst die Buchung über das OCI. Im Rahmen der ▶ Kap. 3 und 4 werden verschiedene Sachverhalte erklärt, die zu einer erfolgsneutralen Erfassung im Eigenkapital führen. In solchen Fällen werden verschiedene Rücklagenpositionen gebildet. Bei einer späteren Veräußerung von Vermögenswerten oder Tilgung von Schulden erfolgt dann eine Umbuchung mit erfolgswirksamer Erfassung über die GuV. Dies wird als Recycling oder *clean surplus accounting* bezeichnet. Der erfolgsneutrale Effekt ist also nur temporär. Auf lange Sicht gesehen wird somit das Kongruenzprinzip nicht durchbrochen. Nach diesem soll die Summe der Periodenerfolge dem Erfolg der Gesamtperiode entsprechen. In einigen IFRS ist es jedoch vorgesehen, dass erfolgsneutral im Eigenkapital erfasste Positionen nicht recycelt werden. Als Beispiele hierfür sind die direkte Umbuchung von der Neubewertungs- in die Gewinnrücklage (▶ Abschn. 1.4.4.3.4) sowie die Erfassung versicherungsmathematischer Gewinne und Verluste aus Pensionsverpflichtungen (▶ Abschn. 4.1.3.2.2) zu nennen. In diesen Fällen des *dirty surplus accounting* wird das Kongruenzprinzip auf GuV-Ebene durchbrochen. Beim Abstellen auf die Gesamtergebnisrechnung bleibt das Prinzip jedoch gewahrt.

Nutzen Tochterunternehmen eine andere funktionale Währung wie die Muttergesellschaft, hat eine Währungsumrechnung zu erfolgen (▶ Abschn. 3.4.5). Die hierbei entstehenden Effekte aus Währungsdifferenzen (◘ Abb. 2.7) stellen eine Position des Eigenkapitals dar, da eine erfolgsneutrale Erfassung über das OCI erfolgt, wobei latente Steuern (▶ Abschn. 4.2.1) zu berücksichtigen sind. Bei Veräußerung der Tochtergesellschaft erfolgt ein vollständiges Recycling. Ebenso verhält es sich bei der erfolgsneutralen Bewertung zum beizulegenden Zeitwert einiger Finanzinstrumente (▶ Abschn. 3.4.3.2) und bei Cashflow Hedges (▶ Abschn. 3.4.5).

Der ◨ Abb. 2.7 ist eine beispielhafte Darstellung der Eigenkapitalveränderungs-rechnung mit den normierten Mindestpositionen (IAS 1.IG6) zu entnehmen, wie sie sich auch in der Praxis häufig findet.

Die Abgrenzung des Eigenkapitals von den übrigen Schulden (▶ Abschn. 3.4.1.1) stellt in vielen Fällen eine Herausforderung dar. Beispielsweise gibt es eine Vielzahl hybrider Finanzinstrumente, die sowohl Charakteristika von Eigen- als auch Fremd-kapital aufweisen.

2.5   Kapitalflussrechnung

Wesentliche Zielsetzung der Kapitalflussrechnung nach IAS 7 ist es, Informationen zur Finanzlage des Unternehmens zu liefern. Es soll im Speziellen die Mittelherkunft und -verwendung dargestellt werden. Neben der in der Bilanz dargestellten Vermögenslage und der aus der Gesamtergebnisrechnung zu entnehmenden Ertragslage sind Adres-saten an Informationen über Liquidität und Solvenz des Unternehmens interessiert. So ist es für die Abschätzung, ob Dividenden ausgeschüttet und Kredite bedient werden können, von Interesse, ob und inwieweit das Unternehmen in der Lage ist, Zahlungs-mittel und -äquivalente zu erwirtschaften und zu beeinflussen, wann diese zufließen. Zudem müssen Überschuldung oder eine drohende Insolvenz frühzeitig erkennen zu können, da es sich hierbei um Insolvenzgründe nach § 17 der Insolvenzordnung (InsO) handelt. Die Notwendigkeit, einer gesonderten Betrachtung der Zahlungsströme ergibt sich zum einen aus dem zeitlichen Auseinanderfallen von Aufwendungen und Erträgen mit den korrespondierenden Ausgaben und Einnahmen. Zum anderen unterliegen Aufwendungen und Erträge den Ansatz- und Bewertungsmethoden. Zahlungsbasierte Darstellungen sind dagegen weitgehend frei von abschlusspolitischen Gestaltungen und sind daher auch gut geeignet, Vergleiche mit anderen Unternehmen zu ziehen. Dieser Zielsetzung entsprechend ist eine Bruttodarstellung unabdingbar. Eine Saldierung von Zahlungsein- und -ausgängen ist daher grundsätzlich nicht zulässig.

Anders als die unglückliche deutsche Übersetzung Kapitalflussrechnung vermuten lässt, wird in dem Abschlussbestandteil nicht der Fluss von Kapital, sondern der Zu- und Abfluss von Zahlungsmitteln und Zahlungsmitteläquivalenten dargestellt (IAS 7.6). Dieser Zahlungsfluss wird als Cashflow bezeichnet und definiert als:

▬ Vergangenheitsorientierte Darstellung der Veränderung liquider Mittel in der Periode,

▬ die sich in der betrieblichen, der Investitions- und der Finanzierungstätigkeit ergeben haben.

Diese liquiden Mittel umfassen definitionsgemäß als Finanzmittelfonds die Zahlungs-mittel *(cash)* und Zahlungsmitteläquivalente *(cash equivalents)*. Damit Bewertungseinflüsse vermieden werden können, muss der Finanzmittelfonds entsprechend eng definiert sein:

Merke!

Zahlungsmittel sind Barmittel und Sichteinlagen wie Kassenbestände, Sichtguthaben, Bar- und Verrechnungsschecks. Ausgestellte Schecks stellen entsprechend abzuziehende negative Mittel dar.

Bei **Zahlungsmitteläquivalenten** handelt es sich um äußerst liquide, kurzfristige Finanzinvestitionen, die nur vorliegen, wenn die folgenden Voraussetzungen **kumulativ** erfüllt sind:

- Dienen kurzfristiger Erfüllung von Zahlungsverpflichtungen und werden gewöhnlich nicht zu Investitions- oder anderen Zwecken gehalten.
- Unterliegen nur unwesentlichen Werteschwankungsrisiken und können daher jederzeit in einen festgelegten Zahlungsmittelbetrag umgewandelt werden.
- Laufzeit von unter drei Monaten.

Auf Anforderung zu bedienende Kontokorrentkredite können – mit den Herausforderungen der Abgrenzung von Finanzierungstätigkeiten – den Zahlungsmitteln zugerechnet werden.

In der ◨ Abb. 2.8 wird die Zusammensetzung des Finanzmittelfonds sowie die Definition des Cashflows grafisch veranschaulicht.

Der oben genannten Definition des Cashflows folgend, besteht dieser aus drei Komponenten:

- Cashflow aus betrieblicher Tätigkeit *(operating activities)*
- Cashflow aus Investitionstätigkeit *(investing activities)*
- Cashflow aus Finanzierungstätigkeit *(financing activities)*

Die Kapitalflussrechnung ist in Staffelform unter Angabe der Vorjahresdaten aufzustellen. Ein Beispiel hierfür ist in ◨ Abb. 2.9 dargestellt.

Wie dem Beispiel zu entnehmen ist, sind Veränderungen des Finanzmittelfonds, die auf Gründe zurückzuführen sind, die den Fonds selbst betreffen, von den drei genannten Komponenten zu separieren und getrennt auszuweisen. Ergeben sich z. B. in den Cashflows aus betrieblicher Tätigkeit Änderungen, die nicht auf betriebliche Tätigkeiten, sondern auf Währungsumrechnungen zurückzuführen sind, werden diese separiert dargestellt. Hierdurch werden Verzerrungen der Darstellung vermieden.

Grundsätzlich lassen sich Cashflows nach der **direkten oder der indirekten Methode** darstellen. Beide Methoden unterscheiden sich nicht im Ergebnis, jedoch in

Zahlungsmittel	
Barmittel und Sichteinlagen	**Liquide Mittel**
Zahlungsmitteläquivalente	
kurzfristige hochliquide Finanzinvestitionen, die jederzeit in festgelegten Zahlungsmittelbeträge umgewandelt werden können und nur unwesentlichen Wertschwankungsrisiken unterliegen	

Zuflüsse

Abflüsse

Cashflows der Periode

◻ Abb. 2.8 Zusammensetzung des Finanzmittelfonds

(in Mio. €)	t0	t-1
Cashflow aus **betrieblicher Tätigkeit**	X	X
+ Cashflow aus **Investitionstätigkeit**	X	X
+ Cashflow aus **Finanzierungstätigkeit**	X	X
= **Summe der Cashflows**	X	X
+/- Effekte aus **Währungsdifferenzen** und **sonstige** Veränderungen	X	X
= **Veränderung des Finanzmittelfonds**	X	X
Finanzmittelfonds zum Periodenanfang	X	X
Zinanzmittelfonds zum Periodenende	X	X

◻ Abb. 2.9 Grundstruktur einer Kapitalflussrechnung

deren Herleitung. Der IASB empfiehlt für die operativen Cashflows die direkte, lässt jedoch auch die indirekte Methode zu (IAS 7.18). Für die Darstellung der Cashflows aus Investitions- und Finanzierungstätigkeit ist ausschließlich die direkte Methode zulässig.

- Bei der direkten Methode werden die Ein- und Auszahlungen in Hauptklassen *(major classes)* gruppiert dargestellt.
- Bei der indirekten Methode wird der Cashflow ausgehend von den Ergebnisgrößen der GuV durch eine Rückrechnung der nicht zahlungswirksamen Aufwendungen und Erträge berechnet. Diese Methode ist weniger informativ, weshalb zahlungswirksame Vorgänge, die in der GuV nicht erfasst sind, sowie Ertragsteuer- und Zinszahlungen getrennt ausgewiesen werden.

	Cashflow aus betrieblicher Tätigkeit	**Indirekte Darstellung**
Direkte Darstellung	Cashflow aus Investitionstätigkeit	
	Cashflow aus Finanzierungstätigkeit	

◘ **Abb. 2.10** Darstellungsmöglichkeiten der Komponenten der Kapitalflussrechnung

Die ◘ Abb. 2.10 veranschaulicht die Darstellungsmethoden.

Von dem Begriffspaar direkt und indirekt für die Darstellung ist das Begriffspaar **originär und derivativ** für die Ableitung klar zu trennen:

▬ Bei der originären Ableitung einer Kapitalflussrechnung werden sämtliche Geschäftsvorfälle, für die Zahlungen angefallen sind, aus der Finanzbuchhaltung entnommen. Jede Transaktion wird dabei ohne weitere Umrechnung den drei Bereichen der Ursachenrechnung zugeordnet. Diese Vorgehensweise ermöglicht weitere Aufgliederungen nach Produkten, Stellen, Bereichen oder Segmenten, stellt aber sehr hohe Anforderungen an die Finanzbuchhaltung.

▬ Zu dem gleichen Endergebnis wie die originär abgeleitete führt auch die derivativ abgeleitete Kapitalflussrechnung. Im Gegensatz zur originären Ableitung baut diese Vorgehensweise jedoch auf zwei aufeinander folgenden Abschlüssen auf und wird daher auch als bilanzorientierte Ermittlungsmethode bezeichnet. Dieses Verfahren ist z. T. auch von externer Seite her durchführbar. Im Einzelabschluss stellt damit die Kapitalflussrechnung eine Umstrukturierung und Komprimierung der im Jahresabschluss gegebenen Informationen nach finanzwirtschaftlichen Gesichtspunkten dar. Bei der derivativen Ermittlung werden die Stromgrößen der GuV und die Bestandsveränderungen der Bilanz um zahlungsunwirksame Veränderungen korrigiert. Diese Informationen können aus der Bilanz, der GuV sowie aus zusätzlichen Unterlagen, wie z. B. der Anlagenentwicklung entnommen werden.

Es sind alle denkbaren Kombinationen möglich, d. h. in einer derivativ abgeleiteten Kapitalflussrechnung kann der Cashflow aus operativer Tätigkeit direkt dargestellt sein. Auch originäre Ableitungen können indirekt dargestellt werden – die Ergebnisse für den Cashflow müssen immer dieselben sein.

Die in der direkten Darstellung zur Anwendung kommenden Hauptklassen sind im Standard nicht definiert. Üblicherweise wird von einer Gliederung nach

▬ Personengruppen (z. B. Kunden, Mitarbeiter, staatliche Stellen, Lieferanten, etc.),

▬ Kostenarten wie bei Anwendung des Gesamtkostenverfahrens in der GuV **oder**

▬ Funktionsbereichen wie bei Anwendung des Umsatzkostenverfahrens in der GuV ausgegangen. Trotz der Empfehlung zur Anwendung der direkten Methode zur Darstellung der Cashflows aus der betrieblichen Tätigkeit findet diese in der Praxis kaum Anwendung.

Der betriebliche Bereich wird positiv mit wesentlichen betriebswirksamen Tätigkeiten abgegrenzt. Folglich sind mit Umsatztätigkeiten verbundene Einzahlungen und die damit zusammenhängenden Auszahlungen der betrieblichen Komponente zuzurechnen. Daneben wird der betriebliche Bereich durch die Negativabgrenzung konkretisiert, nach der alle Vorgänge betrieblich sein sollen, die nicht der Investitions- oder der Finanzierungstätigkeit zugeordnet werden können.

Bei den Cashflows aus Investitionstätigkeit handelt es sich um Zu- und Abflüsse von liquiden Mitteln, die investiert werden in:

- Langfristige Vermögenswerte *(long term assets)*, wobei der Begriff der Langfristigkeit einen Bezug zum Zweck des Kaufs und nicht zur tatsächlichen, wirtschaftlichen oder anders gearteten Nutzungsdauer darstellt. Beispielsweise wird ein Grundstück, welches aus Handelszwecken und nicht zur dauerhaften Nutzung erworben wurde, als Vorratsvermögen behandelt. Hingegen sind Sachanlagen mit einer begrenzten und u. U. sehr kurzen Nutzungsdauer als Investitionsgüter anzusehen, sofern sie als solche genutzt werden sollen.
- Sonstige Finanzinvestitionen in Schuld- oder Eigenkapitalinstrumente, die weder Teil des Finanzmittelfonds noch zum Sachanlagevermögen gehören, jedoch auch nicht zu Handelszwecken erworben worden sind.

Keine Investitionen in diesem Sinne liegen vor, wenn der Mittelabfluss keinen Zugang von Vermögenswerten, sondern Aufwendungen bedingt. Dies ist z. B. bei Anschaffungsnebenkosten, die als Aufwendungen erfasst werden (IFRS 3.53) relevant, da in deren Umfang keine Cashflows aus Investitionstätigkeit entstehen. Eine beispielhafte Gliederung der Cashflows aus Investitionstätigkeit ist in 🔲 Abb. 2.11 dargestellt. Hier-

(in Mio. €)	t0	t-1
Einzahlungen aus Abgängen von **Sachanlagevermögen**	X	X
- Auszahlungen für Investitionen in Sachanlagevermögen	(X)	(X)
+ Einzahlungen aus Abgängen von **immateriellem Anlagevermögen**	X	X
- Auszahlungen für Investitionen in immaterielles Anlagevermögen	(X)	(X)
+ Einzahlungen aus Abgängen von **Finanzanlagevermögen**	X	X
- Auszahlungen für Investitionen in Finanzanlagevermögen	(X)	(X)
+ Einzahlungen aus Veräußerungen **konsolidierter Unternehmen** und **sonstiger Geschäftseinheiten**	X	X
- Einzahlungen aus Erwerben konsolidierter Unternehmen und sonstiger Geschäftseinheiten	(X)	(X)
+ Einzahlungen, die **nicht** der **betrieblichen** oder der **Finanzierungstätigkeit** zugeordnet werden können	X	X
- Auszahlungen, die nicht der betrieblichen oder der Finanzierungstätigkeit zugeordnet werden können	(X)	(X)
= **Cashflow aus Investitionstätigkeit**	X	X

🔲 **Abb. 2.11** Beispielgliederung der Cashflows aus Investitionstätigkeit

(in Mio. €)	t0	t-1
Einzahlungen aus **Eigenkapitalzuführungen**	X	X
- Auszahlungen an Eigenkapitalgeber (beherrschend und nicht beherrschend)	(X)	(X)
+ Einzahlungen aus Begebung von **Anleihen** und Aufnahme von **Krediten**	X	X
- Auszahlungen für Tilgung von Anleihen und Krediten	(X)	(X)
= **Cashflow aus Finanzierungstätigkeit**	X	X

◘ Abb. 2.12 Beispielgliederung der Cashflows aus Finanzierungstätigkeit

	Zinsen		Dividenden	
	Einzahlungen	Auszahlungen	Einzahlungen	Auszahlungen
Theoretische Möglichkeit	alle Bereiche		betriebliche oder Investitionstätigkeit	betriebliche oder Finanzierungstätigkeit
Finanzinstitute	betriebliche Tätigkeit		betriebliche Tätigkeit	
Grundsatz			Investitionstätigkeit	Finanzierungstätigkeit
Praxis 1 (inclusion concept)	betriebliche Tätigkeit		betriebliche Tätigkeit	Finanzierungstätigkeit
Praxis 2	betriebliche oder Investitionstätigkeit	Finanzierungstätigkeit		
Praxis 3	Finanzierungstätigkeit			

◘ Abb. 2.13 Besonderheiten bei Zinsen und Dividenden

bei wird deutlich, dass Desinvestitionen ebenfalls der Investitionstätigkeit zuzurechnen sind und nicht in den operativen Teil eingehen.

Cashflows aus Finanzierungstätigkeit umfassen Änderungen des Finanzmittelfonds mit Ursache in

▬ Eigenkapitalposten oder
▬ Finanzschulden.

Letztere, in der Literatur auch Ausleihungen genannt, umfassen alle verzinslichen Transaktionen, die mit dem Begriff der Außenfinanzierung assoziiert werden und nicht Investitionen zugerechnet werden können. Eine mögliche Gliederung der Cashflows aus Finanzierungstätigkeiten ist ◘ Abb. 2.12 zu entnehmen.

Die Zuordnung zu den Cashflows aus der betrieblichen Tätigkeit folgt der oben getroffenen Negativabgrenzung, wobei diese unternehmensindividuell zu prüfen ist. Fraglich ist, was unter der operativen betrieblichen Tätigkeit zu verstehen ist. Im engsten Rahmen wäre das nur das Betriebsergebnis. Sinnvoller erscheint es aber, hier auf die übliche Geschäftstätigkeit abzustellen und grundsätzlich alle erfolgswirksamen Zahlungen auch dieser Kategorie zuzurechnen, um den hier ausgewiesenen Cashflow mit dem Jahresergebnis in Beziehung setzen zu können. In der Praxis haben sich aber verschiedene Zuordnungsmöglichkeiten herausgebildet: So werden gezahlte Zinsen sowie erhaltene Zinsen und Dividenden auch der Finanzierungstätigkeit zugeordnet. Dagegen hat ein Finanzinstitut derartige Cashflows immer dem operativen Bereich zuzurechnen (IAS 7.33). In ◘ Abb. 2.13 werden verschiedene Zuordnungsmöglich-

Direkte Methode		
(in Mio. €)	t0	t-1
Einzahlungen von **Kunden** (Verkauf von Produkten und	X	X
- Auszahlungen an **Lieferanten** und **Beschäftigte**	(X)	(X)
+ Einzahlungen, die **nicht** der **Investitions- oder Finanzierungstätigkeit** zugeordnet werden können	X	X
- Auszahlungen, die nicht der Investitions- oder Finanzierungstätigkeit zugeordnet werden können	(X)	(X)
- Auszahlungen für Ertragsteuern	(X)	(X)
= **Cashflow aus betrieblicher Tätigkeit**	X	X

Indirekte Methode		
(in Mio. €)	t0	t-1
Ergebnis vor Steuern und Zinsen (**EBIT**)	X	X
+/- Ab-/ Zuschreibungen auf Vermögenswerte	X/(X)	X/(X)
+/- Zu-/ Abnahme von Aktiva, die nicht der Investitions- oder Finanzierungstätigkeit zugeordnet werden können (Vorräte, Forderungen aus Lieferungen und Leistungen, etc.)	X/(X)	X/(X)
+/- Zu-/ Abnahme von Passiva, die nicht der Investitions- oder Finanzierungstätigkeit zugeordnet werden können (Verbindlichkeiten aus Lieferungen und Leistungen, etc.)	X/(X)	X/(X)
+/- Gewinn/ Verlust aus Abgängen von Vermögenswerten	X/(X)	X/(X)
+/- Gewinn/ Verlust aus Währungseffekten	X/(X)	X/(X)
+/- Sonstige zahlungsunwirksame Aufwendungen/ Erträge	X/(X)	X/(X)
+/- Zu- und Abnahme von Rückstellungen	X/(X)	X/(X)
+/- Gezahlte/ erhaltene Zinsen	X/(X)	X/(X)
+/- Gezahlte/ erhaltene Ertragsteuern	X/(X)	X/(X)
= **Cashflow aus betrieblicher Tätigkeit**	X	X

◻ **Abb. 2.14** Beispielgliederung des Cashflows aus betrieblicher Tätigkeit nach der direkten und indirekten Methode

keiten illustriert. Nach dem *inclusion concept* sollen Zins- und Dividendenein- bzw. Zinsauszahlungen der betrieblichen Tätigkeit zugeordnet werden.

Ertragsteuern sind grundsätzlich gesondert anzugeben (IAS 7.35). Handelt es sich um Steuern, die auf fremde Rechnung einbehalten wurden, sind diese den Bereichen zuzuordnen, in die auch die zugrundeliegenden Geschäfte eingeteilt werden. Im Regelfall wird eine Zuordnung zum operativen Bereich erfolgen.

Der operative Cashflow stellt als Saldo der operativen Ein- und Auszahlungen den wesentlichen Bestandteil der Innenfinanzierung eines Unternehmens dar. Damit geben die Cashflows aus der operativen Tätigkeit Schlüsselinformationen über die Fähigkeit des Unternehmens, Zahlungsmittelüberschüsse zur

- Tilgung von Verbindlichkeiten,
- Zahlung von Dividenden,
- Tätigung von Investitionen und damit zum
- Erhalt der Leistungsfähigkeit des Unternehmens

zu erwirtschaften wieder. Insoweit muss nicht auf Quellen der Außenfinanzierung zurückgegriffen werden (IAS 7.13). Diese Informationen sind auch für Prognosen für die Zukunft von Interesse. In der ◘ Abb. 2.14 ist der Unterschied der Darstellung nach der direkten und der indirekten Methode anhand der Cashflows aus betrieblicher Tätigkeit veranschaulicht.

2.6 Anhang

Der Anhang *(notes and disclosures)* ist integraler Bestandteil eines IFRS-Abschlusses.

- Anmerkungen *(notes)* sind für den Großteil der Posten in den anderen Abschlussbestandteilen notwendig, um diese weiter zu erläutern. Zum Erhalt der Übersichtlichkeit der Rechenwerke des Abschlusses wird mit Querverweisen gearbeitet, sodass diese Erläuterungen im Anhang dargestellt werden (IAS 1.112 f.).
- Offenlegungen/Angaben *(disclosures)* umfassen Informationen über die Grundlagen zur Aufstellung des Abschlusses sowie die angewandten Rechnungslegungsmethoden. Darüber hinaus fallen hierunter zusätzliche Informationen, die nicht Teil der anderen Abschlussbestandteile sind.

Zwischen dem Anhang und den anderen Abschlussbestandteilen besteht ein enger Zusammenhang. Während in IAS 1 lediglich der grobe Rahmen vorgegeben wird, was der Anhang grundsätzlich enthalten soll, regeln die einzelnen Standards, welche Angaben in welchem Rechenwerk anzugeben sind, ob eine alternative Angabe im Anhang möglich ist und welche Erläuterungen in den Anhang aufzunehmen sind. In der Folge ist es sinnvoll und notwendig, beim Erstellen der Abschlussbestandteile parallel die Angaben und Erläuterungen im Anhang vorzunehmen. Ein nachträgliches Anhängen zusätzlicher Informationen an den Abschluss erfolgt in der Regel nicht.

Die primären Rechenwerke des Abschlusses (Bilanz, Gesamtergebnisrechnung, Eigenkapitalveränderungs- und Kapitalflussrechnung) enthalten regelmäßig quantifi-

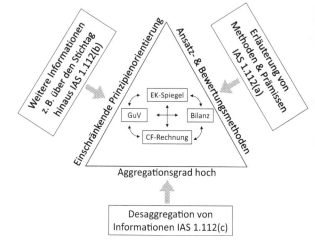

Abb. 2.15 Zusammenspiel von Rechenwerken und Anhang

zierte Informationen über das Unternehmen, die unter Anwendung der in ▶ Abschn. 1.3 beschriebenen Grundsätze und in ▶ Abschn. 1.4 vorgestellten Methoden von Ansatz und Bewertung zustande gekommen sind. Aufgabe des Anhangs ist es, diese Größen zu erläutern. Dies erfolgt durch Angabe von:

- Methoden und Prämissen der Ermittlung der Größen.
- Informationen, die sich im Einzelnen hinter aggregierten Posten verbergen.
- Nicht enthaltene Informationen aufgrund zukünftiger Ereignisse, Unsicherheiten, o. Ä.

Dieser Zusammenhang wird in ■ Abb. 2.15 dargestellt.

Zur Sicherstellung der Vollständigkeit der Angaben sieht IAS 1.112(c) vor, dass alle Informationen, die für das Verständnis relevant, jedoch nicht in anderen Abschlussbestandteilen anzugeben sind, in den Anhang aufgenommen werden sollen. Derartige Angaben sind nach h. M. dann vorzunehmen, wenn eine analoge Abgabepflicht bei vergleichbaren Sachverhalten in anderen Standards vorgesehen ist. Durch diese Auslegung der Vorschrift soll deren Anwendungsbereich erhalten bleiben, gleichzeitig jedoch eine Überflutung mit Informationen vermieden werden. Ebenso sollen Abschlüsse nicht durch freiwillige Angaben und umfangreiche Nebenrechnungen aufgebläht werden, wenn die Angaben nicht zum Verständnis des Abschlusses notwendig sind bzw. Teil des IFRS-Regelungsbereichs sind. Beispielsweise sind der nach Handelsrecht erforderliche Lagebericht sowie der freiwillige Nachhaltigkeitsberichte oder ähnliche Rechenwerke nicht Bestandteil des IFRS-Abschlusses (▶ Abschn. 2.1). Die

Segmentberichterstattung (▶ Abschn. 2.7) gehört wiederum zum Abschluss, sofern sie dem einschlägigen Standard IFRS 8 entspricht.

Bei der in ◘ Abb. 2.16 dargestellten beispielhaften Gliederung handelt es sich – insbesondere bezüglich der Reihenfolge – um einen Vorschlag. Die Angaben, die nach Handelsrecht verpflichtend in den Anhang aufgenommen werden müssen, sind nicht Gegenstand dieses Buches. Es wurden hier Detailregelungen aus dem HGB aufgenommen, um Umfang und Informationsgehalt des Anhangs, wie er in der deutschen Praxis zu finden ist, zu veranschaulichen. Während z. B. bei den allgemeinen Angaben (I.) die Bestätigung der Übereinstimmung mit den IFRS (1.) sowie die Angaben zu den verwendete Bilanzierungs- und Bewertungsmethoden (3.) in der Grundstruktur des IAS 1 vorgesehen sind, wurden die Erläuterungen zum Konsolidierungskreis und den in diesem Zusammenhang angewandten Methoden an der Stelle eingefügt, an welcher diese Pflichtangaben in der Praxis regelmäßig zu finden sind. Die Angaben zu den Abschlussposten (II.) sind grundsätzlich nach der Reihenfolge darzustellen, in der die Rechenwerke (Bilanz, Gesamtergebnisrechnung, etc.) im Abschluss aufgeführt sind. Innerhalb der Untergliederungen ist ebenfalls die Orientierung an der Reihenfolge innerhalb des jeweiligen Abschlussbestandteils vorgeschrieben. Die Gliederungspunkte Erläuterungen zur Eigenkapitalveränderungsrechnung (II. 3.) und Management des wirtschaftlichen Eigenkapitals (III. 4.) werden häufig entgegen der Vorgabe in IAS 1.114(c) gesammelt unter den Anmerkungen zum wirtschaftlichen Eigenkapital angegeben. Dies wird in der Literatur so empfohlen und verschlankt den Anhang, da zur Eigenkapitalveränderungsrechnung meist ohnehin keine ausführlichen Erläuterungen notwendig sind. Bei den unter III. 4 aufgeführten Dividenden sind solche gemeint, die bereits vorgeschlagen oder beschlossen wurden, jedoch noch nicht als „Ausschüttungen an die Eigentümer während der Periode" bilanziert wurden.

Zur Erreichung der in ▶ Abschn. 1.3 aufgezeigten Ziele der IFRS-Rechnungslegung ist es unabdingbar, den rechnungslegenden Unternehmen in verschiedenen Bereichen Ermessensspielräume einzuräumen. Hierbei kann grundsätzlich zwischen Ermessen bei

- der Auslegung von Standards und
- der Vorhersage zukünftiger Ereignisse oder Parameter

unterschieden werden. Hierbei handelt es sich keinesfalls um eine rein akademische Differenzierung. Der Standardsetter fordert bei den Angaben zu Rechnungslegungsmethoden und Schätzunsicherheiten

- die Ermessensentscheidungen, die bei der Anwendung von Rechnungslegungsmethoden getroffen wurden, wobei ein besonderes Interesse den Entscheidungen mit dem größten Einflusspotential gilt (IAS 1.122), **sowie**
- die wichtigsten zukunftsbezogenen Annahmen und wesentlichsten Quellen von Schätzungsunsicherheiten (IAS 1.125), welche wiederum dadurch gekennzeich-

Gliederungsebene & anzugebende Information	Rechtsquelle
I. Allgemeine Angaben	
1. Bestätigung der Übereinstimmung mit den IFRS	IAS 1.114(a) i.V.m. IAS 1.16
2. Konsolidierungskreis- und Konsolidierungsmethoden	IFRS 10, IFRS 12
3. Bilanzierungs- und Bewertungsmethoden	IAS 1.114(b) i.V.m. IAS 1.17
II. Erläuterungen zu den Abschlussposten	
1. Erläuterungen zur Gesamtergebnisrechnung	
2. Erläuterungen zur Bilanz	IAS 1.114(c)
3. Erläuterungen zur Eigenkapitalveränderungsrechnung	
4. Erläuterungen zur Kapitalflussrechnung	
III. Andere Angaben	
1. Unsicherheiten & Ereignisse nach dem Abschlussstichtag	IAS 1.125-133, IAS 10.20 f.
2. Eventualverbindlichkeiten	IAS 1. 114(d)(i) i.V.m. IAS 37.86
3. Risikomanagement	IAS 1. 114(d)(ii) i.V.m. IFRS 7
4. Management des wirtschaftlichen Eigenkapitals	IAS 1.134-136A
5. Segmentberichterstattung	IFRS 8
6. Anzahl der Arbeitnehmer	§ 314 I Nr. 4 HGB
7. Honorar der Abschlussprüfer	§ 314 I Nr. 9 HGB
8. Erklärung zum Corporate Governance Codex	§ 314 I Nr. 8 HGB, § 161 AktG
9. Beziehungen zu nahestehenden Personen	IAS 24, §314 I Nr. 13 HGB
10. Vorstand & Aufsichtsrat	IAS 24.17, § 314 I Nr. 6 HGB
11. (Vorzugs-) Dividendenvorschlag bzw. -beschluss	IAS 1.137
12. Sitz, Rechtsform, (Haupt-) Geschäftätigkeiten, Mutterunternehmen & oberstes Mutterunternehmen	IAS 1.138
13. Beteiligungsbesitz	IFRS 12, § 313 II, III HGB

Abb. 2.16 Beispielhafte Gliederung des Anhangs

net sind, dass diesen das Potential wesentlicher Anpassungen der Buchwerte von Vermögenswerten und Schulden innewohnt (IAS 1.125).

Der IASB geht hierbei davon aus, dass besonders schwierige und subjektive bzw. komplizierte Ermessensentscheidungen des Managements erforderlich sind, wenn die Anzahl der zu schätzenden Variablen oder Prämissen steigt, da gleichzeitig die Wahrscheinlichkeit steigt, nachträglich wesentliche Anpassungen vornehmen zu müssen.

2.7 **Segmentberichterstattung**

Je größer und diversifizierter ein Unternehmen ist, desto schwieriger ist es, die aggregierten Informationen im Abschluss zu interpretieren. Für den Adressaten ist es unter Umständen nicht mehr nachvollziehbar, wie sich die Rentabilität der verschiedenen Geschäftsfelder entwickelt und in welchen Unternehmensbereichen sich Chancen und Risiken für die Zukunft prognostizieren lassen. Um diesen Problemen zu begegnen, werden in der Segmentberichterstattung *(operating segments)* zu den verschiedenen Geschäftssegmenten zusätzliche Informationen bereitgestellt, die eine differenzierte Analyse erlauben. Um die Entscheidungsnützlichkeit dieser Informationen weiter zu steigern und gleichzeitig die Belastung des externen Berichtswesens zu minimieren, ist die Segmentberichterstattung nach dem Management-Ansatz *(management approach)* auf Daten des internen Berichtswesens zu stützen. Das heißt, es werden Informationen in das externe Berichtwesen aufgenommen, die zur Unterstützung bei der Entscheidungsfindung des Managements erhoben wurden.

Da das Aggregationsproblem nicht bei allen Unternehmen auftritt, das Anfertigen einer Segmentberichterstattung jedoch eine zusätzliche Belastung darstellt, ist der Anwendungsbereich des IFRS 8 auf bestimmte Unternehmen beschränkt. Hierunter fallen Einzel- und Konzernabschlüsse kapitalmarktorientierter Unternehmen (▶ Abschn. 1.2.3) und Unternehmen, die eine Emission vorbereiten und den Abschluss deshalb einer Aufsichtsbehörde vorlegen. Enthält ein Finanzbericht (▶ Abschn. 2.1) neben dem IFRS-Konzernabschluss, der eine Segmentberichterstattung enthält, einen IFRS-Einzelabschluss, kann in letzterem auf die Segmentberichterstattung verzichtet werden (IFRS 8.4).

Legt ein Unternehmen, das nicht zur Erstellung einer Segmentberichterstattung nach IFRS 8 verpflichtet ist, Informationen offen, die Auskunft über Teilbereiche des Unternehmens geben, jedoch nicht den Anforderungen des Standards genügen, dürfen diese Informationen nicht als Segmentberichterstattung dargestellt oder betitelt werden (▶ Abschn. 2.6; IAS 8.3).

Zur Erstellung der Segmentberichterstattung ist es notwendig, die Segmente voneinander abzugrenzen und anschließend zu bestimmen, für welche Segmente eine Berichtspflicht vorliegt, wobei gegebenenfalls ähnliche Segmente zusammengefasst werden können.

Bei der Abgrenzung der Segmente ist – basierend auf dem Management-Ansatz – von der internen Berichtsstruktur auszugehen, weshalb auf die Geschäftssegmente abgestellt wird, die das Management zur Steuerung abgrenzt. Ein Geschäftssegment liegt vor, wenn ein Unternehmensbestandteil

- unternehmensintern oder -extern durch unternehmerische Aktivitäten Aufwendungen und Erträge erwirtschaften kann,
- zur Erfolgsbeurteilung und Steuerung regelmäßig von einer verantwortlichen Instanz *(chief operating decision maker)* überprüft wird **und**
- im internen Berichtwesen mit separaten finanzwirtschaftlichen Daten erfasst wird.

Liegt bei einzelnen Unternehmensbereichen eines der Kriterien nicht vor, handelt es sich nicht um ein Geschäftssegment. Zu beachten ist, dass es auf ein tatsächliches Erwirtschaften von Aufwendungen und Erträgen nicht ankommt. Vielmehr ist die potentielle Fähigkeit hierzu maßgeblich. So können z. B. Unternehmensteile, die sich noch in der Gründungsphase befindlich sind, als Geschäftssegmente identifiziert werden (IFRS 8.5). Dies gilt unabhängig von der sonstigen Bedeutung des jeweiligen Teils für die Gesamtunternehmung. Beispielhaft ist eine zentrale Hauptverwaltung des Unternehmens kein Geschäftssegment, wenn dieses keine eigenen Erträge erwirtschaften kann und ausschließlich mit Leitungsfunktionen betraut ist (IFRS 8.6).

Ebenso relevant für die Segmentabgrenzung ist die Identifikation der in der zweiten Bedingung genannten verantwortlichen Instanz. Hierbei muss es sich ausdrücklich nicht um eine Person, sondern um eine Funktion handeln (IFRS 8.7), z. B. den Vorstand einer Aktiengesellschaft, der auf Segmentebene mit der Beurteilung der Ertragskraft sowie der spezifischen Allokation von Ressourcen betraut ist. Diese Instanz kann auch mehrere Geschäftssegmente betreuen. Kommt es zu Problemen, weil die Abgrenzungskriterien auf mehrere Reihen von Unternehmensbereichen zutreffen, ist ausschlaggebend, welche Reihe von einem einheitlichen Segmentmanagement geführt wird (IFRS 8.9).

Liegt eine sog. Matrixorganisation vor, kann es zu Zuordnungsproblemen kommen, da es dieser Organisationsform inhärent ist, dass Verantwortung und Steuerungskompetenzen bei mehreren Managementebenen gegeben sind.

Hintergrund: Matrixorganisation

Bei der **Matrixorganisation** handelt es sich um ein Strukturprinzip, in dem sich Verantwortlichkeiten über einzelne Unternehmensbereiche mehrdimensional überschneiden. Beispielsweise unterliegt die Unternehmenseinheit, die Produktgruppe B produziert, der „Gesamtleitung Produktion", die über alle Produktgruppen für die Produktion zuständig ist. Gleichzeitig werden die einzelnen Produktgruppen von einem eigenen Management geführt. So gehört zum Verantwortungsbereich des Produktmanagements der Produktgruppe B deren gesamter Weg durch den Produktionsprozess von der Beschaffung über die Produktion bis hin zum Absatz.

In derartigen Fällen ist die Abgrenzung des Geschäftssegments so vorzunehmen, dass der Nutzen für die Adressaten maximiert wird (IFRS 8.10). Ausschlaggebend ist die Möglichkeit, Art und finanzielle Auswirkungen der Geschäftstätigkeit eines Segments sowie dessen wirtschaftliches Umfeld beurteilen zu können. Diese Adressatenorientierung wird auch als Grundprinzip der Segmentberichterstattung bezeichnet (IFRS 8.1).

Liegen im internen Berichtswesen verschiedene Berichtsstrukturen vor, die eine Identifikation von Geschäftssegmenten mangels Eindeutigkeit des dritten Kriteriums nicht zulassen, sind weitere Faktoren heranzuziehen. Insbesondere sind

- die Wesensart der Unternehmensbereiche,
- die Existenz von Führungskräften, die für den Unternehmensbereich verantwortlich sind **und**
- Informationen, die der Geschäftsführung und/oder Kontrollorganen vorgelegt werden

heranzuziehen (IFRS 8.8).

Nach erfolgter Abgrenzung der Segmente ist zu prüfen, ob mehrere dieser Segmente zusammengefasst werden können und ob die Informationen über die identifizierten Segmente bzw. Gruppen von Segmenten für den Abschlussadressaten wesentlich sind. Nur dann liegt eine Berichtspflicht vor.

Eine Zusammenfassung von Segmenten kann – unter Beachtung des Grundprinzips der Segmentberichterstattung – vorgenommen werden, wenn mehrere Segmente vergleichbare wirtschaftliche Merkmale aufweisen und eine Vergleichbarkeit bezüglich aller folgenden Aspekte vorliegt:

- Art der Produkte und Dienstleistungen,
- Art der Produktionsprozesse,
- Art oder Gruppe der Kunden für die Produkte und Dienstleistungen,
- Methoden des Vertriebs ihrer Produkte oder der Einbringung von Dienstleistungen **und**
- Art der regulatorischen Rahmenbedingungen, sofern solche vorliegen (IFRS 8.12)

Indizien für das Vorliegen vergleichbarer wirtschaftlicher Merkmale sind bei langfristiger Betrachtung ähnliche Entwicklungen von z. B. der Ertragskraft, durchschnittlicher Bruttogewinnmargen, betrieblicher Cashflows, Umsätze, usw.

Nach Abschluss der Zusammenfassung von Segmenten ist zur Feststellung der Berichtspflicht auf quantitative Schwellenwerte abzustellen. Diese Schwellen sind in ◘ Abb. 2.17 dargestellt.

10%-Anteil	
Umsatz	Summe der **Umsatzerlöse** aller Geschäftssegmente (aus Verkäufen an externe Kunden **und** zwischen den Segmenten
Gewinn Verlust	Summe der **Gewinne** aller Geschäftssegmente, die Gewinne erwirtschaftet haben Summe der **Verluste** aller Geschäftssegmente, die Verluste erwirtschaftet haben
Vermögenswerte	Summe der **Aktiva** aller Geschäftssegmente

◘ **Abb. 2.17** 10 %-Regel bei Geschäftssegmenten

Das zu prüfende Segment ist demnach berichtspflichtig, wenn es bei einer der drei Schwellen nach IFRS 8.13 einen Anteil von mindestens 10 % erreicht. Grundsätzlich macht der IASB keine Vorgabe, wie viele Segmente maximal in die Berichtspflicht aufgenommen werden können. Zur besseren Übersicht wird jedoch empfohlen, nicht mehr als zehn Segmente darzustellen. Ab dieser praktischen Obergrenze werden die Informationen nach Ansicht des Standardsetters zu detailliert dargestellt (IFRS 8.19).

Wurde keine der drei Schwellen nach IFRS 8.13 überschritten, gibt es verschiedene Szenarien, die dennoch zu einer Aufnahme des Segments in die Berichterstattung führen können. Hierbei handelt es sich um Wahlrechte. Dies ist der Fall, wenn

1. die Geschäftsführung der Auffassung ist, dass ein Segment für den Adressaten von Interesse ist (gesonderte Angabe nach IFRS 8.13);
2. in einem iterativen Verfahren mehrere Segmente, die keine der Schwellen überschritten haben, zusammengefasst werden, sofern nicht alle der oben genannten Kriterien für die Zusammenfassung von Segmenten nach IFRS 8.12 kumulativ erfüllt sind, jedoch ähnliche wirtschaftliche Merkmale und die meisten dieser Kriterien vorliegen (IFRS 8.14);
3. ein Segment, das in der unmittelbar vorangegangenen Periode berichtspflichtig war und noch immer von Bedeutung ist (gesonderte Angabe nach IFRS 8.17);
4. alle bisher als berichtspflichtig identifizierten Segmente zusammen weniger als 75 % der Umsatzerlöse des Unternehmens aufweisen (IFRS 8.15).

Überschreitet ein Segment hingegen erstmals die Schwelle zur Berichtspflicht, sind – sofern dies möglich und wirtschaftlich vertretbar ist – auch die Informationen der unmittelbar vorangegangenen Periode anzugeben. Insoweit handelt es sich um kein Wahlrecht.

Nach dem beschriebenen Vorgehen wird es regelmäßig Geschäftstätigkeiten und -segmente geben, die nicht in den Kreis der berichtspflichtigen Segmente aufgenommen wurden und auch nicht gesondert dargestellt werden. Diese sind in dem Sammelposten „Alle sonstigen Segmente" zusammengefasst darzustellen. Hierbei ist die Herkunft der Umsatzerlöse der hier zusammengefassten Teile gesondert zu beschreiben (IFRS 8.16).

Die Zuordnung von Informationen aus dem internen Berichtswesen zu den verschiedenen Segmenten muss auf einer vernünftigen Grundlage basieren. Welche Verfahren tatsächlich verwendet werden, ist ebenso wenig wie ein konkreter Verteilungsschlüssel vorgegeben. Vielmehr ist jede Methode zulässig, deren Ergebnis dem genannten Maßstab gerecht wird (IFRS 8.BC, Anhang A.88). Je nachdem, wie die Zuordnung zu den Segmenten im Einzelnen ausgestaltet ist, müssen mehr oder weniger erläuternde Informationen zur Zuteilung angegeben werden. Beispielsweise ist es denkbar, dass die Aufwendungen für Abschreibungen für einen Vermögenswert einem Segment zugeordnet werden, der Vermögenswert selbst jedoch einem anderen. Eine derartig asymmetrische Zuordnung widerstrebt prima facie der Idee einer vernünftigen Zuordnungsgrundlage, kann jedoch wirtschaftlich begründet sein und muss dann mit ergänzenden Angaben erläutert werden, sodass der Abschlussadressat die Asymmetrie und deren Auswirkungen nachvollziehen kann (IFRS 8.27(f)).

Durch Umsetzung des Management-Ansatzes sind die Daten in der Segmentberichterstattung je nach Ausgestaltung des internen Berichtswesens nicht deckungsgleich mit denen der übrigen Abschlussbestandteile, weil hier konkrete Ansatz- und Bewertungsmethoden vorgeschrieben sind (▶ Kap. 3 und 4). Dieser Umstand hat zur Folge, dass die Adressaten durch die Segmentberichterstattung einen viel individuelleren Einblick in die Geschäftsfelder bekommen und durch die Berichterstattung aus der Sichtweise des Managements Informationen erhalten, die das Handeln der Geschäftsleitung nicht nur retrospektiv darstellt, sondern auch Prognosen über zukünftiges Verhalten zulassen. Gleichzeitig können diese Daten durch den Abschlussadressaten nicht validiert werden, und systematische Abweichungen zu den Werten aus den übrigen Rechenwerken des Abschlusses sind verständlich, jedoch in keiner Weise überprüfbar.

Um diesen Missstand zu beheben sind verfügbare interne Unternehmensdaten heranzuziehen, die am ehesten mit den Ermittlungsmethoden des externen Berichtswesens korrespondieren (IFRS 8.26). Gleichzeitig müssen bei Abweichungen weitere Informationen angegeben und eine Überleitungsrechnung (IFRS 8.28) zu den korrespondierenden Posten im Abschluss aufgestellt werden. Die weiteren Informationen lassen sich aufteilen in allgemeine Informationen zur eindeutigen Identifikation des Segments und seiner zugehörigen Produkte und Dienstleistungen (IFRS 8.22) und speziellere Informationen über die Vermögens- und Ertragslage des Segments (IFRS 8.23–.27).

Durch die allgemeinen Informationen soll dem Adressaten verdeutlicht werden, auf welcher Grundlage Segmente identifiziert wurden, welche Annahmen und Indikatoren der Zusammenfassung von Segmenten zugrunde liegen, wie sich die neu entstandenen Segmente gestalten und welche Produkte und Dienstleistungen die Erträge generieren. Da die Segmentberichterstattung auf internen Informationen beruht, kann ein Segment z. B. anhand der Organisationsstruktur im Unternehmen identifiziert werden. Sind die Verantwortungsbereiche nach geographischen Gesichtspunkten gegliedert, werden auch die Segmente so aufgeteilt.

Bei den spezielleren Informationen handelt es sich um Angaben zum Erfolg des Segments sowie zu dessen Vermögens- und Ertragslage. Hierbei wird – dem Management-Ansatz folgend – auf die Informationen abgestellt, welche die verantwortliche Instanz zur Beurteilung der Ertragskraft sowie zur Allokation von Ressourcen auf und innerhalb des Segments vom internen Berichtswesen vorgelegt bekommt. Je umfangreicher die Information des verantwortlichen Managements ist, desto detaillierter fällt die Berichtspflicht in diesem Bereich aus (IFRS 8.23). Dementsprechend ist lediglich die Angabe des Segmenterfolgs – so wie er unternehmensintern beurteilt wird – verpflichtend. Alle weiteren Informationen sind vom Informationsstand des verantwort-

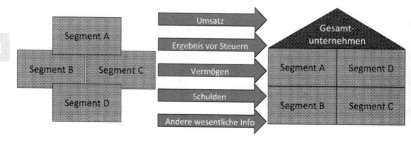

◻ Abb. 2.18 Überleitungsrechnung in der Segmentberichterstattung

lichen Managements abhängig, was auch die Allokation von Vermögen und Schulden einschließt.

Mit der Überleitungsrechnung soll dem Adressaten verdeutlich werden, in welchen Bereichen die Segmentdaten nicht mit den Informationen in den übrigen Abschlussbestandteilen korrespondieren und wie sich dieser Umstand rechnerisch herleiten lässt. In der ◻ Abb. 2.18 wird dargestellt, welche Größen in der Überleitungsrechnung nach IFRS 8.28 auf jeden Fall darzustellen sind.

Eine Überleitung der Segmentergebnisse zum Gesamtergebnis des Unternehmens nach Steuern (zweiter Pfeil in ◻ Abb. 2.18) ist ebenso möglich, wenn die Steuerbeträge auf die einzelnen Segmente aufgeteilt wurden.

Wurde bei der Abgrenzung der Geschäftsbereiche zu Segmenten eine Kategorie „Alle sonstigen Segmente" gebildet, ist diese in der Überleitungsrechnung separat auszuweisen (IFRS 8.16).

2.8   Lern-Kontrolle

Kurz und bündig

Der grundsätzliche Aufbau eines IFRS-Abschlusses ist nicht nur für dessen Analyse, sondern auch für das Verständnis der IFRS-Standards von Vorteil. Grundsätzlich besteht der Abschluss aus den vier Hauptrechenwerken Bilanz, Gesamtergebnisrechnung, Eigenkapitalveränderungsrechnung und Kapitalflussrechnung und dem zusätzlichen Anhang, der zu allen Rechenwerken weitergehende Informationen enthält. In Letzterem werden besonders wesentliche Abschlusspositionen mit einem deutlich höheren Detaillierungsgrad dargestellt und erläutert. Entsprechend ist der Anhang mit allen weiteren Abschlussbestandteilen eng verknüpft.

Die Gegenüberstellung von den Bestandsgrößen Vermögen und Schulden in der Bilanz ist durch die Technik der doppelten Buchführung eng mit der Stromgrößenbetrachtung der GuV bzw. dem sonstigen Ergebnis verknüpft, die zusammen die Gesamtergebnisrechnung bilden. Hier werden erfolgswirksame und -neutrale Erträge und Aufwendungen erfasst und der Erfolg des Unternehmens ermittelt.

Die Eigenkapitalveränderungsrechnung gibt detailliert Auskunft über erfolgsneutrale Vorgänge und Veränderungen des Eigenkapitals durch Transaktionen mit den Eigentümern wieder.

Fehlende Liquidität ist für Unternehmen potentiell existenzbedrohend. Daher besteht in der Kapitalflussrechnung ein Instrument zur Kontrolle und Steuerung der Zahlungsflüsse und der Sicherung eines angemessenen Bestands an liquider Mittel.

Kapitalmarktorientierte Unternehmen sind verpflichtet, eine Segmentberichterstattung auf Basis des Management-Approach aufzustellen. Diese gibt weitere Einblicke in die Erfolgstreiber des Unternehmens.

❷ Let's check

1. Was ist der Unterschied zwischen dem Geschäfts- bzw. Finanzbericht und dem Konzernabschluss?
2. Aus welchen Teilen besteht ein vollständiger IFRS-Abschluss?
3. Was ist der Zweck von Bilanz, GuV, sonstigem Ergebnis, Eigenkapitalveränderungsrechnung, Kapitalflussrechnung und Segmentberichterstattung?
4. Was unterscheidet Bestands- von Erfolgskonten?
5. Buchen sie folgende Geschäftsvorfälle:
   a) Kauf von Rohstoffen in bar (1.000 €)
   b) Umwandlung einer Verbindlichkeit in eine Darlehensschuld (5.000 €)
   c) Verkauf einer gebrauchten Maschine in bar (1.500 €)
   d) Tilgung eines Darlehens in bar (2.000 €)
   e) Banküberweisung eines Kunden (4.000 €)
   f) Einräumen eines Kontokorrentkredits durch die Hausbank (15.000 €)
   g) Privatentnahme des Geschäftsinhabers in bar (1.000 €)
   h) Bareinlage des Inhabers (2.300 €)
6. Worin unterscheiden sich das Gesamtkosten- und das Umsatzkostenverfahren?
7. Warum ist Liquidität für Unternehmen in wirtschaftlicher und in rechtlicher Hinsicht wichtig?
8. Grenzen Sie die direkte von der indirekten Methode bei der Darstellung des operativen Cashflows ab.
9. Wonach ist die Kapitalflussrechnung zu gliedern?
10. Was wird unter dem *Management-Approach* verstanden?

❷ Vernetzende Aufgaben

1. Besuchen Sie die Investor Relations Seite des Daimler-Konzerns. Wie unterscheidet sich diese von www.mercedes-benz.de?

2. Bestellen Sie sich den Geschäftsbericht eines DAX 30 Konzerns kostenlos auf der IR-Seite.

3. Laden Sie sich den Geschäftsbericht und den Jahresabschluss der BASF SE herunter. Vergleichen Sie den Bestätigungsvermerk des Abschlussprüfers im Geschäftsbericht mit dem im Jahresabschluss. Welcher ist für Sie relevant?

4. Was fällt Ihnen auf, wenn Sie sich die Inhaltsübersicht des Geschäftsberichts der BASF SE ansehen und mit der dieses Kapitels vergleichen?

5. Lesen Sie im Anhang des Geschäftsberichts der BMW AG den Teil zu Bilanzierungs- und Bewertungsgrundsätzen und finden Sie heraus, ob bei der Ermittlung des Nutzungswerts im Rahmen der Anwendung von IAS 36 wie im Beispiel in ▶ Abschn. 1.4.4.3.2 die DCF-Methode angewendet wurde.

6. Wie stellt sich die Verknüpfung aus Anhang und Bilanz im Konzernabschluss der Daimler AG dar?

7. In der Eigenkapitalveränderungsrechnung der Bayer AG sank die Neubewertungsrücklage im Geschäftsjahr 2016 um 4 Mio. €. Wodurch wurde dies ausgelöst? Wo finden sich diese in anderen Rechenwerken wieder?

8. Was fällt beim Vergleich des Konzernergebnisses in der GuV mit dem Gesamtergebnis der BASF SE in den Jahren 2015 und 2016 auf?

ⓘ Lesen und Vertiefen

– Pellens et al. (2017). *Internationale Rechnungslegung*. Stuttgart: Schäffer-Poeschel. S. 179–194.
  In dem Kapitel werden die Abschlussbestandteile eines IFRS-Abschlusses erklärt.

– Blase et al. (2010). *IFRS: Gesamtergebnisrechnung, Bilanz und Segmentberichterstattung – Gestaltung, Ausweis, Interpretation Umstellung* – IFRS Best Practice Bd. 9. Berlin: Erich Schmidt.
  Das Buch fasst die Praxisanwendung mit den Regelungen der einschlägigen Standards knapp zusammen.

– Eiselt, A. und Müller, S. (2016). *Kapitalflussrechnung nach IFRS und DRS 21* – IFRS Best Practice Bd. 8. Berlin: Erich Schmidt.
  Das Buch stellt den aktuellen Rechtstand zur Kapitalflussrechnung vor dem Hintergrund praktischer Anwendung vor.

– Müller, S. und Wulf, I. (2016). *Bilanztraining – Jahresabschluss, Ansatz und Bewertung – Mit Arbeitshilfen online*, 15., überarb. Aufl. Freiburg: Haufe.
  Ein umfassendes Lehrbuch zur Verdeutlichung der Grundlagen der Rechnungslegung mit Online-Inhalten und vielen Übungen mit Lösungen.

– Kirsch, H. (2016). *Einführung in die IFRS*. Herne: nwb. S. 22–37.
  Eine Zusammenfassung der wichtigsten Informationen zu Abschlussposten auf wenigen Seiten.

Bilanzierung primärer Aktiva

Prof. Dr. Stefan Müller, Patrick Saile

© Springer Fachmedien Wiesbaden GmbH 2018
S. Müller, P. Saile, *Internationale Rechnungslegung (IFRS)*, Studienwissen kompakt,
https:/doi.org/10.1007/978-3-658-17361-6_3

Lernagenda

Die IFRS differenzieren bei der bilanziellen Würdigung von Sachverhalten nach verschiedenen Arten von Vermögenswerten und Schulden. Deren Abgrenzung, Ansatz und Bewertung sowie die Ergebniswirkung sind Bestandteil verschiedener Standards. Für die praktische Anwendung der IFRS ist es daher unabdingbar, die wesentlichen Standards zu kennen und unterscheiden zu können,

- wann und welche Art von Vermögenswerten vorliegt,
- welcher Standard anzuwenden ist,
- welche Anhangangaben sich aus dem Sachverhalt ergeben und
- wie und wann sich der Sachverhalt auf die Gesamtergebnisrechnung auswirken wird.

► Abschn. 3.1	Immaterielles Vermögen und Geschäfts- oder Firmenwert	Immaterielle Vermögenswerte gehören zu den wichtigsten Werttreibern moderner Unternehmen. In diesem Abschnitt sollen Sie lernen, welche Besonderheiten bei selbsterstellten immateriellen Vermögenswerten zu beachten sind, was ein Goodwill ist und wie dieser zu würdigen ist.
► Abschn. 3.2	Sachanlagen und *Investment Properties*	Sachanlagen stellen insbesondere in der Industrie, größten Anteil am Vermögen. Entsprechend ist es wichtig zu wissen, was zu den Anschaffungskosten von Sachanlagen gehört und wie diese bewertete werden. Zudem muss Handlungssicherheit bei der Abgrenzung von Sachanlagen und *Investment Properties* bestehen.
► Abschn. 3.3	Vorräte	Vorräte bilden bei allen Unternehmen, die Produkte herstellen und/ oder verkaufen die Basis des Umsatzes. Schwankende Preise und eine hohe Umschlagshäufigkeit stellen die wesentlichen Herausforderungen bei deren Abbildung dar. Sie sollen lernen, wie Vorräte vom restlichen Anlagevermögen, aber auch von Fertigungsaufträgen abzugrenzen sind und wie mit Bewertungsvereinfachungsverfahren die Konvergenz zwischen Bewertungsaufwand und -genauigkeit hergestellt wird.

| ▶ Abschn. 3.4 | Finanzinstrumente | Finanzinstrumente zählen aufgrund ihrer Vielfältigkeit auch nach der Meinung des IASB zu den kompliziertesten Sachverhalten, die Rechnungslegung abzubilden hat. Wichtig ist, den Zweck und die Funktion verschiedener Finanzinstrumente zu verstehen, zwischen finanziellen Vermögenswerten und Verbindlichkeiten sowie Eigenkapitalinstrumenten unterscheiden zu können und diese den einschlägigen Bewertungssystematiken zuordnen zu können. |

3.1 Immaterielles Vermögen und Geschäfts- oder Firmenwert

3.1.1 Identifikation immaterieller Vermögenswerte

3.1.1.1 Abgrenzung immateriellen Vermögens

Immaterielle Vermögenswerte haben immer größeren Einfluss auf die Wertentwicklung, aber auch den Erfolg von Unternehmen. Am Beispiel von Unternehmen wie Apple oder Google zeigt sich, dass Markennamen und deren Wertentwicklung Treiber für Unternehmenswerte am Kapitalmarkt, aber auch einen wesentlichen Einfluss auf das operative Geschäft haben. Ebenso verhält es sich mit Patenten, Lizenzen u. Ä. Wenngleich diese dem Endkunden im Einzelnen nicht immer bekannt sind, besteht das Kerngeschäft vieler Unternehmen aus der erfolgreichen Verwertung von Ideen.

> **Merke!**
>
> Ein **immaterieller Vermögenswert** ist nach IAS 38.8 „ein identifizierbarer, nicht monetärer Vermögenswert ohne physische Substanz". Diese allgemeine Definition wird in IAS 38.10 weiter konkretisiert, sodass ein immaterieller Vermögenswert nach diesem Standard vorliegt, wenn folgende Kriterien **kumulativ** erfüllt sind:
> - Identifizierbarkeit (IAS 38.8)
> - Verfügungsgewalt des Unternehmens (IAS 38.13–16)
> - Künftiger wirtschaftlicher Nutzen (IAS 38.17)

Die Kriterien der Verfügungsgewalt und des wirtschaftlichen Nutzens sind Bestandteil der Bedingungen für den Ansatz von Vermögenswerten im Allgemeinen, die im ▶ Abschn. 1.4.2 bereits erläutert wurden. Liegen die Mindestvoraussetzungen für die Aktivierbarkeit als Vermögenswert nicht vor, können Ausgaben lediglich als Aufwendungen in der GuV erfasst werden.

In IAS 38 ist zusätzlich die Identifizierbarkeit notwendige Voraussetzung. Ist diese nicht gegeben, liegt kein immaterieller Vermögenswert i. S. d. Standards vor.

> **Merke!**
>
> Die **Identifizierbarkeit** als immaterieller Vermögenswert ist nach IAS 38.12 gegeben, wenn dieser entweder
>
> ▬ separierbar ist **oder**
>
> ▬ aus vertraglichen oder anderen gesetzlichen Rechten entsteht.

Ersteres ist gegeben, wenn es theoretisch möglich ist, den Vermögenswert vom Unternehmen getrennt zu veräußern. Dies ist auch der Fall, wenn eine Veräußerung nur in Kombination mit anderen identifizierbaren Vermögenswerten, Verträgen oder Schulden möglich ist. Letzteres ist hingegen nicht daran gebunden, dass das bedingende Recht separierbar oder einzeln veräußerbar ist.

Beispiel: Separierbarkeit

Die HS Sensortechnik AG hat sich auf die Auftragsfertigung von spezifischen Schaltplatinen und Kabelbäumen für die Automobilindustrie spezialisiert. Da die AG sehr erfolgreich ist, konnte ein kleinerer Konkurrent aus der Branche im Wege eines Asset-Deal[1] übernommen werden. Im Wesentlichen wurde akquiriert:

a. Eine CNC-Fräse, die eine Steuerungssoftware benötigt, welche vom Hersteller auf einem USB-Speichermedium zur Verfügung gestellt wird. Die Nutzungsdauer der Maschine beträgt 10 Jahre; nach 2 Jahren hat die Maschine einen Buchwert von 120.000 € (AHK-Modell). Der Marktwert der Maschine beträgt 130.000 €.

b. Ein Rahmenkontrakt mit einem großen Automobilkonzern, der äußerst günstige Konditionen bei Lieferung von sehr kleinen Bestellgrößen festlegt.

c. Ein Grundstück mit Fabrikgebäude in einem Industriegebiet, in welchem Kunden der AG ansässig sind. Hiermit sind Standortvorteile durch Zeit- und Kosteneinsparungen bei der Lieferung, niedrige Besteuerung mit Gewerbesteuer (GewSt) und guten Zugang zu Fachpersonal verbunden.

---

1 Beim Asset-Deal werden die einzelnen Vermögensgegenstände des zu kaufenden Unternehmens erworben. Die verbleibende leere Hülle wird abgewickelt. Beim Share-Deal bleibt das erworbene Unternehmen bestehen. Es werden die Anteile an diesem erworben. Der Käufer bilanziert die Beteiligung als Aktiva.

d. Einer Lizenz für die Nutzung eines Patents, welches von einem dritten Unternehmen gehalten wird. Buchwert: 250.000 €.

e. Forderungen i. H. v. 50.000 € und Verbindlichkeiten i. H. v. 50.000 €.

Lösung:

a. Die Software der CNC-Maschine ist nicht monetär. Die Tatsache, dass sie auf einem Speichermedium mit physischer Substanz ausgeliefert wird, hat auf die physische Substanz keinen Einfluss. Da die CNC-Maschine ohne die Software nicht genutzt werden kann, stellt das Steuerungsprogramm einen integralen Bestandteil der Maschine dar (IAS 38.4). Es erfolgt daher eine Behandlung als Sachanlagevermögen (▶ Abschn. 3.2).

b. Der Rahmenkontrakt ist ebenfalls nicht monetär und hat keine physische Substanz. Darüber hinaus ist der Vertrag identifizierbar, da es sich um ein vertragliches Recht handelt. Ob der Vertrag vom Unternehmen separierbar ist, muss daher nicht weiter geprüft werden. Für die abstrakte Bilanzierbarkeit muss jedoch ein Vermögenswert vorliegen. Der hierzu nötige wirtschaftliche Nutzen ist gegeben und auch bestimmbar. Hierzu müssten lediglich die Absatzkonditionen mit und ohne den Vertrag verglichen werden. Auch geringere Kosten stellen in diesem Zusammenhang einen wirtschaftlichen Vorteil dar. Die Verfügungsmacht über diesen wirtschaftlichen Nutzen ist jedoch zu verneinen. Zwar sichert der Rahmenkontrakt günstige Absatzkonditionen, nicht jedoch das Zustandekommen eines Verkaufs. Der Automobilkonzern kann auch bei anderen Unternehmen einkaufen. Daher liegt kein Vermögenswert vor und somit auch keine abstrakte Bilanzierbarkeit.

c. Während das Grundstück und das darauf errichtete Fabrikgebäude zweifellos materiell und dem Sachanlagevermögen zuzuordnen sind (▶ Abschn. 3.2), handelt es sich bei den Standortvorteilen um immaterielle, nicht monetäre Vorteile. Standortvorteile sind jedoch nicht identifizierbar, da weder ein vertragliches oder anderes gesetzliches Recht hierauf besteht, noch sind die Standortvorteile als solche vom Unternehmen separierbar und können nicht veräußert werden.

d. Bei der Lizenz handelt es sich im Gegensatz zum Standortvorteil um ein konkretes Recht gegenüber einem Dritten, von dessen Nutzung andere gesetzlich ausgeschlossen werden können. Daher ist die Identifizierbarkeit gegeben. Ob die Lizenz vom Unternehmen separierbar ist, muss nicht weiter geprüft werden. Der wirtschaftliche Nutzen aus der Lizenz und die Verfügungsmacht hierüber sind ebenfalls gegeben.

e. Während die Verbindlichkeiten Schulden darstellen und damit als Vermögen ausscheiden, handelt es sich bei Forderungen nicht um immaterielle Vermögenswerte, da diese monetär sind.

Schließen sich mehrere Unternehmen zusammen bzw. wird ein Unternehmen übernommen, geschieht dies häufig

▬ um Synergieeffekte erzielen zu können,

▬ um Zugriff auf nicht bilanzierte Werte wie etwa einen Kundenstamm zu bekommen oder

▬ zur Bildung strategischer Allianzen.

Derartige Überlegungen führen regelmäßig zu Kaufpreisen, die das bilanzielle Eigenkapital übersteigen.

Merke!

Dieser Mehrwert, der sich aus der Annahme künftiger Erträge ableitet, wird als **Geschäfts- oder Firmenwert (Goodwill)** bezeichnet. Hierbei handelt es sich um die Differenz, die der Käufer dem gekauften Unternehmen als Ganzes gegenüber dem Wert der einzelnen erworbenen Vermögenswerte und Schulden zuschreibt.

Ein Goodwill ist daher stets immateriell. Durch das Kriterium der Identifizierbarkeit wird ein immaterieller Vermögenswert nach IAS 38 vom originären Goodwill abgegrenzt, der seiner Natur nach immer dem Unternehmen – oder zumindest einer Gruppe von Werten – als Ganzes entspringt und daher niemals identifizierbar ist (IAS 38.11).

Beispiel: Derivativer Goodwill

Die im obigen Beispiel unter d.) aufgeführte Lizenz soll einen Wert von 250.000 € haben, welcher dem Marktpreis entspricht. Die HS hat für die Akquisition des Konkurrenten 500.000 € bezahlt.

In der Bilanz des Kaufobjekts finden sich auf der Aktivseite 250.000 € Immaterielle Vermögenswerte, 120.000 € Sachanlagen und 50.000 € Forderungen. Auf der Passivseite ergibt sich ein Eigenkapital i. H. v. 370.000 € und Verbindlichkeiten von 50.000 €.

Es wurden folglich Vermögenswerte mit einem Zeitwert i. H. v. 430.000 € abzüglich 50.000 € Schulden übernommen. Die AG hat daher 500.000 € – (430.000 € – 50.000 €) = 120.000 € mehr bezahlt, als die übernommenen Vermögenswerte wert sind. Diese Differenz stellt einen derivativen Geschäfts- oder Firmenwert dar. Dieser Mehrwert wurde dem Unternehmen vermutlich aufgrund des Standortvorteils und des vorhandenen Rahmenkontrakts zugesprochen.

> **Merke!**
>
> Hat ein Unternehmen einen Goodwill erworben, wird von einem **derivativen**
> **Geschäfts- oder Firmenwert** gesprochen. Da Geschäfts- oder Firmenwerte nicht
> einzeln abgegrenzt werden können, wird ein derivativer Goodwill stets mit
> anderen Vermögenswerten erworben.
>
> Schafft ein Unternehmen selbst einen Mehrwert, der kein immaterieller
> Vermögenswert ist, weil es an dessen Identifizierbarkeit fehlt, liegt ein **originärer**
> **Geschäfts- oder Firmenwert vor.**

3.1.1.2 Regelungsbereich

Für die Behandlung immaterieller Vermögenswerte ist der gleichnamige Standard
IAS 38 einschlägig. Der Anwendungsbereich des Standards wird negativ abgegrenzt.
Demnach ist der Standard immer einschlägig, es sei denn es handelt sich nach IAS 38.2
und .3 um

- Finanzinstrumente nach IAS 32.11 (▶ Abschn. 3.4),
- Vermögenswerte aus der Exploration und Evaluierung von Bodenschätzen nach
  IFRS 6,
- Ausgaben für Erschließung oder Förderung von Bodenschätzen,
- immaterielle Vermögenswerte, im Anwendungsbereich eines anderen Standards
  wie Vorräte (▶ Abschn. 3.3), latente Steuern (▶ Abschn. 4.2), Ansprüche aus
  Leasingverhältnissen (▶ Abschn. 3.2.2.2), u. A.

Die Behandlung eines im Zuge eines Unternehmenszusammenschlusses nach IFRS 3
entstandenen Goodwills ist Gegenstand dieses Abschnittes.

3.1.2 Ansatz

Liegt ein immaterieller Vermögenswert gemäß den Ausführungen in ▶ Abschn. 3.1.1
vor, ist dieser anzusetzen, wenn

- ein künftiger Zufluss wirtschaftlichen Nutzens aus dem Vermögenswert
  wahrscheinlich ist **und**
- dessen Anschaffungs- oder Herstellungskosten verlässlich bestimmbar sind
  (IAS 38.18 i. V. m. .21).

Dies entspricht wiederum den im ▶ Abschn. 1.4.2 beschriebenen allgemeinen Ansatzkriterien des Rahmenkonzepts. Die Wahrscheinlichkeit des zu erwartenden künftigen
wirtschaftlichen Nutzenzuflusses ist vom Management zu schätzen. Bei dieser Schät-

zung soll auf die wirtschaftlichen Rahmenbedingungen, die während der Nutzungs-dauer des Vermögenswerts vermutlich bestehen werden, abgestellt werden, wobei das Management angemessene und begründete Annahmen treffen soll (IAS 38.22). Eine Schätzung ist – wie auch in anderen IFRS/ IAS häufig der Fall – im Schwerpunkt auf externe Informationen zu stützen (IAS 38.23).

Ob und inwieweit die Anschaffungs- oder Herstellungskosten verlässlich bestimmt werden können ist primär eine Fragestellung der Zugangsbewertung, die im folgenden Abschnitt behandelt wird. Im Falle eines Erwerbs sind die Anschaffungskosten durch den Wert der Gegenleistung stets bestimmbar.

Die Beurteilung von Ausgaben, die bei der Erstellung immaterieller Vermögens-werte anfallen, gestaltet sich hingegen schwierig, da festgestellt werden muss, ob tat-sächlich ein immaterieller Vermögenswert oder ein originärer Geschäfts- oder Fir-menwert (▶ Abschn. 3.1.1.1) vorliegt.

> **Merke!**
>
> Wurde ein **Goodwill** selbst erstellt, kann dieser **nicht angesetzt** werden. Insoweit besteht ein Ansatzverbot (IAS 38.48).

Liegt ein selbst erstellter immaterieller Vermögenswert i. S. d. IAS 38 vor, stellt sich die Frage, ab welchem Zeitpunkt im Entwicklungsprozess die Ansatzkriterien erfüllt sind (IAS 38.51). Daher wird der Herstellungsprozess eines selbst erstellten immateriellen Vermögenswerts stets in eine Forschungs- und eine Entwicklungsphase eingeteilt (IAS 38.52).

> **Merke!**
>
> In der **Forschungsphase** werden nach IAS 38.6 eigenständig und planvoll neue wissenschaftliche oder technische Erkenntnisse gewonnen.
>
> Unter **Entwicklung** wird hingegen das Anwenden dieser Erkenntnisse oder anderen Wissens zum Schaffen oder beträchtlichen Verbessern von Produkten, Verfahren, Dienstleistungen, o. Ä. verstanden.

Beispiel: Forschung und Entwicklung

Die Suche nach neuen LED-Technologien ist als Forschung zu begreifen, die Anwendung der gewonnenen Erkenntnisse bei der Konstruktion eines neuen Scheinwerfers für eine bestimmte Fahrzeugreihe jedoch als Entwicklung.

Diese Unterscheidung ist von besonderem Interesse, da Forschungsausgaben stets Aufwand darstellen und nicht als Vermögenswerte aktiviert werden dürfen (IAS 38.54). Kann die Entwicklungsphase von der Forschungsphase nicht abgegrenzt werden, sind alle Ausgaben der Forschungsphase zuzurechnen und gehen daher nicht in die Herstellungskosten des selbst erstellten immateriellen Vermögenswerts ein (IAS 38.53).

Merke!

Bei **selbst geschaffenen Markennamen, Drucktiteln, Verlagsrechten, Kundenlisten** und allen, ihrem Wesen nach vergleichbaren Sachverhalten wird unwiderlegbar angenommen, dass eine Aufteilung in Forschungs- und Entwicklungsphase nicht möglich ist.

Daher ist in diesen Fällen ein Ansatz verboten (IAS 38.63 f.). Ist hingegen eine Entwicklung identifizierbar, ist ein selbst geschaffener immaterieller Vermögenswert zu aktivieren, wenn die folgenden Voraussetzungen **kumulativ** erfüllt sind (IAS 38.57).

- Der immaterielle Vermögenswert kann verkauft oder genutzt werden,
  - wozu das Unternehmen fähig ist (IAS 38.57(c)),
  - weil sich die Fertigstellung technisch realisieren lässt (IAS 38.57(a)),
  - da die Fertigung vom Unternehmen beabsichtig wird (IAS 38.57(b)) **und**
  - weil technische, finanzielle und sonstige Ressourcen in adäquatem Umfang zur Verfügung stehen (IAS 38.57(e)).
- Es besteht ein Markt für den immateriellen Vermögenswert bzw. das Unternehmen kann aus dessen interner Verwendung einen Nutzen ziehen (IAS 38.57(d)).
- Die auf die Entwicklung entfallenden Ausgaben lassen sich vom Unternehmen verlässlich bestimmen (IAS 38.57(f)).

Soll der Vermögenswert intern genutzt werden, ist nach IAS 38.56(d) nachzuweisen, dass dem Unternehmen hierdurch ein Nutzen zufließt. Die Bestimmung des unternehmensinternen wirtschaftlichen Nutzens eines selbst erstellten immateriellen Vermögenswerts gestaltet sich praktisch schwierig. Hierzu verweist IAS 38.60 auf das Verfahren zur Bestimmung des Nutzungswerts nach IAS 36 (▶ Abschn. 1.4.4.3.2). Werden bei einem selbsterstellten immateriellen Vermögenswert erstmals alle der genannten Kriterien zeitgleich erfüllt, kann der selbst geschaffene immaterielle Vermögenswert zu seinen Herstellungskosten angesetzt werden. Alle bis zu diesem Zeitpunkt angefallenen Ausgaben werden erfolgswirksam als Aufwand in der GuV verbucht (IAS 38.68) und können zu einem späteren Zeitpunkt nicht mehr den Herstellungskosten zugerechnet werden (IAS 38.65).

> **Merke!**
>
> **Forschungskosten** werden stets aufwandswirksam in der GuV erfasst, während **Entwicklungskosten** in die Herstellungskosten eingehen und damit als Vermögenswert aktiviert werden.

Wird ein immaterieller Vermögenswert im Zuge eines Unternehmenszusammenschlusses nach IFRS 3 erworben, ist zunächst eine Abgrenzung zwischen identifizierbaren immateriellen Vermögenswerten, also solchen, die entweder separierbar oder aus vertraglichen bzw. anderen gesetzlichen Rechten entstanden sind, und einem Geschäfts- oder Firmenwert vorzunehmen. Liegt ein identifizierbarer immaterieller Vermögenswert vor, werden die übrigen Ansatzkriterien des als wahrscheinlich angesehenen erwarteten künftigen Nutzenzuflusses aus dem Vermögenswert sowie der verlässlichen Bestimmbarkeit von dessen Anschaffungskosten stets als gegeben angesehen (IAS 38.33). Entsprechend liegt faktisch eine Fiktion des Einzelerwerbs für immaterielle Vermögenswerte vor, und ein Ansatz ist zum Erwerbszeitpunkt immer vorgeschrieben. Dies gilt unabhängig davon, ob der immaterielle Vermögenswert beim Veräußerer aktiviert war oder nicht (IAS 38.34). Ist die Identifizierbarkeit lediglich in einer Gruppe von Vermögenswerten gegeben, ist diese als Ganzes anzusetzen (IAS 38.36 f.).

Kann das Kriterium der Identifizierbarkeit hingegen nicht erfüllt werden, liegt kein immaterieller Vermögenswert, sondern ein Geschäfts- oder Firmenwert vor (IAS 38.34, IFRS 3.B40). Wird ein laufendes Forschungs- und Entwicklungsprojekt erworben, welches das Kriterium der Identifizierbarkeit erfüllt, ist dieses als solches anzusetzen. Hierbei werden die Ansatzkriterien für selbsterstellte immaterielle Vermögenswerte, also die Erfassung als Aufwand bzw. die Aktivierung als Vermögenswert, je nach Zugehörigkeit zur Forschungs- oder zur Entwicklungsphase analog angewandt (IAS 38.34 i. V. m. .42 f.). IFRS 3 stellt für den Ansatz des Goodwills keine weiteren Kriterien auf. Vielmehr wird davon ausgegangen, dass der Geschäfts- oder Firmenwert stets die allgemeinen Voraussetzungen zum Ansatz von Vermögenswerten nach dem Rahmenkonzept erfüllt und damit immer zum Erwerbszeitpunkt anzusetzen ist (IFRS 3.10 i. V. m. .32).

Bei nachträglichen Aufwendungen ist ein Ansatz und damit eine Erweiterung bzw. ein teilweiser Ersatz des Vermögenswerts grundsätzlich möglich. Hierfür müssen jedoch die in diesem Abschnitt dargestellten Ansatzkriterien erfüllt sein (IAS 38.18). Dies ist bei immateriellen Vermögenswerten im Gegensatz zu Sachanlagen jedoch in den seltensten Fällen gegeben, wodurch die nachträgliche Aktivierung eine Ausnahme darstellt (IAS 38.20).

3.1.3 Bewertung

3.1.3.1 Zugangsbewertung

IAS 38 orientiert sich an den Bewertungskategorien des Rahmenkonzepts (▶ Abschn. 1.4.4.1).

┌─ **Merke!** ──┐

Ein **immaterieller Vermögenswert** ist stets zu dessen Anschaffungs- oder Herstellungskosten zu bewerten (IAS 38.24).

└──┘

Dies trifft auch dann zu, wenn für den Vermögenswert im weiteren Verlauf das Neubewertungsmodell für die Folgebewertung angewandt werden soll (IAS 38.77).

Seiner Natur nach kann ein Geschäfts- oder Firmenwert nicht einzeln erworben werden, immaterielle Vermögenswerte nach IAS 38 hingegen schon.

┌─ **Merke!** ──┐

Bei einem gesonderten Erwerb setzen sich die **Anschaffungskosten** aus dem Erwerbspreis und direkt zurechenbaren Kosten für die Vorbereitung zur Nutzung zusammen.

└──┘

Sind die Ansatzkriterien eines **selbst erstellten** immateriellen Vermögenswerts erfüllt, erfolgt ein Ansatz zu den Herstellungskosten. Diese umfassen – ähnlich wie bei den Anschaffungskosten eines gesondert erworbenen Vermögenswert – alle direkt zurechenbaren Kosten, die beim Entwerfen und Herstellen des Vermögenswerts anfallen, bis sich dieser in einem betriebsbereiten Zustand befindet (▶ Abschn. 1.4.4.2).

Beispiel: Herstellungskosten
So sind Löhne und Gehälter, Materialkosten, Kosten zur Erlangung von Patenten, etc. Bestandteil der Herstellungskosten (IAS 38.77).

Erfolgt der Erwerb eines immateriellen Vermögenswerts im Zuge eines Unternehmenszusammenschlusses nach IFRS 3, sind diese zum Erwerbszeitpunkt mit ihrem Zeitwert zu bewerten. Dieser beizulegende Zeitwert spiegelt die Erwartung des Erwerbers über den zukünftigen Nutzen des Vermögenswerts wider (IAS 38.33). Die Bewertung zum beizulegenden Zeitwert erfolgt – bis auf wenige Ausnahmen – nach IFRS 13 (▶ Abschn. 1.4.4.3.2). Bezüglich immaterieller Vermögenswerte kann in der Praxis häufig nur auf die dritte Stufe der *fair-value*-Hierarchie abgestellt werden, da vergleichbare Markt-

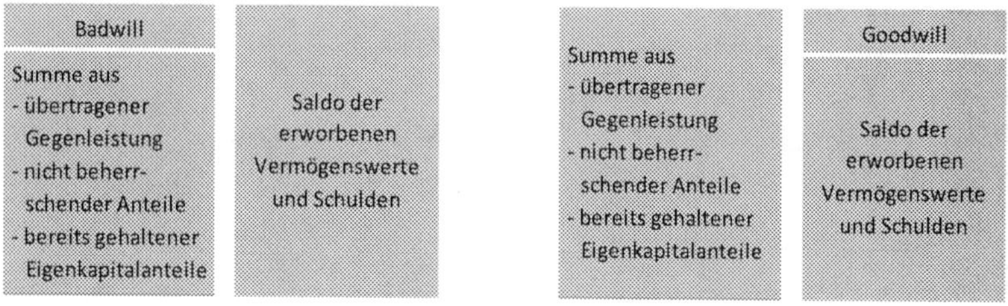

Abb. 3.1 Entstehen eines Goodwill bzw. Badwill

daten regelmäßig nicht vorhanden sind. So gibt es z. B. für Markennamen meist keine Informationen, die für die ersten beiden Level der Hierarchie benötigt würden. Daher wird bei immateriellen Vermögenswerten regelmäßig auf einkommensbasierte Bewertungsmodelle wie Barwertverfahren zurückgegriffen (IFRS 3.B12–.B30).

> **Merke!**
>
> Ein **erworbener Geschäfts- oder Firmenwert** stellt nach Auffassung des IASB immer einen Vermögenswert dar (IFRS 3.A).

Die Wertermittlung stellt jedoch auf eine Residualgröße ab. Der anzusetzende Wert des Goodwills ergibt sich aus der Differenz der übertragenen Gegenleistung und der identifizierbaren Vermögenswerte und Schulden. Die übertragene Gegenleistung ist um Anteile nicht-beherrschender Eigentümer sowie ggf. bereits gehaltener Eigenkapitalanteile am erworbenen Unternehmen zu erhöhen (IFRS 3.32). In der **Abb. 3.1** wird dies veranschaulicht. Es wird auch deutlich, dass ein Geschäfts- oder Firmenwert nicht zwangsläufig entstehen muss, sondern maßgeblich von der vereinbarten Gegenleistung – dem Kaufpreis – abhängig ist.

Sollte hingegen ein Kaufpreis erzielt werden, der unter dem Marktpreis liegt (z. B. weil der Verkäufer unter Zwang handelt), wie es in **Abb. 3.1** links dargestellt ist, liegt ein sog. Badwill oder auch Lucky Buy vor (IFRS 3.34 f.). Ein solcher, negativer Unterschiedsbetrag stellt wirtschaftlich einen Gewinn des Käufers dar. Dieser ist im Gegensatz zum positiven Unterschiedsbetrag nach einer erneuten umfassenden Überprüfung von Ansatz und Bewertung aller Vermögenswerte und Schulden erfolgswirksam zu erfassen (IFRS 3.36) und damit nicht zu passivieren.

Für die Zwecke des Werthaltigkeitstests (▶ Abschn. 1.4.4.3.2) eines Goodwills ist es nach IAS 36.80 notwendig, diesen beim Erwerb einer ZGE oder eine Gruppe von ZGEs zuzuordnen. Hierbei wird auf die Frage abgestellt, welche Unternehmensteile die Synergien aus dem Unternehmenszusammenschluss erzielen sollen. Eine Zuordnung weiterer Vermögenswerte oder Schulden zu dieser ZGE bzw. diesen Gruppen ist hierbei unbeachtlich. Als Zuordnungsmaßstab gilt, dass die ZGE die kleinste Ebene des Unternehmens darstellen soll, auf welcher der Goodwill vom internen Management überwacht werden soll. Die Obergrenze bildet die Größe eines Geschäftssegments (▶ Abschn. 2.7).

3.1.3.2 Folgebewertung

Zur Folgebewertung sind die in ▶ Abschn. 1.4.4.3 erläuterten Modelle der fortgeführten Anschaffungs- oder Herstellungskosten bzw. der Neubewertung zulässig (IAS 38.72):

3.1.3.2.1 Modell der fortgeführten Anschaffungs- oder Herstellungskosten

Sollen die Anschaffungs- oder Herstellungskosten eines immateriellen Vermögenswerts fortgeführt werden, sind planmäßige Abschreibungen vorzunehmen (IAS 38.97 ff.).

Hierfür ist es notwendig, die Nutzungsdauer des Vermögenswerts verlässlich bestimmen zu können. Dies ist bei immateriellen Vermögenswerten mitunter nicht immer möglich. Kann die Nutzungsdauer eines immateriellen Vermögenswerts nicht festgestellt werden, spricht der Standard von unbegrenzter Nutzungsdauer. Dieser Begriff ist – im Gegensatz zur englischen Übersetzung *indefinite* – irreführend. Gemeint ist ausdrücklich nicht, dass es sich um einen Vermögensgegenstand handelt, dessen Nutzungsdauer unendlich *(infinite)* ist (IAS 38.91). Stattdessen werden Vermögenswerte adressiert, deren Nutzungsdauer sich nicht bestimmen lässt. Daher wird in diesem Buch anstatt von unbegrenzter Nutzungsdauer der Terminus der unbestimmten Nutzungsdauer verwendet. Abstrakt gesehen ist die Nutzungsdauer jedes Vermögenswerts durch die Fähigkeit bzw. die Absicht des Unternehmens determiniert, die Ertragskraft des Vermögenswerts zu erhalten. Folglich kann ein Vermögenswert solange genutzt werden, wie der Nutzen aus dem Vermögenswert den Erhaltungsaufwand übersteigt und eine Ersatzbeschaffung noch nicht vorteilhafter ist. Praktisch werden in die Ermittlung der Nutzungsdauer verschiedene Faktoren einbezogen (▶ Abschn. 1.4.4.3). Die Nutzungsdauer eines immateriellen Vermögenswerts ist u. a. dann unbestimmt, wenn für diesen aufgrund seiner Einzigartigkeit keine betriebsgewöhnliche Nutzungsdauer verfügbar ist bzw. keine Daten für vergleichbare Vermögenswerte, die in ähnlicher Weise genutzt werden, vorliegen. Gleichzeitig dürfen Faktoren wie die technischen oder sonstigen Veraltungsprozesse, die Stabilität in der Branche, die Konkurrenz im Geschäftsfeld, Interdependenzen mit anderen Vermögenswerten oder zeitliche Restriktionen wie der Verfall von Patenten keinen hinreichenden Aufschluss auf die Nutzungsdauer geben (IAS 38.90).

Beispiel: Immaterieller Vermögenswert mit unbestimmter Nutzungsdauer
Handelt es sich bei dem immateriellen Vermögenswert um eine Taxikonzession oder um ein vergleichbares Recht, welches von Dritten auf Zeit erworben wurde, ist die Nutzungsdauer dieses immateriellen Vermögenswerts bestimmbar. Daher liegt eine begrenzte Nutzungsdauer vor.

Ist ein derartiges Recht nach Ablauf verlängerbar, ist die Nutzungsdauer trotz der Ablauffrist unbestimmt, wenn

- das Unternehmen die Voraussetzungen für eine solche Verlängerung erfüllt,
- hierfür keine wesentlichen Kosten anfallen **und**
- es substantielle Hinweise gibt, dass eine Verlängerung stattfinden wird.

Hierzu zählen gesetzlich vorgeschriebene Verfahren, Erfahrungen bzw. entsprechende Willenserklärungen seitens des Rechteinhabers (IAS 38.96).

Kann die Nutzungsdauer eines Vermögenswerts nicht bestimmt werden, kommt keine planmäßige Abschreibung der Anschaffungs- oder Herstellungskosten in Betracht (IAS 38.107). Aus der Abgrenzung der unbestimmten von der unendlichen Nutzungsdauer ergibt sich die Notwendigkeit, jährlich zu überprüfen, ob eine als unbestimmt eingestufte Nutzungsdauer inzwischen bestimmbar wurde, weil z. B. neue Informationen vorliegen oder sich das Unternehmensumfeld geändert hat (IAS 38.109). Sollte eine derartige Änderung vorgenommen werden, ist anschließend nach den Regelungen für immaterielle Vermögenswerte mit bestimmter Nutzungsdauer abzuschreiben, wobei der Wechsel der Bestimmtheit der Nutzungsdauer als Anhaltspunkt für eine Wertminderung nach IAS 36 gilt. Daher muss beim Wechsel in jedem Fall ein Werthaltigkeitstest durchgeführt werden (IAS 38.110).

Im Falle von Wertminderungen bestehen bei immateriellen Vermögenswerten insoweit Besonderheiten, als bei Vermögenswerten mit unbestimmter Nutzungsdauer kein sogenannter qualitativer Impairment Test durchgeführt werden kann. Im Umkehrschluss ist bei diesen Vermögenswerten in jeder Periode der erzielbare Betrag quantitativ zu ermitteln. Dies betrifft neben den immateriellen Vermögenswerten mit unbestimmter Nutzungsdauer auch derivative Geschäfts- oder Firmenwerte bzw. die ZGE, denen ein Geschäfts- oder Firmenwert zugeordnet wurde. Zudem sind nicht zur Nutzung zur Verfügung stehende Vermögenswerte wie aktivierte Entwicklungskosten betroffen.

Beispiel: Nutzungswert
Im ▶ Abschn. 1.4.4.3.2 hat die MD Blechtechnik GmbH den Nutzungswert einer Maschine bestimmt. Hat die MD einen immateriellen Vermögenswert mit unbestimmter Nutzungsdauer, gestaltet sich die Berechnung anders, da die Fortschreibungsphase unendlich lange ist.

- Der Buchwert der Lizenz sei 900.000 €.
- Der Marktpreis liege bei 600.000 €.

▓ In den kommenden 2 Jahren werden Nachsteuer-Cashflows i. H. v. 100.000 und 50.000 € geschätzt.
▓ Der Zinssatz sei 10 %.
▓ Es wird keine Wachstumsrate angenommen.

Hier wird ab dem dritten Jahr mit der kaufmännischen Kapitalisierungsformel eine ewige Rente berechnet. Diese wird dann ebenfalls über zwei Jahre mit dem Diskontierungsfaktor 0,82645 auf den Zeitpunkt t0 abgezinst:

$$Nutzungswert = \frac{100.000}{(1+0,1)^1} + \frac{50.000}{(1+0,1)^2} + \frac{\frac{75.000}{0,1}}{(1+0,1)^2}$$

Die Lizenz muss auf den Nutzungswert i. H. v. 752.066 € außerplanmäßig abgewertet werden.

3.1.3.2.2 Neubewertungsmodell

Alternativ zum Anschaffungs- oder Herstellungskostenmodell kann bei der Folgebewertung von immateriellen Vermögenswerten auch zum Neubewertungsmodell optiert werden.

Bei immateriellen Vermögenswerten ist von den genannten Voraussetzungen des Neubewertungsmodells (IAS 38.75) vor allem die Forderung nach der Bemessung des beizulegenden Zeitwerts unter Bezugnahme auf einen aktiven Markt problematisch. Daher kann in der Praxis regelmäßig nicht auf dieses Modell zurückgegriffen werden. In vielen Fällen gibt es überhaupt keinen Markt für den in Frage stehenden immateriellen Vermögenswert und wenn doch, dann fehlt es an den vom IAS 38 geforderten Aktivitätsvoraussetzungen.

Beispiel: Ansatzverbot immaterieller Vermögenswert

Ein solider Kundenstamm ist ein wichtiger immaterieller Vermögenswert eines Steuerberaters. Dennoch gibt es keinen nennenswerten aktiven Markt hierfür, weil für neue Steuerberater nicht die Notwendigkeit besteht, Kundenlisten zu erwerben. Aufgrund der hohen Nachfrage reicht es aus, die Dienstleistung anzubieten, um neue Kunden zu gewinnen. Kommt es doch zu einer Transaktion, ist diese regelmäßig nicht öffentlich, sodass die vorhandenen Marktdaten nicht zur Bewertung genutzt werden können.

Der Standardsetter geht davon aus, dass in vielen Fällen kein aktiver Markt für immaterielle Vermögenswerte vorliegt. Dies hängt damit zusammen, dass immaterielle Vermögenswerte regelmäßig sehr speziell sind, sodass diese für andere Unternehmen nicht nutzbar sind. Dies ist z. B. bei Spezialsoftware der Fall, die eigens für einen unternehmensinternen Zweck entwickelt wurde.

> **Merke!**
>
> Für **Markennamen, Drucktitel, Zeitungen, Musik- und Filmverlagsrechte, Patente oder Warenzeichen** besteht gem. IAS 38.78 qua Definition kein aktiver Markt.

Immateriellen Vermögenswerten, die in früheren Perioden z. B. mangels Erfüllung der Ansatzkriterien nicht angesetzt wurden, dürfen über den Umweg der Neubewertung nicht in die Bilanz aufgenommen werden (IAS 38.77).

Für einige wenige immaterielle Vermögenswerte lassen sich jedoch die erforderlichen aktiven Märkte identifizieren. Dies ist z. B. bei handelbaren Taxikonzessionen oder Emissionsrechten der Fall.

3.2   Sachanlagen und Investment Properties

3.2.1   Identifikation von Sachanlagen und Investment Properties

3.2.1.1   Abgrenzung

Vor allem in Industrieunternehmen stellen Sachanlagen häufig einen der wertmäßig größten Posten in der Bilanz dar. Eine vergleichbar hohe Anlagenintensität im produzierenden Gewerbe hat zudem Auswirkungen auf die GuV, da diese mit den jährlichen Abschreibungen belastet wird. In technischen Anlagen und Gebäuden, vor allem aber im Grundbesitz stecken meist sehr hohe stille Reserven, da diese über die Zeit an Wert gewinnen, welcher erst bei einer Veräußerung realisiert wird. Bei juristischen Personen kann dies erst nach etlichen Jahren erfolgen.

Werden Immobilien ausschließlich als Finanzinvestition gehalten, ist es sachgerecht, wie auch bei Finanzinstrumenten (▶ Abschn. 3.4) mögliche Wertänderungen erfolgswirksam bei ihrer Entstehung und nicht erst bei Realisation zu erfassen. Die Behandlung derartiger Investment Properties ist neben den Sachanlagen ebenfalls Gegenstand dieses Abschnitts, obwohl nach den IFRS eine gesonderte Behandlung in IAS 40 erfolgt.

> **Merke!**
>
> **Sachanlagen** sind nach IAS 16.6 alle Vermögenswerte, die
>
> - materiell sind,
> - erwartungsgemäß länger als eine Periode genutzt werden **und**
> - zu einem der folgenden Zwecke gehalten werden:
>   - Herstellung oder Lieferung von Gütern oder Dienstleistungen,
>   - Verwaltungszwecke **oder**
>   - Vermietung an Dritte.

Das Vorliegen eines Vermögenswerts (▶ Abschn. 1.4.2), der materiell ist, kann allein nicht ausreichen. So dienen die Definitionsmerkmale der Nutzung über mehr als eine Periode sowie zu bestimmten Zwecken der Abgrenzung vom Vorratsvermögen (▶ Abschn. 3.3), welches ebenfalls materieller Natur sein kann. Bei einer sehr kurzen betrieblichen Nutzung vor der Weiterveräußerung kann dies zu Abgrenzungsproblemen führen.

Beispiel: Sachanlagevermögen

Nutzt ein Autohändler ein Fahrzeug als Vorführwagen, bevor dieses verkauft wird, soll dieses nach der herrschenden Meinung im Zeitraum der Vermietung auch dann als Sachanlagevermögen behandelt werden, wenn die erwartungsmäßige Nutzung knapp unterhalb eines Jahres liegt. Im Falle einer 11-monatigen Nutzung als Vorführwagen würde das Fahrzeug anderenfalls weder als Sachanlagevermögen noch als Vorratsvermögen (▶ Abschn. 3.3.1.1) und damit überhaupt nicht erfasst.

Nach dieser Logik ist auch bei der Entscheidung, ob Ersatzteile, Bereitschaftsausrüstungen oder Wartungsgeräte Sachanlagen oder Vorräte sind, vorzugehen.

Darüber hinaus ist das Sachanlagevermögen von den als Finanzinvestition gehaltenen Immobilien abzugrenzen.

Merke!

Immobilien i. S. d. IAS 40 sind

- Grundstücke,
- Gebäude,
- Teile von Gebäuden **oder**
- Grundstücke mit Gebäuden bzw. Teilen von Gebäuden.

Investment Properties sind Immobilien, die zur Erzielung von Mieteinnahmen und/ oder zum Zwecke der Wertsteigerung gehalten werden und nicht

a. zur Herstellung oder Lieferung von Gütern bzw. zur Erbringung von Dienstleistungen oder für Verwaltungszwecke dienen; **oder**

b. im Rahmen der gewöhnlichen Geschäftstätigkeit des Unternehmens verkauft werden.

Kurz gesagt handelt es sich bei Investment Properties um Renditeimmobilien, die nicht Sachanlagen oder Vorräte sind. Nach IAS 40.9 sind von den Investment Properties abzugrenzen:

- Immobilien, die veräußert werden sollen
  - im Rahmen der gewöhnlichen Geschäftstätigkeit (Vorratsvermögen gem. ▶ Abschn. 3.3).

    ≈ in allen anderen Fällen nach IFRS 5 (► Abschn. 3.2.2.3).

≈ Immobilien, die für einen Dritten erstellt oder entwickelt werden (Fertigungs-aufträge gem.► Abschn. 3.3)

≈ Immobilien, die vom Eigentümer[2] selbst genutzt werden (Sachanlagevermögen gem. diesem Abschnitt).

Beispiel: Investment Properties I

a. In der Nähe der HS wurde ein neues Industriegebiet erschlossen. Da der Erwerber eines Grundstücks nach kurzer Zeit in Zahlungsschwierigkeiten kommt, erwirbt die HS das Grundstück sehr günstig. Eine Expansion ist in absehbarer Zeit jedoch nicht geplant.

b. Es wird ein Absatzvertrag über mehrere Jahre geschlossen, sodass die HS auf dem Grundstück jetzt doch ein weiteres Fabrikationsgebäude errichten lässt. Hierfür wird die ES Hoch- und Tiefbau SE engagiert. Der Bau dauert 2 Jahre.

c. Nach Ablauf des Absatzvertrags wird dieser nicht verlängert. Die HS vermietet[3] die gesamte Immobilie an einen Dritten.

d. Für weitere Akquisitionen sind finanzielle Mittel nötig. Die Immobilie soll verkauft werden.

Fraglich ist, ob eine Klassifizierung als Sachanlagevermögen, Investment Properties oder eine sonstige Behandlung vorzunehmen ist. Lösung:

a. Da die Definition einer Immobilie i. S. d. IAS 40 erfüllt ist und die HS weder die Eigennutzung noch den Verkauf beabsichtigt, sondern das Grundstück wegen des guten Preises erworben hat, ist eine Qualifizierung als Investment Property sachgerecht.

b. Da fortan von Eigennutzung auszugehen ist, hat eine Qualifizierung als Sachanlage-vermögen zu erfolgen.
    Aus Sicht der ES ist der Bau als Fertigungsauftrag i. S. d. IAS 11 (ab 2018 IFRS 15) zu behandeln, da die Fertigstellung des Gebäudes länger als eine Periode andauert. In dieser Zeit ist das Gebäude als Forderung gegenüber der HS zu bilanzieren.

c. Da keine Eigennutzung mehr vorliegt erfolgt wieder eine Qualifizierung als Investment Property.

d. Wird die Immobilie als zur Veräußerung verfügbar qualifiziert, muss diese nach IFRS 5 behandelt werden.

Probleme bei der Abgrenzung entstehen bei gemischt genutzten Immobilien. Hier sieht IAS 40.10 eine Trennung der Immobilienteile nach den Nutzungsanteilen vor. Ist dies nicht möglich, ist ein Ansatz als Investment Property ausgeschlossen, sofern der eigengenutzte Anteil wesentlich ist. In diesem Zusammenhang ist fraglich, ob und wie

---

2   Hier ist das wirtschaftliche Eigentum (► Abschn. 1.4.2) maßgeblich (► Abschn. 3.2.2.2).

3   Vermietung im Rahmen eines Operating-Leasing (► Abschn. 3.2.2.2).

eine Immobilie nach ihrer Nutzung trennbar ist. Hier stellt der Standardsetter auf die Einzelveräußerbarkeit ab. Können die Immobilienteile einzeln veräußert werden, ist eine Aufteilung möglich. Anderenfalls stellt sich die Frage, wann von einer unwesentlichen Eigennutzung ausgegangen werden kann. Hierauf gibt es keine konkrete Antwort im Standard. In der deutschsprachigen Literatur wird eine Aufteilung nach der Nutzungsfläche vorgeschlagen. Hierbei werden zwischen 5 und 30 % der Eigennutzung als unschädlich angesehen.

Beispiel: Investment Properties II

In Abwandlung zu Fall c.) wird nur ein Teil der Immobilie vermietet:

a. Auf dem Grundstück stehen zwei gleich große Fabrikhallen, eine davon wird vermietet. Ein separater Zugang zu beiden Hallen ist möglich.

b. Auf dem Grundstück steht eine große Fabrikhalle mit angeschlossenem Verwaltungsgebäude, welches weiterhin von der HS genutzt wird.

    I. Das Verwaltungsgebäude nimmt 40 % der Grundstücksfläche ein.

    II. Das Verwaltungsgebäude umfasst lediglich 3 % der Grundstücksfläche.

Lösung:

a. Da die Immobilienteile getrennt und einzeln veräußert werden könnten, ist es möglich, die Wertsteigerungen der vermieteten Halle durch einen Verkauf zu realisieren. Daher wird dieser Teil der Immobilie als Investment Property behandelt. Die selbstgenutzte Halle stellt Sachanlagevermögen dar.

b. Die Halle kann nicht getrennt angesetzt werden, da die Fabrikhalle nicht losgelöst vom Verwaltungsgebäude veräußert werden kann. Es kommt auf den Anteil der eigenen Nutzung an:

    I. Der eigengenutzte Teil der Immobilie ist wesentlich. Daher scheidet eine Behandlung als Investment Property aus, es liegt Sachanlagevermögen vor.

    II. Es liegt keine signifikante Eigennutzung der Immobile vor. Eine Behandlung als Investment Property ist sachgerecht.

Zusätzlich kann es zu unterschiedlichen Abgrenzungen kommen, wenn der Vermieter zusätzlich Nebenleistungen anbietet (IAS 40.11). Hier wird im Schrifttum eine Wesentlichkeitsschwelle von 5 % bis 10 % vorgeschlagen.

Beispiel: Investment Properties III

Die HS vereinbart in Sachverhalt c.) (Bsp. I), dass sie für den Mieter den Werkschutz und Hausmeister- bzw. Reinigungstätigkeiten durchführt. Der hierfür erhaltene Anteil an der Gesamtmiete beträgt 7 %.

Lösung:

Die Immobilie ist als Investment Property zu behandeln, weil die Nebenleistungen nicht wesentlich sind.

3.2.1.2   Regelungsbereich

Für die umfassende bilanzielle Erfassung und Bewertung von Sachanlagevermögen ist der gleichnamige Standard IAS 16 einschlägig. Ausgenommen von der Behandlung als Sachanlagevermögen und explizit in anderen Standards behandelt werden (IAS 16.3–.5):

- Als Finanzinvestitionen gehaltene Immobilien nach IAS 40 (in diesem Abschnitt)
- Biologische Vermögenswerte im Zusammenhang mit Landwirtschaft nach IAS 41 (nicht Gegenstand dieses Buches)
- Vermögenswerte aus der Exploration und Evaluierung von Bodenschätzen nach IFRS 6 (nicht Gegenstand dieses Buches)
- Abbau- und Schürfrechte nicht-regenerativer Ressourcen wie Öl oder Erdgas (nicht Gegenstand dieses Buches)
- Sachanlagevermögen, das nach IFRS 5 als zur Veräußerung gehalten klassifiziert wurde (▶ Abschn. 3.2.2.3)

In bestimmten Konstellationen ist IAS 17[4] für die Anwendung von IAS 16 relevant bzw. umgekehrt, weil dort Leasingverhältnisse geregelt werden (▶ Abschn. 3.2.2.2). Dies betrifft in besonderem Maße die Investment Properties. Da eine als Finanzanlage gehaltene Immobilie nur vorliegen kann, wenn das wirtschaftliche Eigentum beim bilanzierenden Unternehmen liegt und gleichzeitig keine (wesentliche) Eigennutzung gegeben sein darf, kann ein Investment Property i. d. R. nur beim Vorliegen eines Mietverhältnisses *(operate lease)* gegeben sein.

Da IAS 40 einen besonderen Teilbereich des Sachanlagevermögens in anderer Weise behandelt, gelten bei den als Finanzinvestitionen gehaltenen Immobilien nach IAS 40 bezüglich des Regelungsbereichs die Ausführungen zu IAS 16.

3.2.2   Ansatz

3.2.2.1   Grundsachverhalte

Ein Ansatz hat zu erfolgen, sofern die abstrakte Bilanzierungsfähigkeit als Vermögenswert gemäß den Bestimmungen des Rahmenkonzepts erfüllt sind (▶ Abschn. 1.4.2). Weitere Ansatzkriterien enthalten IAS 16 und IAS 40 nicht. Die Bestimmung der Anschaffungs- oder Herstellungskosten stellt hierbei in der Regel kein Problem dar und richtet sich nach der Erwerbsart des Vermögenswerts. In diesem Zusammenhang ist

---

4   Der IAS 17 („Leasingverhältnisse") wurde mit dem neuen IFRS 16 grundlegend überarbeitet. IFRS 16 kann zwar schon auf freiwilliger Basis angewandt werden, eine Verpflichtung hierzu liegt jedoch erst ab dem 01.01.2019 vor. Aus diesem Grund wird in diesem Buch der verpflichtend anzuwendende Rechtsstand mit IAS 17 behandelt.

das wirtschaftliche Eigentum als Anknüpfungskriterium für die Verfügungsmacht von besonderer praktischer Relevanz und vom rechtlichen Eigentum abzugrenzen. Als Zeitpunkt der Erfassung gilt jeweils der Anfall der Kosten (IAS 16.10 bzw. IAS 40.17). Zu den Anschaffungsnebenkosten von Sachanlagen gehören explizit auch die Kosten, die beim Abbruch bzw. bei der Beseitigung entstehen werden. Dies führt zu einem Auseinanderfallen von Buchwert und beizulegendem Zeitwert, da ein potentieller Käufer Abbruchkosten nicht als Bestandteil der Sachanlage akzeptieren wird, weil er diese zu tragen hat, wenn der das Kaufobjekt bis zum Ende nutzt.

Bei Sachanlagen ist ergänzend zu den Ausführungen zur Sammelbewertung bei geringwertigen Vermögenswerten in ▶ Abschn. 1.4.4.3.1 ein zusammengefasster Ansatz möglich. Im Gegensatz zu den Regelungen in § 6 Abs. 2 und Abs. 2a EStG schreibt der Standard jedoch explizit keine Maßeinheiten vor, die definieren, was als geringwertig anzusehen ist und wann eine Zusammenfassung möglich ist. Hier wird auf die Beurteilung der unternehmensspezifischen Gegebenheiten verwiesen.

Sachanlagen, die dem Umweltschutz dienen, aus Gründen der (Arbeits-)Sicherheit beschafft bzw. hergestellt werden oder vergleichbare Vermögenswerte, erfüllen mitunter die Ansatzkriterien nicht, soweit aus dieses Vermögenswerten kein direkter Nutzenzufluss für bereits vorhandene Sachanlagen abgeleitet werden kann. Dennoch sind derartige Vermögenswerte aufgrund von gesetzlichen Vorschriften oder einer entsprechenden Nachfrage der Kunden teilweise unerlässlich für die Geschäftätigkeit. In solchen Fällen ist der Ansatz nach IAS 16.11 dennoch vorgesehen, da diese Vermögenswerte den wirtschaftlichen Nutzen anderer Vermögenswerte bedingen.

Nachträgliche Anschaffungs- oder Herstellungskosten sind zu aktivieren, sofern diese die allgemeinen Ansatzkriterien erfüllen. Nach der herrschenden Meinung gelten die folgenden Ausführungen zu nachträglichen Anschaffungs- und Herstellungskosten bei Sachanlagen für Investment Properties analog. Der Standard unterscheidet nach laufenden Wartungskosten (IAS 16.12), die stets zu Sofortaufwand führen sollen und den nachtäglich zu aktivierenden Generalüberholungen (IAS 16.14) sowie dem Austausch von Teilen einer Sachanlage (IAS 16.13). Hierbei entstehen Abgrenzungsprobleme, da sich aus den allgemeinen Ansatzkriterien lediglich die „Erhöhung des Nutzens" zur Differenzierung eignet. In der Literatur wird daher auf die Entwicklung des Standards verwiesen.

Merke!

Nachträgliche Anschaffungs- oder Herstellungskosten liegen vor, wenn die allgemeinen Ansatzkriterien erfüllt sind und durch die Maßnahme

- die Kapazität erweitert,
- die Nutzungsdauer verlängert **oder**
- eine substanzielle Qualitätsverbesserung erreicht wird.

3.2.2.2   **Exkurs: Leasing**

Eine Besonderheit stellen in diesem Kontext Leasingverhältnisse dar, deren Behandlung an dieser Stelle kurz skizziert wird.

Neben der Möglichkeit des käuflichen Erwerbs von Sachanlagen haben Unternehmen auch die Möglichkeit, das Nutzungsrecht an einem Anlagegegenstand im Rahmen eines Leasinggeschäftes zu erwerben. Der Begriff Leasing bezeichnet die gewerbsmäßige Vermietung von Anlagegegenständen durch andere Unternehmen oder Finanzierungsinstitute. Seine Bezeichnung leitet sich hierbei vom englischen Verb *to lease* (i. S. v. mieten bzw. vermieten) ab.

Merke!

Als **Leasingverhältnis** bezeichnet man eine Vereinbarung, bei der der Leasinggeber (Vermieter) dem Leasingnehmer (Mieter) gegen Entgelt (Leasingrate) das Recht auf Nutzung eines Vermögensgegenstandes für einen vereinbarten Zeitraum überträgt (IAS 17.4).

Ein wesentliches Charakteristikum von Leasinggeschäften ist die Trennung von Eigentum und Nutzung eines Gegenstandes. Im Rahmen eines Leasinggeschäftes wird der Leasingnehmer nur zum Besitzer und Nutzer des Leasinggegenstandes, während der Leasinggeber bürgerrechtlicher Eigentümer des Leasingobjektes bleibt.

Leasinggeschäfte sind allerdings nicht automatisch gleichzusetzen mit deutschen Miet- und Pachtverträgen. Eine Ähnlichkeit ist im Einzelfall zwar gegeben, allerdings unterscheiden sich regelmäßig Leasing- und Mietverträge inhaltlich. In Abhängigkeit der individuellen Vertragsgestaltung können Leasinggeschäfte auch den Charakter von Ratenkaufgeschäften oder ähnlichen Finanzierungsverträgen haben. Darüber hinaus sind Klauseln, wie u. a. Kaufoptionen nach Ende der Grundmietzeit oder Mietverlängerungsoptionen, häufig Gegenstand einer Leasingvereinbarung.

Leasinggeschäfte haben gegenüber dem klassischen Anlagenkauf einige Vorteile. Sie führen zum einen zu einer verbesserten Liquidität, da liquide Mittel nicht gebunden werden, sondern frei verwendet werden können. Die Zahlung der vereinbarten Leasingraten erfolgt aus dem Cashflow. Im Gegensatz zu Kaufgeschäften findet zudem eine Verteilung der finanziellen Belastung auf mehrere Perioden statt. Der bei Banken bestehende Kreditspielraum wird ebenfalls nicht in Anspruch genommen. Leasing stellt bei entsprechender Ausgestaltung der Verträge somit eine Alternative zu klassischen Finanzierungskonzepten dar. Sie sind zudem flexibel gestaltbar und können an geänderten Anforderungen während der Laufzeit angepasst werden. So kann zum Beispiel vereinbart werden, dass einzelne Bestandteile oder das Leasingobjekt in Gänze während der Laufzeit ausgetauscht werden.

Leasingverträge werden anhand ihres Verpflichtungscharakters in Operating-Leasing und Finanzierungsleasing unterschieden. Hierbei wird auf die vertraglichen Regelungen hinsichtlich des Übergangs der wesentlichen Chancen und Risiken vom Leasinggeber auf den Leasingnehmer und der Vereinbarungen bzgl. der Möglichkeiten einer Kündigung abgestellt.

Merke!

Als **Operating-Leasing** bezeichnet man Leasinggeschäfte, bei denen im Wesentlichen alle mit dem Eigentum verbundenen Chancen und Risiken des Leasinggegenstandes beim Leasinggeber bleiben. Es handelt sich hierbei um typische Mietverträge i. S. d. § 535 BGB.

Beim **Finanzierungsleasing** werden im Wesentlichen alle mit dem Eigentum verbundenen Risiken und Chancen des Leasinggegenstandes auf den Leasingnehmer übertragen (IAS 17.4).

Bei Operating-Leasing-Verträgen wird keine Grundmietzeit vereinbart und sie können unter Berücksichtigung von Kündigungsfristen von beiden Vertragsparteien gekündigt werden. Der Leasinggeber verpflichtet sich gegenüber dem Leasingnehmer den Leasinggegenstand zu pflegen, zu warten oder zu reparieren. Er übernimmt zudem das volle Investitionsrisiko.

Bei einem Finanzierungsleasing wird zwischen Leasingnehmer und Leasinggeber eine unkündbare Vertragslaufzeit vereinbart, die maximal der betriebsgewöhnlichen Nutzungsdauer entspricht. Im Kontrast zum Operating-Leasing trägt der Leasingnehmer hier das volle Investitionsrisiko und übernimmt die Wartungs- und Instandhaltungsverpflichtungen. Bei dieser Leasingform steht weniger die alleinige Nutzung des Leasinggegenstandes im Fokus, sondern die Übertragung des Leasingobjektes und deren Finanzierung durch den Leasinggeber. Als Leasinggeber treten in der Regel Finanzierungsgesellschaften auf.

Vermögenswerte, die im Rahmen eines Finanzierungsleasings gemietet werden, sind beim Leasingnehmer und nicht beim rechtlichen Eigentümer anzusetzen. Bilanziell wird der Sachverhalt so dargestellt, als ob der Leasingnehmer den Vermögenswert auf Ziel erworben hat und die Verbindlichkeit über eine Ratenvereinbarung monatlich abzahlt. Vermögenswerte, die im Rahmen eines Operating-Leasings gemietet werden, werden hingegen beim Leasinggeber und dem rechtlichen Eigentümer angesetzt. Der Leasingnehmer hat nur die gezahlten Leasingraten erfolgswirksam in seinem Jahresabschluss zu erfassen.

Merke!

Für den Ansatz von Sachanlagen ist nicht das rechtliche Eigentum, sondern das **wirtschaftliche Eigentum** maßgeblich.

3.2.2.3 Exkurs: Zur Veräußerung gehaltene langfristige Vermögenswerte (IFRS 5)

In der Bilanz sind Vermögenswerte und Schulden in Abhängigkeit des Geschäftszyklus in lang- und kurzfristig einzuteilen (▶ Abschn. 2.2). Sollen typischerweise als langfristig zu qualifizierende Vermögenswerte kurzfristig veräußert werden, ist ohne die Anwendung von IFRS 5 selbst dann kein Ansatz als kurzfristiges Vermögen möglich, wenn der Erwerb zu Veräußerungszwecken erfolgte (IFRS 5.11). Für den Adressaten ist die Absicht des Unternehmens, einen langfristigen Vermögenswert, eine Gruppe von Vermögenswerten *(disposal group)* oder einen Geschäftsbereich zu veräußern oder an die Eigentümer auszuschütten, relevant. Die Veräußerungsabsicht impliziert, dass die zukünftigen Cashflows aus einem Vermögenswert nicht länger aus dessen Nutzung, sondern aus der Veräußerung erzielt werden sollen bzw. können (IFRS 5.6).

Bezüglich des Anwendungsbereichs unterscheidet IFRS 5 wie folgt:

- Langfristige Vermögenswerte nach IAS 1.66, wobei auf einen Zwölf-Monats-Zeitraum als Geschäftszyklus abgestellt wird.
- Veräußerungsgruppen, die sämtliche Vermögenswerte und damit direkt zusammenhängende Schulden umfassen, die zusammen veräußert werden sollen. Eine Veräußerungsgruppe kann auch einen Teil, eine oder mehrere ZGE und (falls vorhanden) den dazugehörigen Goodwill umfassen (IFRS 5.4).
- Aufgegebene Geschäftsbereiche (IFRS 5.32), die
  - einen gesonderten, wesentlichen Geschäftszweig oder geographischen Geschäftsbereich umfassen,
  - Teil eines Veräußerungsplans solcher Geschäftszweige oder -bereiche sind **oder**
  - Tochterunternehmen sind, die zur Weiterveräußerung erworben wurden.

Merke!

Ein **Unternehmensbestandteil**, wie er in der Definition des aufgegebenen Geschäftsbereichs verwendet wird, umfasst eine operative Geschäftstätigkeit, die durch das Rechnungswesen klar abgrenzbar ist und die dazugehörigen Cashflows (IFRS 5.31).

Somit kann ein aufgegebener Geschäftsbereich einer Veräußerungsgruppe entsprechen, was jedoch nicht zwingend der Fall ist.

Vom Anwendungsbereich ausgeschlossen sind nach IFRS 5.5

- latente Steueransprüche (▶ Abschn. 4.2),
- Vermögenswerte aus Leistungen an Arbeitnehmer (▶ Abschn. 4.1),
- finanzielle Vermögenswerte (▶ Abschn. 3.4),
- langfristige Investment Properties, die zum beizulegenden Zeitwert bewertet werden (▶ Abschn. 3.2),
- zum beizulegenden Zeitwert abzüglich Verkaufskosten bewertete langfristige Vermögenswerte der Landwirtschaft (IAS 41) **und**
- Versicherungsverträge (▶ Abschn. 3.4).

Gehören Vermögenswerte, die von der Anwendung des Standards ausgeschlossen sind, zu einer Veräußerungsgruppe, wird dennoch die Veräußerungsgruppe als Ganzes abgegrenzt. Für die Vermögenswerte nach IFRS 5.5 ergeben sich jedoch Sonderregelungen hinsichtlich der Zugangs- und Folgebewertung.

Merke!

Die **Einstufung als zur Veräußerung gehalten** ist nach IFRS 5.7 vorzunehmen, wenn

- der Vermögenswert bzw. die Veräußerungsgruppe in ihrem gegenwärtigen Zustand zu marktüblichen Bedingungen sofort veräußerbar ist **und**
- eine derartige Veräußerung höchstwahrscheinlich ist.

Die Veräußerung gilt als höchstwahrscheinlich, wenn die folgenden Bedingungen **kumulativ** erfüllt sind (IFRS 5.8):

- Es wurde ein Verkaufsplan vom Management beschlossen und dieser durch die Suche von Käufern begonnen.
- Gemessen am aktuellen beizulegenden Zeitwert wird ein angemessener Verkaufspreis verlangt.
- Ein Abschluss des Verkaufs ist innerhalb eines Jahres zu erwarten.
- Die Maßnahmen, die zur Umsetzung des Plans nötig sind, lassen vermuten, dass es wahrscheinlich nicht zu wesentlichen Änderungen oder einer Aufhebung des Plans kommen wird.
- Sofern eine Genehmigung des Plans durch die Anteilseigner gesetzlich verlangt wird, gilt diese als wahrscheinlich.

Wird die Ein-Jahres-Frist wider Erwarten nicht eingehalten, kann die Qualifikation als zur Veräußerung gehalten beibehalten werden, sofern die Verzögerung nicht durch das Unternehmen verschuldet wurde und substanzielle Hinweise auf das Fortbestehen des Veräußerungsplans hindeuten (IFRS 5.9).

Eine geplante Stilllegung stellt hingegen kein Grund für die Qualifizierung als zur Veräußerung gehaltene Vermögenswerte dar, da hier die zukünftigen Cashflows nicht aus der Veräußerung entstehen, sondern nicht existent sind.

Beispiel: Klassifizierung als zur Veräußerung gehalten

a. Die HS möchte ein altes Fabrikgebäude verkaufen, sobald das neue (▶ Abschn. 3.2.1.1) in vier Monaten fertiggestellt ist. Es wurde bereits begonnen nach einem Käufer zu suchen, der das alte Gebäude zum beizulegenden Zeitwert kaufen soll.

b. Nachdem sich kein Käufer gefunden hat, wird nach Fertigstellung des neuen Fabrikgebäudes ein neuer Verkaufsplan beschlossen und begonnen. Zur Verbesserung des Kaufpreises soll jedoch vor der Veräußerung eine Renovierung durchgeführt werden.

Lösung:

a. Die Veräußerung gilt als höchstwahrscheinlich, sofern davon ausgegangen werden kann, dass die Veräußerung innerhalb eines Jahres erfolgen soll, Änderungen am Plan unwahrscheinlich sind und keine Genehmigung der Aktionäre nötig ist. Da das Gebäude momentan jedoch noch genutzt wird, fehlt es an der sofortigen Veräußerbarkeit. Entsprechend kann keine Einstufung als zur Veräußerung gehalten vorgenommen werden.

b. Nach der Renovierung ist das Gebäude mit einer anderen Marktgängigkeit veräußerbar. Bis zu diesem Zeitpunkt ist IFRS 5 nicht anwendbar.

Die Klassifizierung als zur Veräußerung gehalten hat Auswirkungen auf den Ausweis in der Bilanz, der Gesamtergebnisrechnung und dem Anhang. Im Falle von aufgegebenen Geschäftsbereichen ergeben sich hinsichtlich der Bewertung und des damit verbundenen Ausweises in der Bilanz keine Änderungen. Es erfolgen lediglich Anhangangaben und der separate Ausweis des Ergebnisses des aufgegebenen Geschäftsbereichs in der Gesamtergebnisrechnung. Hierbei ist zwischen dem operativen und dem Ergebnis aus der Veräußerung bzw. einer Neubewertung zum beizulegenden Zeitwert zu unterscheiden (IFRS 5.33).

Merke!

Zur Veräußerung gehaltene langfristige Vermögenswerte oder Veräußerungsgruppen sind mit dem **niedrigeren** Wert aus

- Buchwert *(carrying amount)* **und**
- beizulegendem Zeitwert abzüglich Veräußerungskosten *(fair value less costs to sell)* zu bewerten (IFRS 5.1(a)).

Es bestehen folglich Gemeinsamkeiten mit den Regelungen des IAS 36 (▶ Abschn. 1.4.4.3.2). Zudem sind die zur Veräußerung gehaltenen Vermögenswerte in der Bilanz als gesonderter Posten auszuweisen. Auf diese Weise werden die Adressaten nicht nur über die Verkaufsabsicht, sondern auch über hieraus vermutlich resultierenden Cashflows informiert.

Im Gegensatz zum Anschaffungskosten- oder Neubewertungsmodell (▶ Abschn. 1.4.4.3.4) erfolgen keine planmäßigen Abschreibungen mehr. Wertminderungen werden hingegen weiterhin erfasst. Es erfolgt stets eine Abschreibung auf den niedrigeren beizulegenden Zeitwert abzüglich Veräußerungskosten. Hierbei wird analog zu IAS 36.104(a) ein evtl. vorhandener Goodwill zuerst abgeschrieben. Auch hier besteht ein Zuschreibungsverbot.

Bei der Folgebewertung ergibt sich bei Veräußerungsgruppen die Besonderheit, dass diejenigen Vermögenswerte der Gruppe, die originär nicht unter den Anwendungsbereich des IFRS 5 fallen, zunächst nach den einschlägigen IFRS (IAS 16, IAS 38, usw.) bewertet werden. Anschließend wird der beizulegende Zeitwert der gesamten Gruppe ermittelt (IFRS 5.19). Bei Zuschreibungen ist wie in ▶ Abschn. 1.4.4.3.2 zu verfahren.

3.2.3 Bewertung

3.2.3.1 Zugangsbewertung

Bei der Bewertung orientieren sich IAS 16 und IAS 40 an dem finalen Anschaffungs- bzw. Herstellungskostenbegriff.

Merke!

Sachanlagen und Investment Properties sind beim erstmaligen Ansatz mit ihren Anschaffungs- oder Herstellungskosten zu bewerten (IAS 16.15 bzw. IAS 40.20).

Es gelten die Ausführungen in ▶ Abschn. 1.4.4.2.1.

Beispiel: Anschaffungskosten

Die HS kauft eine neue Maschine zum Stanzen von Blechgehäusen. Die Maschine wird vom Hersteller aus China geliefert. Die Bestellung wurde am 20.06.t0 aufgegeben. Die Maschine soll in der Fabrikhalle aus ▶ Abschn. 3.2.1.1 aufgestellt werden. Die Arbeiten hierzu beginnen am 01.01.t1:

a. Es muss ein Fundament für die Maschine gegossen werden: 20.000 €

b. Kaufpreis der Maschine (brutto): 230.000 €

c. Die HS verfügt über eine Finanzierungsabteilung, die am Kapitalmarkt liquide Mittel für die Maschine beschafft. Es werden 550.000 € zu einem Zinssatz von 3,8 % p. a.

aufgenommen. Die Laufzeit beträgt 3 Jahre. Ohne die Beschaffung der Maschine wären 220.000 € aufgenommen worden.

d. Es wurde ein Rabatt vom Hersteller gewährt: 3.900 €

e. Transport- und Lieferkosten inkl. Kosten der Aufstellung (netto): 45.000 €

f. Nach der 10-jährigen Nutzung muss die Maschine verschrottet werden. Für Abbau, Wiederherstellung des Stellplatzes und Verschrottung fallen an: 30.000 €

g. Durch die Maschine kann eine neue Produktgruppe hergestellt werden. Hierfür wird Werbung geschaltet und die Vertriebsmitarbeiter werden geschult: 30.000 €

h. Nach dem Aufbau der Maschine wird diese getestet. Hierfür wird ein unabhängiger Ingenieur beauftragt: 18.000 €. Während der Testphase entstehen Materialkosten: 10.000 €. Es werden 750 Gehäuse mit einem Stückpreis von 5 € produziert, die zur späteren Verwendung geeignet sind (der Rest war Ausschussware).

i. Nach Abschluss aller Maßnahmen am 01.02.t2 wird bis zum 27.04.t2 mit nur 20 % Auslastung produziert, da der Absatz schleppend anläuft. Hierdurch entstehen Kosten i. H. v. 15.000 €

Fraglich ist, wie die Maschine beim Zugang zu bewerten ist. Lösung: Die Maschine ist mit 318.256,67 € zu bewerten. Zur Beurteilung der Positionen:

a. Fundament als Kosten der Standortvorbereitung (IAS 16.17(b)) gehören zu den Anschaffungs- und Herstellungskosten.

b. Der Kaufpreis (IAS 16.16(a)) beträgt abzüglich Rabatt (d.) 226.100 € brutto. Da die zu zahlende Umsatzsteuer i. H. v. 226.100 € / 1,19 × 0,19 = 36.100 € als Vorsteuer erstattet wird, gehört diese nicht zu den Anschaffungskosten. AK: 190.000 €.

c. 330.000 € wurden im Zeitraum der Herstellung des betriebsbereiten Zustands (01.01.t1 – 01.02.t2 = 13 Monate) zu 3,8 % p. a. = 9.056,67 € aktivierungspflichtige Fremdkapitalkosten.

d. Siehe (b.)

e. Kosten der erstmaligen Lieferung und Verbringung (IAS 16.17(c)) sind zu aktivieren.

f. Kosten für Abbruch und Beseitigung (IAS 16.16(c)) gehören zu den Anschaffungs- und Herstellungskosten. Dadurch sind die jährlichen Abschreibungen höher, was zum Finanzierungseffekt der Verschrottungskosten führt.

g. Kosten für die Einführung neuer Produkte stehen nicht in unmittelbarem Zusammenhang mit der Sachanlage und werden daher nicht aktiviert, sondern als Aufwand erfasst (IAS 16.19(b)).

h. Kosten für Testläufe gehören zu den Anschaffungs- und Herstellungskosten (IAS 16.17(e)), wenn diese dazu dienen, die ordentliche Funktionsfähigkeit zu überprüfen. Die im Zuge der Testläufe produzierten Gegenstände sind abzuziehen. Es werden 18.000 € + 10.000 € − 750 × 5 € = 24.200 € angesetzt.

i. Alle Kosten, die nach dem Erreichen des betriebsbereiten Zustands anfallen, sind nicht Bestandteil der Anschaffungs- und Herstellungskosten. Vor allem zählen hierzu Anlaufverluste (IAS 16.20(b)).

Würde die Maschine selbst hergestellt, könnten wie in ▶ Abschn. 1.4.4.2 aufgelistet auch Fertigungsgemeinkosten wie der Lohn der Leitung der Fertigungsabteilung mit einbezogen werden. Bei der Anschaffung sind hingegen nur direkt zurechenbare Kosten anzusetzen (IAS 16.16(b)).

Investment Properties, die selbst hergestellt werden, sind grundsätzlich zu Anschaffungs- und Herstellungskosten anzusetzen. Eine Besonderheit ergibt sich jedoch bei der Bewertung zum beizulegenden Zeitwert. Hier hat bei Vorliegen bestimmter Voraussetzungen ein Wechsel der Bewertungsmethode zu erfolgen. Da für das Verständnis dieser Regelungen die Methodik der Folgebewertung nötig ist, wird dies in ▶ Abschn 3.2.3.2.3 an gegebener Stelle erneut aufgegriffen werden.

Als Besonderheit ist schon in der Zugangsbewertung der **Komponentenansatz** zu beachten. Nach IAS 16.43 ist für jeden wesentlichen Bestandteil eines Sachanlagevermögenswerts die Abschreibung getrennt zu bestimmen. Das Grundanliegen des Komponentenansatzes zielt darauf ab, durch eine differenzierte Betrachtungsweise komplexer Sachanlagegüter eine realitätsgerechtere Darstellung zu erreichen. Dies gilt unabhängig vom Kriterium der Einzelveräußerbarkeit. Der konventionelle Abbildungsmechanismus der gewogenen Durchschnittsrechnung bei differierenden Nutzungsdauern von wesentlichen Bestandteilen für die Sachanlagenvermögenswerte wird dieser Maßgabe nach der Überzeugung des IASB nicht gerecht (IAS 16.BC26), sodass der Komponentenansatz konsequenterweise die Identifikation der einzelnen wesentlichen Bestandteile eines Vermögenswerts sowie die Wertermittlung und Bestimmung von deren individuellen Abschreibungsparametern vorsieht.

Beispiel: Komponentenansatz I

Die in ▶ Abschn. 3.2.1.1 erworbene Fabrikhalle der HS besteht aus folgenden Komponenten:

Komponente	Herstellungskosten	Nutzungsdauer
Gebäudemantel	2.500.000 €	40 Jahre
Dach	250.000 €	30 Jahre
Heizungs- und Klimaanlage	500.000 €	20 Jahre
Krananlage	750.000 €	12 Jahre

Würde das gesamte Gebäude (4.000.000 €) linear nach der Nutzungsdauer des Baukörpers über 40 Jahre abgeschrieben, ergäbe sich eine jährliche Abschreibung i. H. v. 100.000 €. In dieser Zeit müsste die Heizungs- und Klimaanlage zwei Mal, die Krananlage fast vier Mal ersetzt werden. Zutreffender ist daher die separate Abschreibung der einzelnen Komponenten.

Die zentrale Frage ist die Grenze der Aufteilung eines Vermögenswerts in seine einzelnen Komponenten. Erstes Kriterium muss die unterschiedliche wirtschaftliche und technische Nutzungsdauer sein. Nur wenn hier Unterschiede bestehen, hat die getrennte Betrachtung Bedeutung. Ansonsten kann nur das Primat der Wirtschaftlichkeit bei der Auslegung von wesentlichem Bestandteil eine Grenze für die Zerlegung darstellen. So erscheint es wenig sinnvoll, ein Kraftfahrzeug in seine einzelnen technischen Bestandteile zerlegt zu bilanzieren. Es ist davon auszugehen, dass die Laufleistung bis zu einem erwarteten Motorschaden so hoch ist, dass auch die Karosserie und das Getriebe dann einen Motortausch wirtschaftlich kaum noch rechtfertigen würden und somit das gesamte Fahrzeug abgestoßen wird. Die Einzelteile wie Räder, Wasserpumpen und Scheibenwischermotoren rechtfertigen aufgrund der vergleichsweise geringen Beträge keine separate Bilanzierung. Denkbar ist dies hingegen bei Windkraftanlagen, wo der Generator ggf. wirtschaftlich eine kürzere Lebensdauer hat als das Gehäuse der Anlage. Der IASB führt als Beispiel die Triebwerke und die Inneneinrichtung eines Flugzeugs an, die annahmegemäß eine kürzere Nutzungsdauer haben als die (immer wieder in planmäßigen Abständen generalüberholte) Hülle und somit einen Komponentenansatz rechtfertigen. Ein weiteres Beispiel sind Gebäude, deren Innenausstattung i. d. R. aus technischen und/ oder wirtschaftlichen Gründen eine geringere Nutzungsdauer aufweist wie die Gebäudestruktur. Nach IAS 16.45 können bei der Zerlegung Erleichterungen genutzt werden. So können gleiche Komponenten (wie etwa die Summe der Triebwerke eines Flugzeugs) zusammengefasst und ein verbleibender Rest an einzeln betrachtet nicht wesentlicher Komponenten eines Vermögenswerts dürfen als Sammelposten abgeschrieben werden.

Endet die Nutzungsdauer und die Komponente muss ersetzt werden, ist eine Aktivierung zwingend. Dennoch wird die Problematik der Abgrenzung von Erhaltungs- und Herstellungsaufwand nicht komplett gelöst. Es verbleiben Ermessensspielräume. Diese sind auch bei der Frage der Berücksichtigung von Überholungen gegeben. Hier ist zu bedenken, dass über den Komponentenansatz z. B. eine kostenintensive Generalüberholung im Sachanlagevermögen zutreffend ausgewiesen und über die Geschäftsjahre periodengerecht verteilt werden kann, wenn sie auf die Komponenten verteilbar ist.

Beispiel: Komponentenansatz II

Im obigen Beispiel wurde die Krananlage in den ersten 12 Jahren vollständig abgeschrieben. Aufgrund technischer Überalterung muss tatsächlich eine neue Anlage installiert werden. Entgegen dem Buchwert ergibt sich für die alte Anlage jedoch ein Schrottwert i. H. v. 20.000 €. Die neue Anlage kostet 800.000 €.

Der Schrottwert des alten Krans ist gem. IAS 16.13 auszubuchen:

sonstiger Ertrag	20.000 €	an	Gebäude	20.000 €

Der neue Kran wird eingebucht:

Gebäude	800.000 €	an	Bank	800.000 €

Bei der Heizungs- und Klimaanlage werden nach der Nutzungsdauer der Brenner mit Kessel und die Heizkörper der Heizung sowie die Kälteanlage, die Dachmodule, der Luftbefeuchter und die Ventilatoren ausgetauscht. Die Heizungsrohre sowie die Zu- und Abluftschächte bleiben erhalten. Es wird folglich nicht die gesamte Komponente, sondern nur Unterkomponenten ausgetauscht.

Hier kommt es nach Literaturmeinung auf die wertmäßige Zusammensetzung an. Sind die belassenen Teile unwesentlich (Austausch aller Teile für 600.000 € im Gegensatz zu 550.000 € ohne die Leitungen), erfolgt eine Aktivierung wie im Kranbeispiel oben. Kostet hingegen der Austausch ohne Leitungssysteme nur 300.000 € kann auch eine Erfassung als Reparaturaufwand vertreten werden.

Ein weiterer Einsatzbereich des Komponentenansatzes kann aus deutscher Rechnungslegungspraxis bei Mietereinbauten (in fremde Gebäude), Ladeneinrichtungen und Betriebsvorrichtungen gesehen werden. Diese können über IAS 16.43 als Komponenten analog zu steuerlichen Regelungen getrennt abgeschrieben werden.

Zu beachten ist, dass es sich beim Komponentenansatz um eine pflichtmäßig anzuwendende Methode handelt, mit welcher der Wertverzehr über die Zeit sachgerecht dargestellt werden soll. Dies betrifft nicht den Ausweis der Vermögenswerte in der Bilanz. Entsprechend gehen die oben genannten Fabrikhallen in ihrer Gesamtheit mit allen Komponenten als Gebäude in der Bilanz auf. Dies erklärt, warum der Komponentenansatz nicht als Ansatzmethode im ▶ Abschn. 3.2.2 behandelt wurde. Beim Komponentenansatz stellt sich nicht die Frage, ob eine Komponente des Vermögenswerts (z. B. das Dach) angesetzt werden soll, sondern ob eine Differenzierung in der Abschreibung zu einem sachgerechteren Ergebnis führen wird.

3.2.3.2 Folgebewertung
3.2.3.2.1 Methodenwahlrechte

Bei der Folgebewertung von Sachanlagen und Investment Properties bestehen Methodenwahlrechte bezüglich der anzuwendenden Bewertungsmodelle. Es muss ein Bewertungsmodell einheitlich für alle Gruppen von Sachanlagen und eines für alle Investment Properties gewählt werden. Diese Wahl ist für alle zukünftigen Perioden beizubehalten. Ein Wechsel ist nur unter den Voraussetzungen des IAS 8.14 möglich. Bei Investment Properties werden die Voraussetzungen eines derartigen Wechsels, vom Standardsetter als höchst unwahrscheinlich angesehen, wenn zum Anschaffungs- oder Herstellungskostenmodell gewechselt werden soll (IAS 40.31).

Das Methodenwahlrecht bei der Folgebewertung von Sachanlagen ist vergleichbar mit dem für immaterielle Vermögenswerte (▶ Abschn. 3.1.3.2). Investment Properties können entweder ebenfalls zu Anschaffungs- oder Herstellungskosten oder zum beizulegenden Zeitwert angesetzt werden. Während vom Standardsetter keine Bevorzugung zugunsten der Neubewertungsmethode formuliert wird, wird in IAS 40.32 eine eindeutige Präferenz des Zeitwertmodells deutlich. So muss der beizulegende Zeitwert auch ermittelt werden, wenn zum Anschaffungs- oder Herstellungskostenmodell optiert wird. Dieser ist im Anhang anzugeben.

3.2.3.2.2 Modell der fortgeführten Anschaffungs- oder Herstellungskosten

Bei der Fortführung der Anschaffungs- oder Herstellungskosten gelten bei Investment Properties die Regelungen wie bei Sachanlagen (IAS 40.56).

Die abnutzbaren Vermögenswerte des Sachanlagevermögens sind planmäßig abzuschreiben. Zudem sind Wertminderungstests nach IAS 36 vorzunehmen. Beide Aspekte wurden ausführlich im ▶ Abschn. 1.4.4.3 dargestellt.

Bei Vermögenswerten, die über keine bestimmbare Nutzungsdauer verfügen, was regelmäßig Grund und Boden betrifft, ist im Gegensatz zur in ▶ Abschn. 3.1.3.2.1 beispielhaft genannten Taxikonzession die Nutzungsdauer nicht unbestimmt, sondern tatsächlich unbegrenzt.[5] Beim Grundbesitz werden die Anschaffungs- oder Herstellungskosten dann planmäßig beibehalten. Es erfolgt keine planmäßige Abschreibung. Sollte eine Wertminderung eintreten, ist eine außerplanmäßige Abschreibung nach IAS 36 zu erfassen. Nur in diesem Fall kann es dann später zu einer Zuschreibung auf die ehemaligen Anschaffungs- oder Herstellungskosten kommen, die als Wertobergrenze anzusehen sind (▶ Abschn. 1.4.4.3.3).

Im Falle von Investment Properties ergibt sich beim Wertminderungstest inhaltlich folgende Ergänzung: Bei dem nach IAS 40.32 im Anhang anzugebenden Wert handelt es sich hingegen um den beizulegenden Zeitwerts *(fair value)*, nach dem alternativ auch bewertet werden könnte (▶ Abschn. 3.2.3.2.3). Entsprechend ist es möglich, dass dieser in jeder Periode zu bestimmende beizulegende Zeitwert den Buchwert nach Anschaffungs- oder Herstellungskostenmodell unterschreitet, jedoch dennoch kein Wertminderungsbedarf vorliegt, da der Nutzungswert und der Nettoveräußerungswert noch überschritten werden. Dies hängt beim Nutzungswert mit der unternehmensinternen Perspektive zusammen, die bei der Bewertung eingenommen wird. Der Nettoveräußerungswert *(fair value less costs to sell)* aus IAS 36 entspricht dem beizulegenden Zeitwert aus IAS 40 nur, wenn keine Veräußerungskosten *(costs to sell)* gegeben sind.

Wird ein Gebäude saniert, kann dies zunächst zu Kosten durch die Sanierungsmaßnahmen und eventuelle Mietausfälle kommen. Im Anschluss liegt jedoch im Idealfall ein gesteigerter Immobilienwert vor, sodass höhere Mieteinnahmen erzielbar

---

5   So zumindest in Deutschland. In einigen Jurisdiktionen kann kein Eigentum an Grund und Boden erworben werden. Stattdessen werden Landnutzungsrechte erworben. Ob diese ebenfalls wie Sachanlagen oder als immaterielle Vermögenswerte zu behandeln sind oder ein Leasing vorliegt, ist umstritten.

sind. In einem solchen Fall liegen nachträgliche Anschaffungs- oder Herstellungskosten vor, wenn die in ► Abschn. 3.2.2 aufgeführten Bedingungen erfüllt sind. Die Steigerung der Anschaffungs- oder Herstellungskosten führt entsprechend zu einer erhöhten Abschreibungsbasis.

3.2.3.2.3 Neubewertungsmodell bei Sachanlagen bzw. Zeitwertbewertung von Investment Properties

Da das Neubewertungsmodell für das Anlagevermögen weitestgehend in IAS 16 geregelt ist, sind bezüglich der Sachanlagen keine Ergänzungen zu ► Abschn. 1.4.4.3.4 notwendig.

Bei der Folgebewertung von Investment Properties ist neben dem Anschaffungs- oder Herstellungskostenmodell auch die Bewertung zum beizulegenden Zeitwert möglich. Diese Bewertung ist klar vom Neubewertungsmodell zu unterscheiden.

Gemeinsam ist beiden Modellen das Abstellen auf die Bewertung zum Fair Value nach IFRS 13 (► Abschn. 1.4.4.3.4). Die Definition des Fair Value, die Hierarchiestufen bei dessen Ermittlung und sonstigen Anforderungen an Markt, Transaktion und Marktteilnehmer sind identisch.

⌐ Merke!

Der **beizulegende Zeitwert** ist der Betrag, zu dem ein Vermögenswert zwischen sachverständigen, vertragswilligen und voneinander unabhängigen Geschäftspartnern getauscht werden könnte. (IAS 40.4)

Diese Definition des Fair Value unterscheidet sich sprachlich von der in IFRS 13. Inhaltlich ergeben sich jedoch keine Unterschiede: Sachverständig ist ein Geschäftspartner nach IAS 40.40, wenn er über die Immobilie soweit informiert ist, dass er deren mögliche Nutzung und die Lage am Markt einschätzen kann. Unabhängigkeit zielt ebenfalls auf den in IFRS 13 genannten Marktteilnehmer ab, der mit dem Verkäufer nicht verbunden sein soll und somit in seinem eigenen Interesse handelt. Das Kriterium der Vertragswilligkeit ist in IFRS 13 über das Erfordernis eines geordneten Geschäftsvorfalls ebenfalls gegeben. Hierdurch sollen Preise ausgeschlossen werden, die unter Zwang zustande kommen, z. B. wenn ein Gebäude zwangsversteigert wird. Entsprechend sind Transaktionskosten kein Bestandteil des beizulegenden Zeitwerts (IAS 40.30). Da Transaktionskosten Teil der Anschaffungs- oder Herstellungskosten sind, werden diese bei erstmaliger Bewertung mit dem beizulegenden Zeitwert nicht mehr angesetzt. Dies ist z. B. direkt nach der Anschaffung relevant:

Beispiel: Folgebewertung von Investment Properties I

Es wird eine Immobilie erworben, die vermietet werden soll. Die Anschaffungskosten betragen 5 Mio. €. Da der Kauf am Markt im Zuge eines geordneten Geschäftsvorfalls vorgenommen wird, handelt es sich beim Kaufpreis um den beizulegenden Zeitwert. Beim Kauf fallen Transaktionskosten i. H. v. 500.000 € an. Diese gehören als Anschaffungsnebenkosten zu den Anschaffungskosten.

Wird die Immobilie als Investment Properties mittels Anschaffungs- oder Herstellungskostenmodell bewertet, werden die Anschaffungskosten i. H. v. 5,5 Mio. € angesetzt und fortgeführt, soweit keine Wertminderung vorliegt (d. h. der Nutzwert mind. 5,5 Mio. € beträgt). Erfolgt dagegen der Wechsel auf die Neubewertungsmethode, so sind ohne weitere Wertsteigerungen lediglich 5 Mio. € anzusetzen, wobei die 0,5 Mio. € Anschaffungsnebenkosten erfolgsneutral in die Neubewertungsrücklage gebucht werden. Eine erfolgswirksame Wertminderung kommt nicht in Betracht, da nach IAS 36 der höhere Nutzwert als Vergleichsmaßstab dient und somit keine Wertminderung vorliegt.

Bevor der beizulegende Zeitwert ermittelt werden kann, ist zunächst das Bewertungsobjekt klar zu bestimmen. Bei gemischter Nutzung ist eine Aufteilung vorzunehmen, wie dies bereits im ▶ Abschn. 3.2.1.1 beschrieben wurde. Eine Anwendung des Komponentenansatzes ist hingegen ausgeschlossen. Die Zeitwertdefinition stellt auf die Veräußerbarkeit des Vermögenswerts ab. Da z. B. ein Dach nicht ohne das zugehörige Gebäude veräußert werden kann, ist es nicht sinnvoll, für einzelne Komponenten den Zeitwert zu bestimmen. Ebenso sind z. B. steuerliche Gestaltungen wie Real Estate Transfer Tax (RETT)-Blocker-Strukturen zu berücksichtigen.

Da die Anwendung der Zeitwertbewertung von Investment Properties für alle als Finanzanlage gehaltene Immobilien einheitlich durchgeführt werden muss, ist es problematisch, wenn dieser auf keiner der drei Hierarchiestufen bestimmt werden kann. Im Standard wird ausdrücklich angenommen, dass dies gewöhnlich nicht eintreten wird (IAS 40.57). Bei sich noch im Bau befindlichen Immobilien kann dies jedoch tatsächlich eintreten. Die Herstellungskosten einer solchen Immobilie (▶ Abschn. 3.3.3.1) lassen sich nach den allgemeinen Regelungen für Sachanlagen (in Anlehnung an die Bewertung von Vorräten) in jedem Fall bestimmen. Ob ein aktiver Markt vorliegt, an welchem ein Preis für eine erst teilweise fertiggestellte Immobilie erzielt werden kann, welcher die an den beizulegenden Zeitwert gestellten Anforderungen erfüllt, ist hingegen fraglich. Auch die Bewertung anhand von Modellen kann zu unsachgemäßen Ergebnissen führen, wenn der künftige Nutzen der Immobilie noch nicht bestimmbar ist.

> **Merke!**
>
> **Neue Immobilien** (selbst erstellt oder erworben), die noch nie zum beizulegenden Zeitwert bewertet wurden, werden solange nach dem Anschaffungs- oder Herstellungskostenmodell bewertet, bis der beizulegende Zeitwert erstmals bestimmbar ist.

Da der erste Ansatz stets zu Anschaffungs- oder Herstellungskosten zu erfolgen hat und diese auch immer bestimmbar sein dürften, ist diese Regelung einfach und praktisch.

> **Merke!**
>
> Der **Altbestand** an Immobilien, die bereits zum beizulegenden Zeitwert angesetzt wurden, wird weiterhin zu diesem Wert bewertet, bis dieser wieder bestimmbar ist.

Durch diese Regelung wird verhindert, dass aufgrund einer schlechten Bestimmbarkeit des Fair Value zum Anschaffungs- oder Herstellungskostenmodell gewechselt werden kann. Ein implizites Wahlrecht ist damit ausgeschlossen. Gleichzeitig wird jedoch bewirkt, dass beim Fehlen eines beizulegenden Zeitwerts durch die Bewertung zum letzten verfügbaren Wert, die *fair presentation* deutlich eingeschränkt ist. In Abhängigkeit der Zeitspanne, in der die Ermittlung des beizulegenden Zeitwerts nicht möglich ist, muss eine Fortführung der Anschaffungs- oder Herstellungskosten jedoch auch nicht unbedingt zutreffender sein.

Für die Ermittlung des beizubehalten Zeitwerts empfiehlt IAS 40.32 dem Anwender, auf Wertgutachten von unabhängigen Gutachtern zurückzugreifen. Diese sollten Erfahrungen mit vergleichbaren Immobilien haben. Hierbei handelt es sich um ein explizites Wahlrecht, dessen Unterlassen keine weiteren Konsequenzen mit sich bringt.

> **Merke!**
>
> Die **Ermittlung des beizulegenden Zeitwerts** hat jährlich zu erfolgen.

Hier unterscheidet sich das Neubewertungsmodell von der Zeitwertbewertung. Die jährliche Wertermittlung führt dazu, dass die Investment Properties stets zu den am Abschlussstichtag verfügbaren Marktpreisen bewertet werden. Hierdurch sind planmäßige Abschreibungen oder Wertminderungen nicht notwendig. Entsprechend ist die Anwendung von IAS 36 bei der Bewertung zum beizulegenden Zeitwert ausgeschlossen.

Merke!

Ein möglicher Gewinn oder Verlust aus der **Änderung des beizulegenden Zeitwerts** ist erfolgswirksam in der GuV zu erfassen (IAS 40.35).

Die erfolgswirksame Behandlung von Wertänderungen der nach dem beizulegenden Zeitwert bewerteten Investment Properties zeigt, dass Investment Properties wie Finanzinstrumente (▶ Abschn. 3.3) behandelt werden. Neben der jährlich durchzuführenden Bewertung stellt die erfolgswirksame Erfassung auch im Falle eines Gewinnes und auch über die fortgeführten Anschaffungs- oder Herstellungskosten hinaus den zentralen Unterschied zum Neubewertungsmodell dar. Da die IFRS nicht für die Steuerbemessung maßgeblich sind, entstehen bei einer Wertänderung immer Steuerlatenzen. Gleichwohl werden nicht realisierte Gewinne erfasst, was zu einer Durchbrechung des in ▶ Abschn. 1.4.4.3.4 erläuterten Imparitätsprinzips führt.

Im Falle einer Sanierung von Investment Properties, die zum beizulegenden Zeitwert bewertet werden, entstehen Kosten für die Sanierung und für die Mietausfälle während der Sanierung. Diese sind als Aufwendungen in der GuV zu erfassen. Wird bei der Bestimmung des beizulegenden Zeitwerts in der Sanierungsphase berücksichtigt, dass die Immobilie nicht genutzt werden kann und daher keine Erträge bringt, erfolgt eine doppelte Erfassung der Sanierungskosten. Der gesteigerte Wert der Immobilie nach Abschluss der Sanierung kann jedoch nicht im Vorfeld berücksichtigt werden. Daher unterscheidet die Literatur drei Fälle:

1. Wird die Sanierung durchgeführt, um zu verhindern, dass der beizulegende Zeitwert weiter absinkt, steigt der beizulegende Zeitwert der Immobilie nach Abschluss der Arbeiten nicht. Im Idealfall werden die höheren Einnahmen aus der Immobilie nach der Sanierung die Aufwendungen für Sanierung und Mietausfall ausgleichen. Daher ist während der Sanierung keine Abwertung vorzunehmen.

Beispiel: Folgebewertung von Investment Properties II

Die HS hält eine Immobilie, in der sich früher die Verwaltung und Geschäftsführung des Unternehmens befand. Momentan wird die Immobilie vollständig fremdvermietet. Der beizulegende Zeitwert der Immobilie wurde mittels DCF-Methode ermittelt (Abzinsung der zukünftigen Mieteinnahmen) und beträgt 7 Mio. €. Da das Gebäude in die Jahre gekommen ist, wird mit einem Absinken der Mieteinnahmen und damit des beizubehalten Zeitwerts der Immobilie auf 5 Mio. € gerechnet. Daher soll eine Sanierung durchgeführt werden, die drei Jahre andauern wird. Die Mietverhältnisse wurden zum Sanierungsbeginn gekündigt. Danach soll neu vermietet werden.

Der Wert der Immobilie soll mit einer Sanierung mit dem Volumen von 2 Mio. € stabilisiert werden.

Die 2 Mio. € sind nach ihrem Anfall während der Sanierung als Aufwand in der GuV zu erfassen. Eine Abwertung der Immobilie während der dreijährigen Sanierung unterbleibt. Nach der Sanierung können die Räume wieder vermietet werden und der Wert der Immobilie sinkt nicht ab, sondern stabilisiert sich bei 7 Mio. €.

2. Soll durch die Sanierung eine Erhöhung des bisherigen Immobilienwerts herbeigeführt werden, gilt für den Teil der Wertstabilisierung das unter 1. beschriebene. Die darüber hinaus erzielte Erhöhung des beizulegenden Zeitwerts ist bei der Bewertung der Immobilie nach Sanierung zu erfassen, soweit diese am Markt tatsächlich erzielt werden kann.

Beispiel: Folgebewertung von Investment Properties III

Das obige Verwaltungsgebäude wird stattdessen mit 4 Mio. € saniert. Es wird eine Wertsteigerung auf 9 Mio. € erwartet.

Nach der Sanierung kann ein Marktpreis für die Immobilie i. H. v. 8,5 Mio. € erreicht werden. Dieser ist als beizulegender Zeitwert anzusetzen.

3. Im Falle einer Kernsanierung entsteht eine neue Immobilie. Entsprechend erfolgt zum Sanierungsbeginn eine Umbuchung zu Anlagen im Bau. Nach Abschluss der Maßnahmen liegen neue Herstellungskosten der Immobilie vor, die sich aus deren Restwert und den Sanierungsausgaben zusammensetzen. Je nach Ausübung des Wahlrechts ist das Investment Property zu diesen anzusetzen oder eine Bewertung des beizulegenden Zeitwerts durchzuführen.

3.3 Vorräte

3.3.1 Identifikation von Vorräten und Fertigungsaufträgen

3.3.1.1 Abgrenzung

Merke!

Zu den **Vorräten** gehören nach IAS 2.6 Vermögenswerte, die

- im normalen Geschäftsgang verkauft werden sollen,
- die sich hierzu in der Herstellung befinden **oder**
- die als Roh-, Hilfs- und Betriebsstoffe in die Herstellung oder in Dienstleistungen eingehen sollen.

In der deutschen Rechnungslegungspraxis wird diese Definition gerne in den Worten des § 266 HGB ausgedrückt:

Hintergrund: Vorräte nach HGB

II. **Vorräte:**
   1. Roh-, Hilfs- und Betriebsstoffe;
   2. unfertige Erzeugnisse, unfertige Leistungen;
   3. fertige Erzeugnisse und Waren;
   4. geleistete Anzahlungen

Inhaltlich stellen fertige Erzeugnisse und Waren Vermögenswerte dar, die im normalen Geschäftsgang verkauft werden sollen und unfertige Erzeugnisse und Leistungen Vermögenswerte, die sich in der Herstellung befinden und im normalen Geschäftsgang verkauft werden sollen. Die Verwendung der Begriffe aus dem HGB ist daher möglich und in der Praxis fast ausschließlich anzutreffen.

Der einzige Unterschied der beiden Definitionen und eine Besonderheit in der deutschen IFRS-Praxis, die für Verwirrungen sorgen kann, betrifft die geleisteten Anzahlungen. Hat ein Unternehmen bestellte Vorräte noch nicht erhalten, aber bereits eine Anzahlung dafür geleistet, sind diese nach dem HGB als Vorräte zu aktivieren. Nach den IFRS stellen geleistete Anzahlungen jedoch Forderungen und nicht Vorräte dar. Praktisch wird hier zwischen dem Ansatz und dem Ausweis unterschieden: Ein Ansatz von geleisteten Anzahlungen als Vorräte ist aus genanntem Grund untersagt. In IAS 1.54(g) ist geregelt, dass die Bilanz regelmäßig einen Posten „Vorräte" enthalten muss (▶ Abschn. 2.2). Die Auflistung des Vorratsvermögens nach der Definition des IAS 2 (also ohne geleistete Anzahlungen) in IAS 1.78(c) ist jedoch ausdrücklich nur ein Vorschlag. Daher ist es möglich und in der Praxis anzutreffen, dass die geleisteten Anzahlungen als Forderungen angesetzt, jedoch unter der Bilanzüberschrift der Vorräte in der Bilanz summiert werden. Dies erfordert eine Differenzierung zwischen den Vorräten nach IAS 2 und den geleisteten Anzahlungen im Anhang.[6]

Bis zum Inkrafttreten von IFRS 15[7] stellen unfertige Erzeugnisse aus (langfristigen) kundenspezifischen Fertigungsaufträgen keine Vorräte dar (IAS 2.2(a)). Diese werden nach IAS 11 als Fertigungsaufträge separat behandelt.

---

6   Vgl. z. B. Geschäftsbericht Deutsche Lufthansa AG, 2015, S. 146; Geschäftsbericht Bayer AG, 2015, S. 290.

7   IFRS 15 ist für Geschäftsjahre, die am oder nach dem 01.01.2018 beginnen, anzuwenden. Der Standard wird IAS 11 („Fertigungsaufträge"), IAS 18 („Erlöse"), IFRIC 13, IFRIC 15, IFRIC 18 und SIC-31 ersetzen. In diesem Buch wird der verpflichtend anzuwendende Rechtstand mit IAS 11 behandelt, wenngleich die vorzeitige Anwendung von IFRS 15 schon möglich ist.

> **Merke!**
>
> Ein **Fertigungsauftrag** ist nach IAS 11.3 ein Vertrag über die
> - kundenspezifische
> - Fertigung
> - einzelner oder mehrerer Gegenstände, deren Design, Technologie Funktion oder Verwendung abgestimmt oder voneinander abhängig ist.

Die Abgrenzung der langfristigen Fertigungsaufträge von den Vorräten ist durch die unterschiedliche Gewinnrealisierung begründet. Bei Fertigungsaufträgen werden Umsätze und Gewinne nach dem Auftragsfortschritt *(percentage or stage of completion – POC)* realisiert.

Der Fertigungstyp des Ergebnisses eines Fertigungsauftrags ist eine Einzelfertigung. Typischerweise treten Fertigungsaufträge im Baugewerbe, beim Schiffs-, Flugzeug- und Anlagenbau sowie bei Softwareentwicklungen auf.

Beispiel: *Percentage of Contract*-Methode
Die ES Hoch-und Tiefbau SE ist mit dem Bau eines Autobahnabschnitts betraut. Es sollen 30 km Straße um jeweils zwei Spuren verbreitert werden. Dazu ist der Neubau einer Brücke nötig. Die Vorbereitung der Arbeiten (Planieren der Flächen, Abholzung sowie Aufschütten und Bepflanzen von Lärmschutzwällen) sowie der Bau der Brücke dauern ein Jahr. Danach sollen pro Jahr 15 km der Straße gebaut werden.
Der Fertigungsauftrag wird nicht erst nach Abschluss aller Maßnahmen und Übergabe an den Auftraggeber realisiert, sondern nach dem Baufortschritt. So werden die Umsätze und damit auch Gewinne des Projekts auf die drei Perioden der Bauzeit verteilt. Es erfolgt eine Umsatz- und Ergebnisglättung.

Wie ▶ Abschn. 3.3.3 zeigen wird, lässt sich die POC-Methode nicht mit der Bewertung von unfertigen Erzeugnissen, die Vorräte darstellen, vereinbaren. Das Beispiel zeigt, warum in Literatur und Praxis stets von langfristigen Fertigungsaufträgen gesprochen wird, obwohl die Dauer des Auftrags in der Definition nach IAS 11.3 keine Rolle spielt. Wird ein Fertigungsauftrag innerhalb einer Periode – also zwischen zwei Abschlussstichtagen abgewickelt, ist keine Ergebnisglättung notwendig. Obwohl ein Fertigungsauftrag nach IAS 11.3 vorliegt, bringt die Anwendung der POC-Methode keine Darstellung, die den tatsächlichen Verhältnissen besser entspricht. Wird ein kurzfristiger Fertigungsauftrag jedoch in einer Periode begonnen und erst in der nächsten abgeschlossen, ist trotz der fehlenden langen Dauer die POC-Methode und IAS 11 anzuwenden.

Neben Fertigungsaufträgen als Sonderform unfertiger Erzeugnisse, sind Vorräte in der Hauptsache vom übrigen Anlagevermögen (insbesondere von Sachanlagevermögen) abzugrenzen. Abgrenzungskriterien bieten

- der normale Geschäftsgang, in dem Vorräte verkauft werden sollen,
- die Dauer der Eigennutzung vor Verkauf **und**
- der Zweck der Beschaffung.

Die Abgrenzungen sind nicht nur für die Zuordnung zur richtigen Position in der Bilanz und wegen der Anwendung des richtigen Standards relevant. So führt der Verkauf von Sachanlagen in der Regel zu sonstigen Erträgen (IAS 16.68), während ein Verkauf von Vorräten Umsatzerlöse auslöst.

Beispiel: Vorräte I

Die ES kauft sich im Rahmen des Autobahnausbaus für das Aufstellen der Brückenpfeiler einen Spezialbohrer, der in der Lage ist, besonders hartes Gestein zu durchdringen. Dieser soll nach dem Abschluss des Bauprojekts, also nach drei Jahren, wieder veräußert werden. Trotz der schon bestehenden Veräußerungsabsicht liegen während der Eigennutzung keine Vorräte, sondern Sachanlagen vor, da die Definition in IAS 16.6 insbesondere bezüglich der Dauer der Nutzung erfüllt ist (▶ Abschn. 3.2.2). Zur Veräußerung bestimmte Vermögenswerte sind während der Eigennutzung zu verneinen (▶ Abschn. 3.2.2.3).

Nach Abschluss des Bauprojekts erfolgt auch keine Qualifikation als Vorratsvermögen, da es am Verkauf im üblichen Geschäftsverlauf fehlt. Stattdessen erfolgt eine Umwidmung in zur Veräußerung bestimmte Vermögenswerte nach IFRS 5.

Es ist also nicht die Verkaufsabsicht allein, sondern der aus Unternehmenssicht als gewöhnlich anzusehende Geschäftsgang ausschlaggebend. Eine Ausnahme bilden im gewöhnlichen Geschäftsgang vermietete Sachanlagen, die danach verkauft werden. Hier ist die Dauer der Eigennutzung ausschlaggebend, wobei die Literatur eine formale Auslegung der Definition von Sachanlagen ablehnt. Dies betrifft die erwartete Nutzung, die nach IAS 16.6 länger als eine Periode sein soll. ▶ Abschn. 3.2.1.1 behandelt diesen Abgrenzungsfall zwischen Vorräten und Sachanlagen bereits.

Ebenfalls in ▶ Abschn. 3.2.1.1 bereits genannt sind Ersatzteile, die wie auch Warenumschließungen, Warenmuster und Testgeräte je nach Nutzung Vorräte oder Sachanlagen darstellen können.

Beispiel: Vorräte II

a. Der Hersteller des Bohrers, welches sich die ES gekauft hat, lagert Ersatzbohrköpfe, die an Kunden verkauft werden sollen. Normalerweise hält ein Bohrkopf drei Jahre.
b. Die ES hat sich einen Ersatzbohrkopf bestellt.
c. Der Ersatzbohrkopf wird in einer Spezialverpackung geliefert, deren Wert nicht unerheblich ist. Hierfür muss die ES ein Pfand leisten.

d. Der Baumaschinenhersteller stellt der ES zu Testzwecken einen Hochdruckreiniger zur Verfügung. Die ES entscheidet sich nach der sechsmonatigen Testphase für den Kauf des Geräts.

e. Wie (d) mit dem Unterschied, dass die ES im Falle des Kaufs einen baugleichen, aber neuen Hochdruckreiniger bekommt.

Lösung:

a. Es handelt sich um Vorratsvermögen (Herstellersicht).

b. Da Eigennutzung beabsichtigt ist und die Definitionsmerkmale von Sachanlagevermögen erfüllt sind (► Abschn. 3.2.1.1), handelt es sich um eine Sachanlage.

c. Bei der Warenumschließung handelt es sich um Sachanlagevermögen des Herstellers.

d. Bis zum Kauf handelt es sich um Vorratsvermögen des Herstellers, da es dem Verkauf im normalen Geschäftsgang unterliegt.

e. Das Leihgerät ist Sachanlagevermögen des Herstellers.

Der Nutzungsargumentation folgend, könnte der Eindruck entstehen, dass „eiserne Bestände", ohne die der Geschäftsbetrieb nicht möglich wäre oder strategische Vorräte, die aufgrund von günstigen Preisen oder erwarteten Engpässen beschafft werden, ebenfalls Sachanlagevermögen darstellen. Dies wäre jedoch zu sehr gestaltbar und in der Praxis kaum abzugrenzen.

Beispiel: Vorräte III

Die ES rechnet aufgrund der Entwicklungen in den USA mit einer Verknappung und damit verbundenen Preissteigerungen am Zementpulvermarkt. Daher wird ein Vorrat für die kommenden drei Jahre gekauft.

Trotz der langen Dauer bis der Vorrat aufgebraucht ist, handelt es sich um kurzfristige Vermögenswerte des Vorratsvermögens. Das Zementpulver wird nicht im Unternehmen genutzt wie etwa die Baumaschine, sondern nach wie vor verbraucht.

Anders verhält es sich, wenn ein Verbrauch von Rohstoffen zur Herstellung der Betriebsbereitschaft von Sachanlagevermögen dient.

Beispiel: Vorräte IV

Die ES bekommt einen Auftrag zur Verlegung eines Pipelineabschnitts. Auftraggeber ist die MH Energie AG, die eine 2.500 km lange Ölpipeline vom Schwarzen Meer bis zur Nordsee baut. Die Pipeline hat einen Innendurchmesser von einem Meter. Die Pipeline wird nach Fertigstellung komplett mit Öl befüllt. Hierfür werden 12,25 Mio. Barrel Rohöl benötigt. Aus Sicht der MH gehören diese zu den Herstellungskosten der Pipeline, da sie anfallen, um den Vermögenswert in den betriebsbereiten Zustand zu versetzen (IAS 16.16(b)). Die Vorräte werden dabei in Sachanlagen umgebucht. Eine Aufwandserfassung erfolgt mit der Abschreibung der Pipeline (IAS 2.35).

3.3.1.2 Regelungsbereiche

Der für die Vorräte relevante Standard ist IAS 2. Ausgenommen vom Anwendungsbereich des Standards sind nach IAS 2.2

▬ Finanzinstrumente, die nach IAS 32 und IAS 39 behandelt werden (▶ Abschn. 3.4) und

▬ biologische Vermögenswerte, die aus landwirtschaftlichen Tätigkeiten entstehen und daher unter IAS 41 fallen (nicht Inhalt dieses Buchs).

Wie in ▶ Abschn. 3.3.1.1 dargestellt, gehören kundenspezifische Fertigungsaufträge ebenfalls nicht zu den Vorräten und werden in IAS 11 behandelt. Die Erfassung nach der POC-Methode erfolgt im Zusammenspiel mit IAS 18 („Umsatzerlöse").

3.3.2 Ansatz

In IAS 2 finden sich keine besonderen Ansatzvorschriften. Es gelten die allgemeinen Regelungen des *framework* (▶ Abschn. 1.4.4.1). Im Zusammenhang mit Vorräten ist das Kriterium der Verfügungsmacht, welches an das wirtschaftliche Eigentum angrenzt, von besonderer Bedeutung.

Beispiel: Vorräte Ansatzbewertung

Die Zement GmbH betreibt für die ES ein Konsignationslager. Hierbei handelt es sich um ein Lager des Lieferanten beim Kunden, aus dem der Kunde selbstständig Waren entnehmen kann. Die entnommene Menge wird erfasst. Die Abrechnung (Preis, Abrechnungsperiode, Fälligkeit, usw.) wird im Vorfeld vereinbart. Das rechtliche Eigentum geht erst bei Warenentnahme auf den Kunden über.

Die ES holt sich je nach Bedarf Zement aus dem Lagertank. Es gibt keine vereinbarte Mindestabsatzmenge und keinen exklusiven Liefervertrag. D. h., die ES kann jederzeit bei einem anderen Lieferanten beziehen. Das Risiko liegt also bis zur Entnahme bei der Zement GmbH, weshalb das wirtschaftliche Eigentum bis zu diesem Zeitpunkt auch bei der Zement GmbH bleibt, obwohl sich das Lager auf dem Firmengelände der ES befindet.

Bei Fertigungsaufträgen fehlt es ebenfalls an Regelungen bezüglich des Ansatzes als Vermögenswert. Die herrschende Meinung geht davon aus, dass eine Bilanzierung als Forderung zu erfolgen hat. Fertigungsaufträge können jedoch nur dann nach der POC-Methode erfasst werden, wenn deren Ergebnis (Auftragserlöse abzüglich Auftragskosten) verlässlich bestimmt werden kann (IAS 11.22). Das Ergebnis eines Fertigungsauftrags mit fest vereinbartem Preis bzw. festem Preis pro Outputeinheit (Festpreisvertrag) ist verlässlich bestimmbar, wenn

▬ die gesamten Auftragserlöse verlässlich ermittelt werden können,

▬ der Nutzenzufluss aus dem Vertrag wahrscheinlich ist,

■ die bis zur Fertigstellung anfallenden Kosten und der momentane Grad der Fertigstellung verlässlich ermittelt werden kann **und**

■ die Auftragskosten bestimmbar und verlässlich zu ermitteln sind, sodass ein Soll-Ist-Vergleich durchgeführt werden kann.

Werden dem Auftragnehmer die Auftragskosten zuzüglich eines festen Entgelts vergütet (Kostenzuschlagsvertrag), ist das Ergebnis des Fertigungsauftrags bestimmbar, wenn

■ der Nutzenzufluss aus dem Vertrag wahrscheinlich ist **und**

■ die Auftragskosten bestimmbar und verlässlich zu ermitteln sind.

Kann die POC-Methode mangels Bestimmbarkeit des Ergebnisses nicht angewandt werden, ist auf die *Completed-Contract*-Methode (CC-Methode) zurückzugreifen (IAS 11.32). Bis zur Umsatzrealisation bei Fertigstellung erfolgt ein Ansatz des gesamten Auftrags.

3.3.3 Bewertung

3.3.3.1 Zugangsbewertung

┌─ **Merke!** ───
│ **Vorräte** werden bei Zugang mit ihren Anschaffungs- und Herstellungskosten
│ **bewertet** (IAS 2.9).
└──

Bei den Anschaffungskosten gelten die Ausführungen in ▶ Abschn. 1.4.4.2. Entsprechend umfassen die Anschaffungskosten nach IAS 2.11

■ Erwerbspreise,

■ nicht erstattungsfähige Einfuhrzölle und Abgaben,

■ Abwicklungs- und Transportkosten,

■ sonstige, dem Erwerb unmittelbar zuzurechnende Kosten,

■ Anschaffungspreisminderungen wie Skonti, Rabatte o. Ä.

Im Falle ungewöhnlich langer oder kurzer Zahlungsziele und der damit einhergehenden verdeckten Finanzierungsfunktion gelten die Ausführungen des ▶ Abschn. 1.4.4.2.1. Entsprechendes gilt für Tauschgeschäfte, die in IAS 2 nicht explizit geregelt und daher anhand von Systemanalogien auszulegen sind.

Wie auch in anderen IFRS sind Gemeinkosten nicht den Anschaffungskosten (speziell den Anschaffungsnebenkosten) zuzuordnen, während dies bei einer Herstellung möglich ist. Zu differenzieren ist zwischen echten und unechten Gemeinkosten:

Beispiel: Echte und unechte Gemeinkosten

Der Arbeitslohn für die Tätigkeit von Frau S., die in der Einkaufsabteilung der ES beschäftigt ist und neben Baumaschinen auch Rohstoffe und sonstige Materialien einkauft, stellt Gemeinkosten dar.

▬ Der Lohn, der auf den Einkauf einer Maschine entfällt, ist den unechten Gemeinkosten zuzurechnen. Würde die Arbeitszeit für die Beschaffung gemessen, könnte der Lohn den Anschaffungskosten der Maschine zugerechnet werden.

▬ Die Arbeitszeit, die auf das Koordinieren des Transports verschiedener Baustoffe vom Großhändler in das Lager der ES anfällt, kann nicht auf die verschiedenen Waren umgelegt werden, die auf einmal transportiert werden. Es liegen echte Gemeinkosten vor.

In der Praxis werden Vorräte oft in großen Mengen gekauft. Eine einzelne Bewertung ist teilweise nicht wirtschaftlich sinnvoll oder überhaupt nicht möglich.

Beispiel: Bewertungsvereinfachungsverfahren

Die ES verbaut bei Straßenbauprojekten Leitplanken. Diese werden mit M16x27 Schrauben befestigt. Im vergangenen Jahr wurden vier Mal Schrauben dieses Typs zu verschiedenen Preisen gekauft. Zum Beginn des Jahres war ein Anfangsbestand vorhanden. Für zwei Bauprojekte wurden Schrauben entnommen. Bei einzelner Bewertung müssen die Schrauben gezählt werden. Es müsste jede Bestellung separat gelagert werden, um festzustellen, von welcher Bestellung Schrauben verbraucht wurden.

Lfd-Nr.	Vorgang	Stück	Stückpreis	Gesamtwert
1	Anfangsbestand	50.000	0,60 €	30.000,00 €
2	Zugang	30.000	0,90 €	27.000,00 €
3	Zugang	50.000	0,70 €	35.000,00 €
4	Zugang	45.000	0,80 €	36.000,00 €
5	Abgang	-125.000		
6	Endbestand	50.000		

Sofern es sich hierbei um Standardprodukte handelt, sind bestimmte Bewertungsvereinfachungsverfahren zulässig. Voraussetzung ist, dass die gewählte Methode den tatsächlichen Anschaffungs- und Herstellungskosten nahekommt. Die Anwendung eines derartigen Verfahrens unterliegt dem Stetigkeitsgebot.

Bei der **Durchschnittsmethode** (IAS 2.27) wird der Durchschnitt aus Preis und Menge zur Bewertung herangezogen. Sofern die Preise keinen größeren Schwankungen unterliegen, ist diese einfache Methode relativ genau.

Beispiel: Bewertungsvereinfachungsverfahren: Durchschnittsmethode

Wird auf das obige Beispiel die gewogene Durchschnittsmethode angewandt, sind die Stückzahlen mit den Stückpreisen zu multiplizieren. Die Summe der Gesamtwerte aller Zugänge (128.000 €) geteilt durch die Gesamtstückzahl aller Zugänge (= 175.000 €) ergibt einen gewogenen Durchschnittswert von 0,73 € je Stück. Zu diesem wird der Abgang bewertet.

Werden im Jahr mehrere Zu- und Abgänge verbucht, ergibt die Anwendung der gleitenden Durchschnittsmethode einen anderen Wert. Hierbei wird für jeden Abgang ein neuer Durchschnittspreis errechnet.

Zu ähnlichen Ergebnissen kommt das Verbrauchsfolgeverfahren nach dem System *First-in-First-out* (FiFo-Methode) nach IAS 2.25. Hierbei wird von der Lagerung in einem Silo ausgegangen. Neue Vorräte werden von oben aufgeschüttet, die Entnahme erfolgt von unten. So bleiben im Silo die zuletzt angeschafften Vorräte zurück.

Beispiel: Bewertungsvereinfachungsverfahren: FiFo- und LiFo[8]-Methode

Nach der FiFo-Methode werden beim Abgang der 125.000 St. der Anfangsbestand (1), der erste Zugang (2) und 45.000 St. des zweiten Zugangs (3) verbraucht. Es verbleiben 5000 St. zu 0,70 € (3) und 45.000 St. zu 0,80 € (4). Es ergibt sich ein Preis von 0,79 € pro St.
Im umgekehrten Fall – der LiFo Methode – würden alle Zugänge verbraucht werden. Es verbliebe der Anfangsbestand, der mit 0,60 € zu bewerten ist.

Die Bewertung zu einem **Festwert** ist in IAS 2 nicht ausdrücklich geregelt, wird von der Literatur jedoch für möglich erachtet. Hierbei wird über mehrere Jahre zu einem festen Wert bewertet, der zu Beginn definiert wurde. Das in § 240 Abs. 3 HGB definierte Verfahren setzt voraus, dass

- ein regelmäßiger Ersatz – also eine Entnahme und neue Einlage stattfindet,
- der Gesamtwert der bewerteten Vermögenswerte unwesentlich ist **und**
- nur geringe Bestandsänderungen hinsichtlich Größe, Menge und Zusammensetzung stattfinden.

Das HGB sieht bei der Festwert-Bewertung alle drei Jahre eine Inventur vor.

Beispiel: Bewertungsvereinfachungsverfahren: Festwerte

Nach der Festwertmethode würde der Gesamtbestand zum definierten Festwert von 0,60 € je St. bewertet werden.

---

8   Die im HGB zulässige LiFo-Methode *(Last-in-First-out)*, die der Lagerung in einem Fass entspricht, ist nach IAS 2 nicht explizit zulässig. Hier werden die zuletzt beschafften Vermögenswerte als erstes verbraucht. Es werden also die ältesten Vorräte bewertet.

Die Bewertung anhand von Verkaufspreisen (**Retrograde Methode** nach IAS 2.22) ist im Wesentlichen im Einzelhandel vorgesehen. Werden von Produkten keine Einkaufs-, sondern nur Verkaufspreise erfasst, wird aufgrund einer üblichen Marge auf die Einkaufspreise zurückgerechnet. Dies ist für Produktgruppen einzeln durchzuführen.

Beispiel: Retrograde Methode

Der Lebensmitteleinzelhändler E verkauft Obst, Gemüse, Milchprodukte, Teigwaren, Getränke, usw. Die Getränke werden nach dem Alkoholgehalt weiter untergliedert. Die alkoholischen Getränke nach Wein, Brandwein, Bier, Liköre, Schaumwein, usw. Die Schaumweine nach Sekt, Prosecco und Champagner.
In der Kategorie Sekt liegt der Bruttoverkaufspreis durchschnittlich bei 3,77 € je Flasche. Hierin ist eine Bruttogewinnmarge von 45 % enthalten. Die Kategorie Sekt wird daher mit 2,60 € je Flasche bewertet.

Da die Standardkostenmethode nach IAS 2.21 eher bei der Herstellung und nicht bei der Anschaffung zum Tragen kommt, wird diese weiter unten beschrieben.

Zu den Herstellungskosten gehören alle Kosten, die angefallen sind, um den Vermögenswert in seinen derzeitigen Zustand zu versetzen. Es gelten also die Ausführungen in ▶ Abschn. 1.4.4.2 entsprechend. Lagerkosten gehen z. B. nur in die Herstellungskosten ein, wenn es sich um vorgelagerte (Lagerung von Roh- Hilfs- und Betriebsstoffen vor deren Weiterverarbeitung, z. B. Trocknung von Hölzern) oder Lagerkosten während der Produktion (z. B. Whiskey) handelt. Bei fertigen Erzeugnissen sind keine Lagerkosten mehr anzusetzen.

Bezüglich der Aktivierung von Fremdkapitalkosten ist festzuhalten, dass bei Vorräten regelmäßig kein qualifizierter Vermögenswert vorliegt – bei Fertigungsaufträgen nach IAS 11 hingegen schon.

Als herstellungsbezogenes Bewertungsvereinfachungsverfahren ist nach IAS 2.21 die **Standardkostenmethode** anwendbar. Diese setzt die Plankosten eines Produktionsvorgangs für alle vergleichbaren Produktionsvorgänge als Standardsatz fest. Die Standardsätze sind regelmäßig zu überprüfen.

Beispiel: Standardkostenmethode

Die ES stellt Betonelemente für den Straßenbau her. Bei der ersten Produktion vor einem Monat fielen für 1.000 Elemente Herstellungskosten von 123.750 € an. In der Periode werden nochmals 2.500 und 750 Elemente produziert. Ein Lagerbestand war nicht vorhanden. Es wurden 900 Elemente verbaut.
Die verbleibenden 3.350 Elemente werden mit 414.562,50 € angesetzt, auch wenn die tatsächlichen Kosten bei der zweiten Produktion 125 € je Stück und bei der dritten Produktion 115 € je Stück gekostet hätten.

Im Zuge der POC-Methode werden Fertigungsaufträge mit ihrem erwarteten Ergebnis bewertet. Mit dem Fortschreiten der Auftragserfüllung erfolgt die Ertragsrealisation (Umbuchung in Umsatzerlöse).

Bei der CC-Methode ist der Fertigungsauftrag höchstens zu den angefallenen Auftragskosten anzusetzen. Bei Abschluss erfolgt die Ertragsrealisation des gesamten Auftrags.

Ein Verlust aus dem Fertigungsauftrag (Auftragskosten übersteigen Auftragserlöse) ist immer sofort erfolgswirksam als Aufwand zu verbuchen (IAS 11.36).

Die Auftragserlöse umfassen nach IAS 11.11

- den ursprünglich im Vertrag vereinbarten Erlös **und**
- Zahlungen für Abweichungen im Gesamtwerk, sofern diese bestimmbar und verlässlich zu ermitteln sind.

Dagegen gehören zu den Auftragskosten gem. IAS 11.16

- die direkt mit dem Vertrag verbundenen Kosten,
- allgemein dem Vertrag zuzurechnenden Kosten wie Versicherungen oder Fertigungsgemeinkosten **und**
- sonstige Kosten, die dem Kunden laut Vertrag in Rechnung gestellt werden können, wie allgemeine Verwaltungskosten.

3.3.3.2 **Folgebewertung**

Im Gegensatz zum Anlagevermögen werden Vorräte nicht planmäßig abgeschrieben. Stattdessen wird wie beim Niederstwertprinzip nach § 253 Abs. 4 HGB vorgegangen.

Merke!

Vorräte sind mit dem niedrigeren Wert aus Anschaffungs- und Herstellungskosten und Nettoveräußerungswert zu **bewerten** (IAS 2.9).

Nach IAS 2.34 wird im Falle eines Verkaufs der Buchwert der Vorräte in der Periode als Aufwand erfasst, in der die Erträge realisiert wurden. Wertminderungen sind hingegen in der Periode als Aufwand zu erfassen, in der sie eingetreten sind. Ebenso ist bei Verlusten zu verfahren. Wertaufholungen sind dagegen mit den Materialaufwendungen der Periode zu verrechnen. Insoweit gelten die Anschaffungs- und Herstellungskosten als Wertobergrenze (IAS 2.33). Entsprechend wird in IAS 2.9 i. V. m. .34 das Imparitätsprinzip für Vorräte festgeschrieben (▶ Abschn. 1.4.4.3.2). Wertminderungen gibt es für Vorräte nicht (IAS 36.1(a)).

> **Merke!**
>
> Der **Nettoveräußerungswert** ist der schätzungsweise erzielbare Wert
> - bei einem Verkauf in normalen Geschäftsgang
> - abzüglich der Kosten bis zur Fertigstellung (bei unfertigen Produkten) **und**
> - abzüglich notwendiger Vertriebskosten (IAS 2.6).

Abschreibungen auf den Nettoveräußerungswert werden nach IAS 2.28 notwendig, wenn Vorräte

- beschädigt wurden,
- teilweise oder völlig überaltert sind **oder**
- ihr Verkaufspreis aus anderen Gründen gesunken ist.

Besteht für einen Teil der Vorräte eine Festpreisvereinbarung, so stellt diese den Nettoveräußerungswert für den Teil der Vorräte dar, für den sie gilt (IAS 2.31). Bei allen weiteren Vorräten sind allgemeine Preise maßgeblich.

>> **Auf den Punkt gebracht:** Bei der Bewertung zu allgemeinen Preisen ist grundsätzlich eine absatzmarktorientierte Betrachtung maßgeblich.

Dies ergibt sich aus der Bewertung zum Nettoveräußerungswert und dessen Definition. Die Preisermittlung erfolgt also nach retrograder Bewertung wie im obigen Beispiel zum gleichnamigen Bewertungsvereinfachungsverfahren.

Eine Ausnahme ergibt sich bei Roh-, Hilfs- und Betriebsstoffen. Diese sind nicht abzuwerten, wenn die daraus zu fertigenden Erzeugnisse nicht abgewertet werden müssen (IAS 2.32).

Beispiel: Roh-, Hilfs- und Betriebsstoffe

Der Preis für Baumwolle auf dem Weltmarkt sinkt. Daraus folgt kein zwangsläufiges Absinken der Preise für Markenjeans. Die Preise hierfür werden vom Hersteller unabhängig vom Rohstoffpreis vorgegeben, da kein homogenes Gut vorliegt.
Eine Abwertung der Baumwollvorräte unterbleibt.

Deutet ein Sinken der Kosten für Roh-, Hilfs- und Betriebsstoffe darauf hin, dass die Herstellungskosten der hieraus gefertigten Fertigerzeugnisse über dem Nettoveräußerungswert liegen, findet eine Abwertung statt. Es werden also ausnahmsweise die Wiederbeschaffungskosten anstatt des retrograden Verkaufspreises am Absatzmarkt für die Bewertung herangezogen.

Beispiel: Nettoveräußerungswert

Der Preis für den Rohstoff Schwefel sinkt am Weltmarkt. Dieser wird in der Stahlindustrie zum Herstellen von Legierungen verwendet. Durch den sinkenden Schwefelpreis sinkt der Preis für Automatenstähle am Markt. Die Herstellungskosten des Stahls durch Verarbeitung des Rohstoffs übersteigen nun den niedrigeren Stahlpreis. Daher ist für die Ermittlung des Nettoveräußerungswerts für Schwefel auf den Wiederbeschaffungsmarkt abzustellen. Eine Abschreibung hat zu erfolgen.

Grundsätzlich ist bei der Abschreibung eine Einzelbewertung vorzunehmen. Eine Gruppierung der zu bewertenden Vorräte ist jedoch möglich, wenn dies sachgerecht ist (IAS 2.29). Der Nettoveräußerungswert ist in jeder Periode neu zu ermitteln (IAS 2.33).

Weiterhin wird unter den folgenden Voraussetzungen von einer Bewertung, wie sie bei Vorräten vorgeschrieben ist, abgesehen und stattdessen eine Bewertung zum Nettoveräußerungswert (▶ Abschn. 1.4.4.3.2) zugelassen.

- Mineralische Erzeugnisse (Öl, Erdgas, usw.) oder solche aus Land- und Forstwirtschaft, die in ihrer Branche üblicherweise zum Nettoveräußerungswert angesetzt werden, weil das Risiko der Unverkäuflichkeit vernachlässigbar ist. Dies ist der Fall, wenn ein aktiver Markt besteht, staatliche Abnahmegarantien bestehen oder der Verkauf mit Termingeschäften besichert ist.
- Waren, die Makler oder Händler nur kurzzeitig halten, um diese direkt weiterzuverkaufen und aus kurzfristigen Preisschwankungen bzw. der Makler- oder Händlermarge Gewinne erzielt werden.

3.4 Finanzinstrumente

3.4.1 Identifikation von Finanzinstrumenten

3.4.1.1 Abgrenzung

┌─ **Merke!** ───────────────────────────────────────

Ein **Finanzinstrument** ist ein Vertrag, der gleichzeitig

- bei dem einen Unternehmen zu einem finanziellen Vermögenswert **und**
- bei dem anderen Unternehmen zu einer finanziellen Verbindlichkeit oder einem Eigenkapitalinstrument führt. (IAS 32.11)

Aus dieser abstrakten und sehr weit gefassten Definition kann ohne weitere Konkretisierung nicht abgeleitet werden, was konkret als Finanzinstrument zu klassifizieren ist. Hierzu muss zunächst geklärt werden, was nach dem Standard unter einem finanziellen Vermögenswert und unter einer finanziellen Verbindlichkeit bzw. einem Eigenkapitalinstrument zu verstehen ist.

> **Merke!**
>
> Ein **Eigenkapitalinstrument** begründet einen Residualanspruch am Vermögen abzüglich der Schulden eines Unternehmens.

Für die Unterscheidung, ob es sich um Eigen- oder Fremdkapital handelt, ist grundsätzlich auf die folgenden Kriterien abzustellen:

- Eigenkapital (RK 4.4(c)) bzw. Eigenkapitalinstrumente (IAS 32.11) ergibt sich bzw. basieren stets auf einem Residuum. D. h. es wird auf die Größe abgestellt, die nach dem Abzug der Schulden vom Vermögen übrigbleibt.
- Die wirtschaftliche Substanz also der tatsächliche wirtschaftliche Gehalt, hat Eigenkapitalcharakter.

Beispiel: Abgrenzung Eigenkapitalinstrumente
Wird eine Vorzugsaktie ausgegeben, die der Emittent zu einem bestimmten Kurs zurücknehmen muss, handelt es sich aus Unternehmenssicht nicht um ein Eigenkapitalinstrument, sondern um eine finanzielle Verpflichtung.

Am Beispiel wird die Schwäche der Definition von Eigenkapital bzw. Eigenkapitalinstrumenten deutlich. Als Eigenkapital soll gelten, was nicht zum Vermögen bzw. den Schulden gehört. Bei nicht eindeutigen Sachverhalten ist wiederum eine Abgrenzung der Schulden vom Eigenkapital nötig. Entsprechend sieht IAS 32.16 faktisch vor, dass ein Eigenkapitalinstrument vorliegt, wenn keine finanzielle Verbindlichkeit gegeben ist. Hierdurch wird die Zirkularität in der Eigenkapitaldefinition durchbrochen.

Zu den finanziellen Vermögenswerten gehören:
- flüssige Mittel (Zahlungsmittel und -äquivalente, usw. vgl. ▶ Abschn. 2.5),
- aktivische Eigenkapitalinstrumente (Anteile an anderen Unternehmen, aber auch Aktienoptionen o. Ä.),
- vertragliche Rechte auf den Erhalt oder vorteilhaften Tausch von finanziellen Vermögenswerten **oder**
- Verträge, die mit eigenen Eigenkapitalinstrumenten erfüllt werden, **und**
  - ein originäres Finanzinstrument darstellen, das zum Erwerb einer variablen Zahl eigener Eigenkapitalinstrumente verpflichtet **oder**
  - ein derivatives Finanzinstrument darstellen, das nicht durch einen festen Betrag liquider Mittel bzw. finanzieller Vermögenswerte erfüllt werden kann.

☐ **Tab. 3.1** Abgrenzung von Finanzinstrumenten	
Aktivseite	**Passivseite**
Alle Positionen, die nicht – immaterielles Vermögen – Sachanlagevermögen – Vorratsvermögen – Steueransprüche – Sachleistungsforderungen – Abgrenzungsposten sind.	Alle Positionen, die nicht – Eigenkapital – Sachleistungsverpflichtungen – Abgrenzungsposten sind.

Die flüssigen Mittel und aktivischen Eigenkapitalinstrumente gehören stets zu den finanziellen Vermögenswerten. Im Übrigen stellen finanzielle Verbindlichkeiten das Spiegelbild finanzieller Vermögenswerte dar. Entsprechend muss es sich um Verträge handeln, die eine Verpflichtung zur Hingabe statt eines Rechts auf Erhalt begründen bzw. zum nachteiligen statt vorteilhaften Tausch verpflichten.

Die abstrakten Definitionen führen praktisch zu der Negativabgrenzung, die in ☐ Tab. 3.1 dargestellt ist.

Explizit nicht zu den Finanzinstrumenten gehören

▬ Steuerverbindlichkeiten (▶ Abschn. 4.2)

▬ faktische Verpflichtungen (IAS 37.10). Diese basieren nicht auf Verträgen oder Gesetzen (▶ Abschn. 4.1).

Es kann grundsätzlich in originäre und derivative Finanzinstrumente unterteilt werden. Originäre Finanzinstrumente sind z. B. Forderungen, Zahlungsverpflichtungen oder Eigenkapitalinstrumente (IAS 32.AG15).

Der Wert eines derivativen Finanzinstruments leitet sich aus einem unterliegenden Basisobjekt ab. Ein Derivat liegt vor, sofern folgende Kriterien gegeben sind (IAS 39.9):

▬ Der Wert des Instruments wird durch die zukünftige Entwicklung des Basisobjekts bestimmt. Sollte es sich um ein nicht finanzielles Basisobjekt handeln, liegt nach IFRS 4 nur dann ein Derivat vor, wenn Wertänderungen des Basisobjekts für keine der Vertragsparteien ein Risiko darstellen. Beispielsweise stellt ein Wetterderivat (unterliegendes Basisobjekt kann die Niederschlagsmenge sein) für einen Landwirt eine Versicherung nach IFRS 4 dar; für eine Bank ein derivatives Finanzinstrument.

▬ Es handelt sich um ein Termingeschäft, das erst in Zukunft erfüllt wird.

▬ Bei Abschluss wird keine oder nur in geringem Umfang investiert. Die tatsächlichen Zahlungsströme richten sich nach den Vertragsbedingungen und der Entwicklung des Basisobjekts.

Grundsätzlich können Finanzderivate unterschieden werden nach Termingeschäften, die

- unbedingt sind (Festtermingeschäft) oder
- bedingt sind (Option).

Bei beiden Varianten werden in der Gegenwart feste Konditionen ausgehandelt. Ist das Termingeschäft bedingt, kann einer der Vertragspartner (Halter) zur Erfüllung optieren. Der andere Vertragspartner wird als Stillhalter bezeichnet. Ohne die Bedingung tritt der vereinbarte Vertragsinhalt in jedem Fall ein.

Beispiel: Unbedingte Termingeschäfte
- Der Halter eines Futures oder eines Forwards erwirbt vom Stillhalter das Recht und die Pflicht, zu einem zukünftigen Zeitpunkt das Basisobjekt zu einem vorher definierten Preis zu erwerben. Der Unterschied besteht darin, dass ein Future ein standardisierter Vertrag ist, der an der Börse gehandelt wird. Ein Forward wird hingegen individuell ausgehandelt, ist nicht standardisiert und wird *over the counter* abgeschlossen:
  Ein Bauunternehmen hat einen Großauftrag in China erhalten. In vier Monaten muss für Baustoffe eine Zahlung von 3,6 Mio. CYN (Entspricht heute 500.000 €) geleistet werden. Aufgrund des volatilen Euro-Renminbi Yuan-Kurses kauft das Unternehmen ein Future über den Erwerb von 3,6 Mio. CYN. Fällt der Kurs, gleicht der Gewinn aus dem Future den Verlust aus, der entsteht, weil ein größerer Betrag in Euro benötigt wird. Diese Art der Absicherung nennt man auch Hedge (▶ Abschn. 3.4.5).
- Bei einem Swap verpflichten sich beide Vertragspartner zum Austausch der Zahlungsströme aus einem Basisobjekt:
  Bei einem Zinsswap werden variable durch fixe Zinsen getauscht. Der Vertragspartner, der die variablen Zinsen hingibt, rechnet mit deren Ansteigen, während der andere Vertragspartner vom Gegenteil ausgeht. Basis kann auch ein Wechselkurs oder ein Kreditindex sein.

Beispiel für bedingte Termingeschäfte sind alle Arten von Optionen:
- Der Halter einer Option erwirbt im Gegensatz zum Future bzw. Forward ausschließlich das Recht zum Erwerb (Call) oder zur Veräußerung (Put) des Basisobjekts zu einem vorher festgelegten Preis. Kann die Option innerhalb eines Zeitraums ausgeübt werden, handelt es sich um eine amerikanische Option; wird auf einen Zeitpunkt abgestellt um eine europäische:
  Im Falle einer europäischen Call-Option könnte das Bauunternehmen (oben) zu jedem Zeitpunkt innerhalb der vier Wochen den Kauf ausführen. Bleibt der Kurs konstant oder es entsteht ein Wechselkursgewinn muss die Option nicht ausgeführt werden. Es kann stattdessen am Markt gekauft werden.

Die Beispiele zeigen, dass es sich bei Finanzderivaten um Wetten auf die zukünftige Entwicklung des Preises handelt.

Derivate stellen grundsätzlich Finanzinstrumente dar. Dies betrifft sowohl den Emittenten als auch den Rechtsinhaber. Lediglich Optionen bzw. Bezugsrechte auf Eigenkapitalinstrumente werden seitens des Emittenten je nach Ausgestaltung als Eigen- oder Fremdkapital eingestuft (IAS 32.16).

3.4.1.2 Regelungsbereich

Die Abbildung von Finanzinstrumenten ist in drei Standards geregelt, welche sich gegenseitig ergänzen bzw. arbeitsteilig fungieren:

- IAS 32 („Finanzinstrumente: Darstellung") widmet sich der Definition finanzieller Vermögenswerte und Verbindlichkeiten sowie Eigenkapitalinstrumenten. Darüber hinaus wird die Abgrenzung von Eigen- und Fremdkapital bei nicht eindeutigen Instrumenten vorgenommen. Im Gegensatz zu den bisher bearbeiteten Standards verfügt IAS 32 über einen sehr umfangreichen Anhang mit den sog. Leitlinien für die Anwendung *(application guidance)*, in welchem die teilweise unverständlich abstrakten Definitionen erläutert und mit Beispielen hinterlegt werden.
- IAS 39 („Finanzinstrumente: Ansatz und Bewertung")[9] stellt das Herzstück der Bilanzierung von Finanzinstrumenten nach den IFRS dar und regelt sowohl den Ansatz als auch die Ausbuchung und Bewertung von Finanzinstrumenten. Daneben wird die Bilanzierung von Sicherungsbeziehungen – das sog. Hedge Accounting behandelt.
- IFRS 7 („Finanzinstrumente: Angaben") regelt die über IFRS 13 hinausgehenden speziellen Offenlegungspflichten für Finanzinstrumente. Da in diesem Buch im Schwerpunkt die Erfassung und Bewertung von Vermögenswerten und Schulden behandelt und die dazugehörigen Angabepflichten nur am Rande bzw. implizit im Rahmen der vernetzenden Aufgaben thematisiert werden, stellt IFRS 7 keinen wesentlichen Bestandteil dieses Abschnitts dar.

Für bestimmte Vermögenswerte und Schulden ist die Anwendung der Regelungen für Finanzinstrumente unabhängig davon ausgeschlossen, ob laut Definition ein Finanzinstrument vorliegt. Stattdessen wird ausdrücklich die Anwendung anderer Standards vorgeschrieben:

---

9 Die vom IASB geplante grundsätzliche Überarbeitung von IAS 39 musste durch die Finanzkrise beschleunigt werden. Der hieraus resultierende Standard IFRS 9 („Finanzinstrumente") hat mittlerweile den EU-Endorsement-Prozess durchlaufen und ist ab dem 01.01.2018 anzuwenden. Aus diesem Grund bezieht sich dieses Kapitel noch auf IAS 39.

- Anteile an Tochterunternehmen (IAS 27/ IFRS 10), assoziierten Unternehmen (IAS 28) und Joint Ventures (IFRS 11).
- Rechte und Pflichten aus Leasing-Verträgen (IAS 17), sofern im Leasingvertrag kein Derivat eingebettet ist.
- Vermögenswerte und Verpflichtungen, die nach IAS 19 als Altersversorgungs-pläne zu behandeln sind.
- Eigene, also vom Unternehmen emittierte Aktien, Aktienoptionen und sonstige Eigenkapitalinstrumente.
- Wird ein Unternehmenszusammenschluss so durchgeführt, dass zwischen Vertragsschluss und dessen Erfüllung keine unvernünftig lange Zeitspanne liegt, ist der Kaufvertrag nicht als Finanzinstrument anzusetzen.
- Bestimmte Darlehenszusagen, die nicht in bar ausgeglichen werden können.
- Rechte und Pflichten aus anteilsbasierten Vergütungen, die nach IFRS 2 behandelt werden (z. B. Aktienoptionspläne)
- Versicherungsverträge und ähnliche Verträge, die unter IFRS 4 („Versicherungs-verträge") fallen, wie z. B. die in ▶ Abschn. 3.4.1.1 genannten Wetterderivate, wenn diese ein tatsächliches Risiko absichern.
- Finanzielle Garantien zum Verlustausgleich, wie Bürgschaften oder solche, die im Zuge der Übertragung von Finanzinstrumenten gegeben wurden.

Einen Grenzfall stellen Warentermingeschäfte dar. Hierbei handelt es sich um Kon-trakte über die Lieferung von Waren zu einem bestimmten Zeitpunkt und Kaufpreis. Ein Warentermingeschäft hat den Aufbau eines Derivats, jedoch ist das Basisobjekt kein finanzieller Vermögenswert.

Beispiel: Warentermingeschäfte

Ein Tankstellenbetreiber rechnet damit, dass die Rohölpreise und damit seine Einkaufs-preise in den kommenden Monaten steigen werden. Momentan ist der Preis auf einem historischen Tief, doch die Tankstelle wurde erst vor kurzem beliefert. Der Betreiber kauft ein Forward über die Lieferung von 500 m^3 E10 in vier Wochen. Stillhalter ist eine Bank. Diese muss das Benzin noch nicht vorrätig haben, sondern kann dieses innerhalb der vier Wochen kaufen, wenn die Preise dafür günstiger sind.

Nutzt der Tankstellenbetreiber das Termingeschäft zum günstigen Einkauf, handelt es sich nicht um ein Finanzinstrument. Ist es gängige Geschäftspraxis der Tankstelle, die Position mittels Barausgleich[10] glattzustellen, d. h. keine Lieferung in Anspruch zu nehmen, son-dern lediglich die Wertdifferenz in Geld auszugleichen, liegt hingegen ein Finanzinstru-ment vor.

---

10 Beim Barausgleich *(cash settlement)* handelt es sich um das Recht, anstatt der vereinbarten Sachen bzw. Wertpapiere den äquivalenten Geldbetrag zu liefern.

Aufgrund der deutlich höheren Fungibilität (Austauschbarkeit) von Finanzinstrumenten im Gegensatz zu z. B. Sachanlagen, sind Finanzinstrumente in besonderem Maße von Währungsumrechnungen betroffen. Diese sind für das Verständnis dessen, was ein Finanzinstrument ist und wie dieses bilanziell zu würdigen ist jedoch nicht von Bedeutung, weshalb der einschlägige IAS 21 nicht Gegenstand dieses Buchs ist.

3.4.2 Ansatz

> **Merke!**
>
> Ein Unternehmen hat finanzielle Vermögenswerte und Schulden nur **anzusetzen**, wenn es Vertragspartei des Finanzinstruments ist (IAS 39.14).

Bezüglich des Zeitpunkts, zu dem die Einbuchung erfolgen soll, wird darauf abgestellt, ob ein marktüblicher Kauf oder Verkauf gegeben ist. Dies ist der Fall, wenn zwischen Vertragsschluss und Abwicklung ein für den Markt üblicher Zeitraum nicht überschritten wird (IAS 39.9). Hierbei sind die Vorschriften und Konditionen des Markts, wie z. B. die Dauer eines Genehmigungsverfahrens der Kartellbehörden relevant. Keine Bedeutung haben unternehmensinterne Verzögerungen.

- Liegt kein marktüblicher Vertrag vor, muss für den übermäßig langen Zeitraum zwischen Vertragsabschluss und Erfüllung ggf. ein Finanzderivat angesetzt werden.
- Im Falle eines marktüblichen Vertrags besteht ein Wahlrecht: Der Ansatz kann entweder zum Handelstag oder zum Erfüllungstag angesetzt werden (IAS 39. AG53).

Finanzinstrumente sind nach ihrem Verwendungszweck und ihren Eigenschaften in verschiedene Kategorien einzuteilen (▶ Abschn. 3.4.3.1). Das Wahlrecht bezüglich des Ansatzzeitpunkts ist für alle Finanzinstrumente in den jeweiligen Kategorien einheitlich und über alle Jahre stetig auszuüben (IAS 39.AG53). Das Wahlrecht wirkt ausschließlich auf den Bilanzansatz – und damit auf den Zeitpunkt, zu dem das Instrument in der Bilanz gezeigt wird. Liegt zwischen Handels- und Erfüllungstag ein Abschlussstichtag, ist die bis zu diesem Zeitpunkt erfolgte Ergebniswirkung ggf. dennoch in der GuV zu erfassen. Dies ist von den Bewertungsmodalitäten der jeweiligen Kategorie abhängig.

Beispiel: Ansatz zum Handels- oder Erfüllungstag
Zum Kauf eines Wertpapiers, welches aufgrund der Kategorisierung zum Zeitwert zu bewerten ist, liegen folgende Daten vor:

a. Handelstag: 100 €
b. Bilanzstichtag: 150 €
c. Erfüllungstag: 120 €

Bei Erfassung zum Handelstag ergeben sich folgende Buchungen:

a. Wertpapiere	100 €	an	Verbindlichkeiten	100 €
b. Wertpapiere	50 €	an	sonstiger betrieblicher Ertrag	50 €
c. Verbindlichkeiten	100 €	an	Bank	100 €
c. sonstiger betrieblicher Aufwand	30 €	an	Wertpapiere	30 €

Entsprechend ergibt sich zum Bilanzstichtag eine GuV-Wirkung von 50 €.
Bei der Erfassung zum Erfüllungstag ergeben sich hingegen folgende Buchungen:

a. Keine Buchung

b. Forderungen	50 €	an	sonstiger betrieblicher Ertrag	50 €
c. Wertpapiere	100 €	an	Bank	100 €
c. sonstiger betrieblicher Aufwand	30 €			
c. Wertpapiere	20 €	an	Forderungen	50 €

Zum Bilanzstichtag wird dieselbe GuV-Wirkung wie oben erzielt.

3.4.3 Bewertung

3.4.3.1 Zugangsbewertung

Auch bei der Bewertung von Finanzinstrumenten wird auf die grundlegenden Bewertungsmodelle der Fortführung der Anschaffungs- und Herstellungskosten und der Neubewertung zum beizulegenden Zeitwert abgestellt. Da es verschiedene Arten von Finanzinstrumenten gibt, ist es nicht möglich, eine der Bewertungsmethoden als die Bessere zu identifizieren und auch ein alternatives Wahlrecht wie bei Teilen des Anlagevermögens scheidet aus.

Beispiel: Probleme der Bewertungsmodelle
Werden Aktien lange gehalten, können die historischen Anschaffungskosten meist keine relevante Darstellung mehr vermitteln, da der beizulegende Zeitwert diese weit übersteigt.
Handelt es sich jedoch um eine strategische Unternehmensbeteiligung an Kunden, Lieferanten, etc. oder kann diese aus anderen Gründen tatsächlich nicht verkauft werden, hat die Bewertung zum beizulegenden Zeitwert für den Adressaten kaum Relevanz. Zudem ist

die Bewertung von Unternehmensbeteiligungen nicht immer verlässlich oder sehr aufwendig. Beispiel hierfür sind nicht börsengehandelte Beteiligungen an einer GmbH. Hier ist ebenfalls eine Fortführung der Anschaffungs- und Herstellungskosten sinnvoller.

Um den Anforderungen an die Bewertung verschiedener Finanzinstrumente gerecht zu werden, sind verschiedene Kategorien vorgesehen. Die Klassifizierung ist Grundlage des *mixed model approach* in IAS 39: Finanzinstrumente werden nach ihrer Beschaffenheit und nach ihrer Verwendung im Unternehmen in Kategorien eingeteilt. Diese unterliegen unterschiedlichen Bewertungsmethoden. Auf diese Weise soll eine möglichst sachgerechte Bewertung sichergestellt werden.

Merke!

Bei der **Bewertung** von Finanzinstrumenten ist wie folgt **vorzugehen**:

1. Klassifizierung des Finanzinstruments (dieser Abschnitt).
2. Bewertung entsprechend der Klasse (dieser Abschnitt und ▶ Abschn. 3.4.3.2).
3. Bei Bewertung zum beizulegenden Zeitwert: Entscheiden ob Folgebewertung erfolgswirksam oder erfolgsneutral zu erfolgen hat (▶ Abschn. 3.4.3.2).

Im Zuge der Kategorisierung ist nach finanziellen Forderungen (aktiv) und finanziellen Verbindlichkeiten (passiv) zu differenzieren. Für die aktiven Finanzinstrumente kennt IAS 39.45 vier Kategorien:

a. finanzielle Vermögenswerte, die erfolgswirksam zum beizulegenden Zeitwert bewertet werden *(financial assets at fair value through profit or loss)*,
b. bis zur Endfälligkeit zu haltende Finanzinvestitionen *(held-to-maturity investments)*,
c. Kredite und Forderungen *(loans and receivables)* und
d. zur Veräußerung verfügbare finanzielle Vermögenswerte *(available-for-sale financial assets)*.

Im Weiteren werden die englischen Namen der Kategorien verwendet, da die deutschen Übersetzungen teilweise sehr lang und nicht sonderlich prägnant sind. Die Zuteilung von Finanzinstrumenten zu den Kategorien ist wie folgt vorzunehmen:

In die **Kategorie *financial assets at fair value through profit or loss*** gehören zwei Arten von Finanzinstrumenten:

Die finanziellen Vermögenswerte und Verbindlichkeiten (aktiv und passiv) des Handelsbestands *(trading)* müssen in diese Kategorie eingeordnet werden. Von einem *trading* Finanzinstrument ist auszugehen, wenn das Finanzinstrument

▰ mit der Absicht des kurzfristigen Verkaufs bzw. Zurückkaufs erworben bzw. eingegangen wurde,

- Teil eines Portfolios von Finanzinstrumenten ist, die mit dem Ziel kurzfristiger Gewinnmitnahmen gemeinsam verwaltet werden **oder**
- ein Finanzderivat darstellt, das kein Sicherungsinstrument (▶ Abschn. 3.4.5) ist.

Neben den Finanzinstrumenten des Handelsbestands besteht mit der *fair value option* ein Klassifizierungswahlrecht. Eine freiwillige Zuordnung zur Kategorie kann in den folgenden drei Fällen erfolgen:

- Es liegt ein hybrides Finanzinstrument vor, dessen eingebettetes Derivat nach IAS 39.11 abspaltungspflichtig wäre und die Zahlungsströme des Instruments wesentlich beeinflusst (IAS 39.11 A).
- Durch die Zeitwertbewertung eines Finanzinstruments würden Inkongruenzen *(accounting mismatch)* beim Ansatz oder der Bewertung vermieden, die aus unterschiedlicher Bewertung von Vermögenswerten und Schulden hervorgehen (IAS 39.9).
- Ein Finanzinstrument ist Teil eines Portfolios, dessen Steuerung auf der Entwicklung des beizulegenden Zeitwerts basiert (IAS 39.9).

Beispiel: *Accounting missmatch*
Wenn sich ein finanzieller Vermögenswert aufgrund von Zinsen positiv entwickelt und sich eine finanzielle Verbindlichkeit spiegelbildlich verhält, kann ein *accounting mismatch* entstehen. Die Wertentwicklung beider Instrumente gleicht sich tatsächlich perfekt aus. Wenn der Vermögenswert mit dem beizulegenden Zeitwert bewertet wird, die Verbindlichkeit jedoch aufgrund des Imparitätsprinzips zu fortgeführten Anschaffungskosten, sorgen die Rechnungslegungsgrundsätze für Inkongruenzen. Wird die *fair value option* für die finanzielle Verbindlichkeit ausgeübt, sind diese Verzerrungen aufgelöst.

Der Name der zweiten **Kategorie** *held-to-maturity investments* ist selbsterklärend. Es handelt sich um finanzielle Vermögenswerte (ausschließlich aktiv),
- mit einer festen oder bestimmbaren Zahlung,
- einer festen Laufzeit,
- die das Unternehmen bis zur Endfälligkeit halten will und kann.

Gleichzeitig darf der finanzielle Vermögenswert **nicht**
- die Definition eines Derivats erfüllen (Kategorisierung als *financial assets at fair value through profit or loss*),
- beim erstmaligen Ansatz mittels der *fair value option* kategorisiert worden sein,
- vom Unternehmen als *available-for-sale financial assets* kategorisiert sein **oder**
- die Definition der Kategorie *loans and receivables* erfüllen.

Beispiel: Kategorisierung als *held-to-maturity investments*
Die YM Privatbank AG hält folgende Finanzinstrumente:
a. Die Forderung aus einem Kredit an die MD Blechtechnik GmbH mit variabler Verzinsung.
b. Eine eigene Schuldverschreibung.
c. Aktien der HS Sensortechnik AG.

Lösung:
a. Die variable Verzinsung ist unschädlich, sofern die Zahlungen aus dem Kredit bestimmbar sind. Eine fixe Verzinsung ist nicht erforderlich. Sofern die YM die Forderung bis zum Ende der Laufzeit halten kann und will, ist die Kategorie *held-to-maturity investments* möglich.
b. Die Schuldverschreibung ist eine finanzielle Verbindlichkeit und kann daher nicht in diese Kategorie eingestuft werden.
c. Normale Aktien haben keine feste Laufzeit. Daher scheidet die Kategorisierung als *held-to-maturity investments* aus.

Als Besonderheit gilt für die Kategorie *held-to-maturity investments*, dass der Standard einen vorzeitigen Verkauf eines wesentlichen Teils der Kategorie bestraft (sog. *trading rule* nach IAS 39.9). Dies ist der Fall, wenn die Voraussetzungen der Kategorie nicht mehr erfüllt werden und daher eine Umgliederung oder gar ein Verkauf vorgenommen werden muss. Die Strafe besteht darin, dass die gesamte Kategorie in *available-for-sale financial assets* umgegliedert werden muss und eine erneute Kategorisierung als *held-to-maturity investments* für die kommenden zwei Geschäftsjahre ausgeschlossen ist.

Die dritte **Kategorie *loans and receivables*** richtet sich im Gegensatz zu den übrigen Kategorien nach der Beschaffenheit des Finanzinstruments und nicht nach deren Verwendung im Unternehmen. Ein finanzieller Vermögenswert (ausschließlich aktiv) muss

- feste oder bestimmbare Zahlungen aufweisen,
- die nicht an einem aktiven Markt notiert sind.

Gleichzeitig darf der finanzielle Vermögenswert **nicht**

- die Definition eines Derivats erfüllen (Kategorisierung als *financial assets at fair value through profit or loss*),
- beim erstmaligen Ansatz mit der *fair value option* kategorisiert worden sein,
- zum Handelsbestand gehören (Kategorisierung als *trading*),
- als *available-for-sale financial assets* kategorisiert worden sein, weil die Rückzahlung aus anderen als Bonitätsproblemen des Schuldners gefährdet ist.

Beispiel: Kategorisierung als *loans and receivables*

Die BK Investmentbank SE hält die Schuldverschreibung der YM aus dem obigen Beispiel. Eine Klassifizierung als *loans and receivables* scheitert, wenn die Schuldverschreibungen an einem aktiven Markt notiert ist. Dies ist der Fall, wenn die notierten Preise

- regelmäßig und leicht verfügbar sind **und**
- repräsentativ für regelmäßige Markttransaktionen zwischen fremden Dritten sind.

Die **Kategorie *available-for-sale financial assets*** umfasst alle finanziellen Vermögenswerte (ausschließlich aktiv), die

- kein Derivat darstellen (Kategorisierung als *financial assets at fair value through profit or loss*),
- in keine der anderen drei Kategorien eingeordnet werden können **oder**
- die Definition einer der anderen Kategorien erfüllt (außer *trading*) und vom Unternehmen als zur Veräußerung verfügbar angesehen werden.

Die Ausnahme der *trading* Finanzinstrumente betrifft tatsächlich nur den Handelsbestand und nicht die übrigen Finanzinstrumente, der Kategorie *financial assets at fair value through profit or loss.*

Für finanzielle Verbindlichkeiten steht ebenfalls die Kategorie *financial assets at fair value through profit or loss* zur Verfügung, sofern die finanziellen Verbindlichkeiten tatsächlich zum Handelsbestand *(trading)* gehören. Alle übrigen finanziellen Verbindlichkeiten, die zudem nicht freiwillig mit dem beizulegenden Zeitwert bewertet werden, bilden als sog. **sonstige finanzielle Verbindlichkeiten** eine Gruppe, die jedoch keine offizielle Kategorie nach IAS 39 darstellt. Als Drittes bilden Eigenkapitalinstrumente, für die kein aktiver Markt vorhanden ist sowie Derivate auf solche Eigenkapitalinstrumente eine weitere solche Gruppe. Beispiel hierfür wäre der oben genannte GmbH-Anteil. Entsprechend gibt es für Passivposten faktisch drei Bewertungsgruppen.

Ist ein Finanzinstrument als solches anzusetzen, erfolgt nach der Kategorisierung die Zugangsbewertung.

Merke!

Die **Erstbewertung von Finanzinstrumenten** erfolgt zum beizulegenden Zeitwert. Zusätzlich sind Anschaffungsnebenkosten einzubeziehen, es sei denn, es handelt sich um Finanzinstrumente der Kategorie *financial assets at fair value through profit or loss.*

Bei einer Zugangsbewertung zum beizulegenden Zeitwert ist es theoretisch möglich, dass der Zugangswert vom Erwerbspreis abweicht. In diesem Fall wäre der Anschaffungsvorgang nicht mehr erfolgsneutral, wie dies beim Anschaffungskostenmodell der Fall ist. Entsprechend kann bei der Einbuchung ein sofortiger Ertrag oder Aufwand (*first day profit/ loss*) zu erfassen sein.

Beispiel: *First day profit*
Die BK hält 50 % der YM. Die Muttergesellschaft gewährt ihrer Tochter ein zinsloses Darlehen über 10 Mio. € für fünf Jahre. Fremde Dritte hätten einen marktüblichen Zins von 4,5 % p. a. vereinbart.
Durch Abzinsung errechnet sich ein Barwert von 8,025 Mio. €, den die BK als Forderung einbuchen kann. Die Differenz von 1,975 Mio. € stellt damit Aufwand dar.

Um bei jedem Zugang einen unnötig hohen Bewertungsaufwand zu vermeiden, stellt IAS 39.AG64 klar, dass der Fair Value bei Zugang normalerweise dem Transaktionspreis entspricht. Wird also auf den beizulegenden Zeitwert des hingegebenen Vermögenswerts abgestellt, handelt es sich zwar nominell um den beizulegenden Zeitwert, tatsächlich werden jedoch die Anschaffungskosten verwendet. Begründung hierfür ist die Überlegung, dass es sich beim Transaktionspreis um einen Inputfaktor der ersten Hierarchiestufe nach IFRS 13 handelt. Dennoch können Ausnahmefälle identifiziert werden, die dazu führen, dass der Fair Value anstatt der Anschaffungskosten anzusetzen ist:

▪ Es handelt sich um eine Transaktion zwischen nahestehenden Personen und der vereinbarte Transaktionspreis entspricht nicht dem beizulegenden Zeitwert, der am Markt erzielt worden wäre (so z. B. beim obigen Beispiel zum *first day profit*).

▪ Ein fremd**un**üblicher Preis ist aus einer Zwangssituation heraus zustande gekommen.

Wie im Beispiel in ▶ Abschn. 3.4.2 gezeigt, ist ein Ansatz entweder zum Handels- oder zum Erfüllungstag möglich. Wird der Erfüllungsbetrag gewählt, ist nach IAS 39.AG59 dennoch der beizulegende Zeitwert des Handelstags anzusetzen.

Die genannten Anschaffungsnebenkosten, die dem Fair Value zuzurechnen sind, sofern nicht die Kategorie *financial assets at fair value through profit or loss* vorliegt, umfassen im Wesentlichen Transaktionskosten, aber auch Kosten, die zurechenbare Einzelkosten darstellen. Beispiele sind Gebühren, Provisionen, Beraterhonorare oder Steuern. Durch den Einbezug von Transaktionskosten verschwimmt die sonst sehr klare Abgrenzung zwischen den Anschaffungskosten und dem beizulegenden Zeitwert als Bewertungsmaßstab.

3.4.3.2 Folgebewertung

Die Folgebewertung richtet sich, wie in ▶ Abschn. 3.4.3.1 bereits beschrieben, nach den Bewertungskategorien. Im Zuge der Zugangsbewertung sind diese zunächst nur für die Frage relevant, ob Transaktionskosten angesetzt werden oder nicht.

Grundsätzlich strebt IAS 39 die Folgebewertung zum beizulegenden Zeitwert an. Da dies jedoch bei einigen Kategorien von Finanzinstrumenten zu Problemen führt (vgl. Beispiel in ▶ Abschn. 3.4.3.1), gibt es drei Folgebewertungsmodelle, die in ◻ Tab. 3.2 dargestellt sind.

Die Bestimmung des beizulegenden Zeitwerts folgt den Regelungen des IFRS 13. Hat die Bewertung von Finanzinstrumenten erfolgswirksam zu erfolgen, werden Wertschwankungen direkt in der GuV erfasst, wie es im Beispiel der Wertminderungen in ▶ Abschn. 1.4.4.3.2 der Fall ist.

Bei der Folgebewertung der *available-for-sale financial assets* erfolgt die Erfassung hingegen erfolgsneutral. Aufwendungen und Erträge werden also über das OCI direkt im Eigenkapital erfasst, wie es auch beim Neubewertungsmodell (▶ Abschn. 1.4.4.3.4) der Fall ist. Ausnahmen bilden Wertschwankungen aus

- Wertminderungen nach IAS 36,
- Währungskursänderungen bei monetären Vermögenswerten und
- der Fortführung von Anschaffungskosten mittels Effektivzinsmethode.

Wird ein Vermögenswert der Kategorie tatsächlich veräußert, kommt es zum sog. **Recycling**: Die erfolgsneutral in das Eigenkapital eingestellte Position wird erfolgswirksam über die GuV ausgebucht (IAS 39.26). Die Erfolgsneutralität ist folglich nur temporär.

Die Fortführung der Anschaffungskosten mittels Effektivzinsmethode ist für die Kategorien *held-to-maturity investments* (IAS 39.46(b)) und *loans and receivables* (IAS 39.46(a)) vorgesehen. Die Idee hinter der Effektivzinsmethode lässt sich anhand eines Zerobonds erklären:

◻ **Tab. 3.2** Kategorien von Finanzinstrumenten

Kategorie	Bewertung
Financial assets at fair value through profit or loss	Fair Value (erfolgswirksam)
Held-to-maturity investments	Fortgeführte Anschaffungskosten mittels Effektivzinsmethode
Loans and receivables	
Available-for-sale financial assets	Fair Value (erfolgsneutral)
Eigenkapitaltitel, wenn Fair Value am Markt nicht bestimmbar	Historischen Anschaffungskosten

Beispiel: Effektivzinsmethode

Ein Zerobond zeichnet sich dadurch aus, dass keine laufende Zinszahlung vorhanden ist:
Kauf des Bonds in t0: 100.000 €
Auszahlung nach 2 Jahren: 110.000 €
Im Jahr t1 werden keine Zinsen gezahlt. Um die Anschaffungskosten des Bonds fortführen
zu können, muss die effektive jährliche Verzinsung ermittelt werden. Dies wird mathematisch gelöst, indem der Barwert der Investition gleich Null gesetzt wird:

$$-100.000 + \frac{110.000}{(1+r)^2} = 0$$

Es ergibt sich ein interner Zinsfuß (Effektivverzinsung) von 4,88 %.

Im Falle einer längeren Zahlungsreihe mit jährlichen Zinszahlungen, lässt sich der interne Zinsfuß nicht mehr durch einfaches Umformen bestimmen. In solchen Fällen ist die sog. Newton-Methode anwendbar. Hierbei handelt es sich um ein iteratives Verfahren, welches den effektiven Zins bestimmen kann.

Beispiel: Fortgeführte Anschaffungskosten mittels Effektivzinsmethode

Anstatt eines Zerobonds wird nun eine Anleihe erworben (z. B. Staatsanleihe), die folgende Zahlungsreihe aufweist:

Jahr	t0	t1	t2	t3	t4
Zahlungs-fluss	– 95.000 €	2000 €	2000 €	2000 €	102.000 €

Der Nominalwert der Anleihe beträgt 100.000 €. Entsprechend ist ein Disagio i. H. v. 5.000 € verrechnet worden. Die Nominalverzinsung (2 %) der Anleihe entspricht daher nicht der Effektivverzinsung (3,36 %)[11].
Die Anleihe ist beim Zugang mit dem Fair Value zuzüglich möglicher Transaktionskosten zu bewerten. Diese sind hier nicht gegeben:

Wertpapiere	95.000,00 €	an	Bank	95.000,00 €

Damit die Anschaffungskosten im Folgejahr t1 sachgerecht fortgeführt werden können, muss eine anstatt der tatsächlich ausgezahlten nominellen Verzinsung auf die effektive Verzinsung abgestellt werden: 95.000 € × 0,0336 = 3188,79 €.

Bank	2.000,00 €			
Wertpapiere	1.188,79 €	an	Zinsertrag	3.188,79 €

---

11 Zins gerundet. Damit die Rechnung am Ende aufgeht, wurde im Beispiel mit dem exakten Zins i. H. v. 3,35662557217555 % gerechnet. Das Beispiel kann einfach in Excel nachvollzogen werden. Die Funktion für den internen Zins lautet IKV(Zahlenreihe).

Entsprechend beträgt der Buchwert am Ende von t1 96.188,79 €. Dieser Betrag muss dem Buchwert in t0 bei Effektivverzinsung und nach Abzug der nominellen Zinszahlung entsprechen: 95.000 € × 1,0336 − 2000 € = 96.188,79 €.
Im Jahr t2 wird dieser Vorgang wiederholt. Ausgehend vom neuen Buchwert beträgt die Verzinsung in t2: 96.188,79 € × 0,0336 = 3228,70 €.

Bank	2.000,00 €			
Wertpapiere	1.228,70 €	an	Zinsertrag	3.228,70 €

Der Buchwert am Ende von t2 beträgt damit 97.417,49 €.
Dieses Vorgehen wird ebenfalls in t3 widerholt:

Bank	2.000,00 €			
Wertpapiere	1.269,94 €	an	Zinsertrag	3.269,94 €

In t4 zeigt sich die Wirkung der Effektivzinsmethode. Die Summe der gebuchten Zinserträge ergibt 13.000 €. Diese enthalten 8.000 € nominell gezahlte Zinsen (Buchung über das Konto Bank) und 5.000 € Disagio, die sachgerecht auf die Jahre verteilt wurden. Schlussendlich kann die Anleihe zu ihrem Nominalwert ausgebucht werden.

Bank	2.000,00 €			
Wertpapiere	1.312,57 €	an	Zinsertrag	3.312,57 €
Bank	100.000 €	an	Wertpapiere	100.000 €

Eigenkapitaltitel, deren Fair Value am Markt nicht bestimmbar ist, weil z. B. kein Markt vorliegt (vgl. GmbH-Anteile in ▶ Abschn. 3.4.1.1) werden nach IAS 39.46(c) ebenfalls nicht zum Fair Value bewertet. Hier ist zudem die Ausübung der *fair value option* ausgeschlossen. Derartige Instrumente werden mit ihren historischen Anschaffungskosten bewertet.

Merke!

Finanzielle Vermögenswerte, die nicht in die Kategorie *financial assets at fair value through profit or loss* einzuordnen sind, werden zu jedem Bilanzstichtag auf ihre **Werthaltigkeit** überprüft (IAS 39.58).

Das Vorgehen entspricht hierbei dem, wie es in ▶ Abschn. 1.4.4.3.2 bereits am Beispiel erläutert wurde.

Bei *available-for-sale financial assets*, die erfolgsneutral zum beizulegenden Zeitwert bewertet werden, sind Wertminderungen dennoch erfolgswirksam zu erfassen. Im Vorfeld gebildete Rücklagen sind insoweit erfolgsneutral aufzulösen, eine erfolgswirksame Wertminderung ist erst ab den fortgeführten Anschaffungskosten zu berechnen.

Bei Eigenkapitaltiteln, die zu historischen Anschaffungskosten bewertet werden, erfolgt eine erfolgswirksame Abschreibung auf den erwarteten Barwert. Eine spätere Zuschreibung ist nicht möglich. Innerhalb der Kategorie *available-for-sale financial assets* ist die erfolgsneutrale Folgebewertung jedoch weiterhin möglich.

3.4.4 Ausbuchung finanzieller Vermögenswerte und Verbindlichkeiten

In den bisherigen Abschnitten war es nicht nötig, der Ausbuchung von Vermögenswerten oder Schulden größere Aufmerksamkeit zu widmen: Verkauft die MD ihre Maschine (▶ Abschn. 1.4.4), erfolgt die Ausbuchung unter Berücksichtigung eines evtl. erzielbaren Restwerts. Bei Finanzinstrumenten kann es hingegen zu unklaren Fällen kommen:

Beispiel: Ausbuchung finanzieller Vermögenswerte I
Die MD hat eine Kundenforderung über 1 Mio. €. Zur Sanierung einer Halle werden kurzfristig liquide Mittel benötigt. Anstatt einen Kredit aufzunehmen, wählt die MD Factoring als Finanzierungsmethode.

▨ Eine Forderung wird für 910.000 € an die YM verkauft.
▨ Im Falle eines Kreditausfalls hat die MD bis zu 100.000 € (= 10 %) zu tragen.
▨ Der beizulegende Zeitwert der Forderung beträgt 900.000 €.
▨ Eine Veräußerung der Forderung durch die YM bedarf der Zustimmung der MD.

Im Beispiel ist nicht eindeutig klar, ob die MD die Forderung ausbuchen, eine neue Verbindlichkeit einbuchen oder ein Mittelweg anzustreben ist. Aus diesem Grund befasst sich IAS 39 ausführlich mit dieser Thematik und bietet im Anhang ein Schema zur Lösung der Fragestellung.

Der ◨ Abb. 3.2 ist zu entnehmen, dass in diesem Fall weder eine Ausbuchung noch das weitere Erfassen des gesamten Vermögenswerts angezeigt ist. Stattdessen ist die Forderung in dem Umfang weiter zu erfassen, der das Engagement der MD widerspiegelt. Dieses Vorgehen wird als *continuing involvement concept* bezeichnet.

Beispiel: Ausbuchung finanzieller Vermögenswerte II
Die MD behält nach IAS 39.30(a) weiterhin 100.000 € der Forderung in ihrer Bilanz. Dieser Wert entspricht der Kompensationsverpflichtung bei Forderungsausfall. Nach IAS 39.31(a) ist zudem eine Schuld einzubuchen. Diese bemisst sich nach der verbleibenden Verpflichtung der MD und dem noch bilanzierten Anteil des Vermögenswerts (100.000 €).

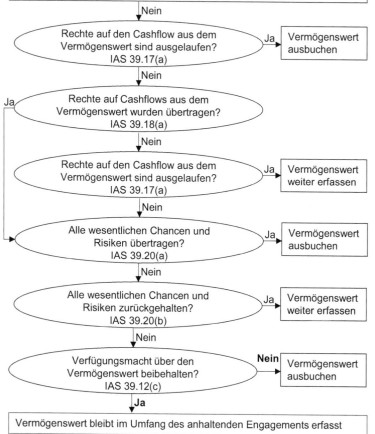

Beurteilung, was im Folgenden zur Ausbuchung betrachtet wird (IAS 39.16):
- Teil eines Vermögenswerts bzw. einer Gruppe von Vermögenswerten
- gesamter Vermögenswert bzw. Gruppe von Vermögenswerten

Nein

Rechte auf den Cashflow aus dem Vermögenswert sind ausgelaufen? IAS 39.17(a) — Ja → Vermögenswert ausbuchen

Nein

Rechte auf Cashflows aus dem Vermögenswert wurden übertragen? IAS 39.18(a) — Ja

Nein

Rechte auf den Cashflow aus dem Vermögenswert sind ausgelaufen? IAS 39.17(a) — Ja → Vermögenswert weiter erfassen

Nein

Alle wesentlichen Chancen und Risiken übertragen? IAS 39.20(a) — Ja → Vermögenswert ausbuchen

Nein

Alle wesentlichen Chancen und Risiken zurückgehalten? IAS 39.20(b) — Ja → Vermögenswert weiter erfassen

Nein

Verfügungsmacht über den Vermögenswert beibehalten? IAS 39.12(c) — **Nein** → Vermögenswert ausbuchen

Ja

Vermögenswert bleibt im Umfang des anhaltenden Engagements erfasst

◻ **Abb. 3.2** Schema zur Ausbuchung finanzieller Vermögenswerte nach IAS 39.AG36

Die YM hat die Forderung vor dem Erwerb bewertet und ist zu dem Schluss gekommen, dass die Ausfallwahrscheinlichkeit der Forderung 10 % beträgt: 1 Mio. € × (1 − a) + 100.000 € × a = 910.000 €. Folglich ist a = 0,1. Die Schuld, die von der MD eingebucht werden muss, beträgt damit 100.000 € × 1,1 = 110.000 €. Es ergibt sich folgende Buchung:

Wertminderungsaufwand	100.000 €	an	Forderungen	100.000 €

Die Wertminderung korrigiert die Differenz zwischen dem beizulegenden Zeitwert der Forderung zum Verkaufszeitpunkt und deren Buchwert.

Bank	910.000 €	an	Forderungen	800.000 €
			Schuld	110.000 €

Von der Forderung verbleiben 100.000 €. Zudem wird die Schuld gegenüber der YM eingebucht.

Bei finanziellen Verpflichtungen erfolgt eine Ausbuchung erst dann, wenn die Verbindlichkeit vollständig erloschen ist (IAS 39.39). Im Falle einer Umschuldung ist darauf abzustellen, ob sich die Konditionen wesentlich verändert haben oder nicht. Ist dies der Fall, wird die alte Verbindlichkeit aus- und die neue eingebucht (IAS 39.40).

3.4.5 Hedge Accounting

Die bisherigen Ausführungen zeigen, dass Derivate ein wesentlicher Bestandteil von Finanzinstrumenten sind. Statistisch gesehen übersteigt das Volumen des Derivatehandels das Weltwirtschaftsprodukt um ein Vielfaches. Derivate und auch andere Finanzinstrumente mit ähnlicher Wirkung haben einen Sicherungszweck und sind je nach Basisobjekt für die verschiedensten Unternehmen notwendig.

Beispiel: Sicherungszweck von Finanzinstrumenten
In Abwandlung des obigen Beispiels wird die Forderung der MD nicht an die YM verkauft. Es soll sich zudem um eine Forderung in US-Dollar handeln. Der Wechselkurs betrug bei Vertragsschluss 1 € / 1 USD, beide Kurse notierten also zur Parität. Da der Schuldner in jedem Fall 1 Mio. USD zu zahlen hat, liegt das Währungsrisiko bei der MD:
- Kurs fällt auf 0,90 € / 1 USD: Zahlung an die MD: 900.000 € (Kursverlust)
- Kurs steigt auf 1,10 € / 1 USD: Zahlung an die MD: 1.100.000 € (Kursgewinn)

Um das Risiko aus Kursänderungen zu vermeiden, könnte ein Derivat mit gegenläufigem Effekt als Sicherungsgeschäft abgeschlossen werden. Bei perfekter Sicherung wird ein Kursverlust durch einen Gewinn aus dem Derivat ausgeglichen. Bei einem europäischen Derivat wird allerdings auch ein Kursgewinn durch einen Verlust aus dem Derivat ausgeglichen. Das Währungsrisiko ist in jedem Fall neutralisiert. Semantisch und inhaltlich ist zwischen dem Abschluss von Sicherungsgeschäften *(hedging)* und deren bilanziellen Darstellung, dem Hedge-Accounting, zu unterscheiden. Als Sicherungsinstrument kann prinzipiell jedes Derivat genutzt werden, sofern es den

Sicherungszweck erfüllt. So sind Rohstoffzertifikate für Händler und verarbeitende Unternehmen von Relevanz, während ein Wetterderivat bei Landwirten oder in der Touristikbranche eingesetzt werden kann. Ob ein Derivat zu Spekulationszwecken oder als Sicherungsinstrument verwendet wird, hat auf das Instrument keinen Einfluss. Bei der bilanziellen Darstellung ergibt sich jedoch die Notwendigkeit zu differenzieren.

Beispiel: Notwendigkeit von Hedge-Accounting

Die MD schließt zur Sicherung der Forderung ein Termingeschäft ab, durch welches die MD verpflichtet ist, zum Fälligkeitsdatum der Forderung 1 Mio. USD zum jetzigen Kurs zu verkaufen. Es findet keine Dokumentation der Sicherungsbeziehung statt.

Wechselkurs (€/USD)	0,90	1,0 (konstant)	1,10
Wert der Forderung (€)	900.000	1.000.000	1.100.000
Tatsächliches Ergebnis aus Grundgeschäft	– 100.000	0	+ 100.000
Tatsächliches Ergebnis aus Sicherungsgeschäft	+ 100.000	0	– 100.000
Abgebildetes Ergebnis	0	0	– 100.000

Da Gewinne und Verluste aus dem Devisentermingeschäft in der GuV ergebniswirksam abgebildet werden (financial assets at fair value through profit or loss), die Forderung in der Kategorie loans and receivables jedoch zu fortgeführten Anschaffungskosten mittels Effektivzinsmethode bewertet werden, entsteht eine Verzerrung. Tatsächlich gleichen sich die beiden Geschäfte mit Sicherheit aus. Der schwebende Gewinn des Grundgeschäfts wird jedoch nicht erfasst (Imparitätsprinzip).

Im Rahmen des Hedge-Accounting müssen Grund- und Sicherungsgeschäft zu einer Sicherungsbeziehung zusammengefasst werden, was zu dokumentieren ist. Hierbei gibt es zwei mögliche Ausprägungen. Eingegriffen wird in die erfolgswirksame oder erfolgsneutrale Erfassung von Wertänderungen

▬ des Sicherungsinstruments **oder**
▬ des Grundgeschäfts.

Im obigen Beispiel der Forderung wird in die Bilanzierung des Grundgeschäfts eingegriffen. Dieses wird nicht mehr zu fortgeführten Anschaffungskosten oder erfolgsneutral zum Fair Value (in der Kategorie available-for-sale financial assets), sondern wie das Sicherungsgeschäft erfolgswirksam in der GuV erfasst. Saldiert ergibt sich ein ausgewiesenes Ergebnis der Sicherungsbeziehung von Null.

Gesichert werden können Vermögenswerte und Schulden, aber auch schwebende Geschäfte, Transaktionen, die sehr wahrscheinlich sind, jedoch noch nicht zu einer Verpflichtung führen und Fremdwährungsinstrumente ausländischer Geschäftsbetriebe (IAS 39.78). Voraussetzung ist eine zuverlässige Messbarkeit des Grundgeschäfts. Nicht abgesichert werden kann das allgemeine Geschäftsrisiko, welches einem gekauften Unternehmen oder einer gehaltenen Beteiligung inhärent ist (IAS 39. AG98 f.). Prinzipiell muss das Grundgeschäft mit einem fremden Dritten abgeschlossen werden (IAS 39.80). Eine Absicherung von Komponenten eines Grundgeschäfts wie auch die Gruppierung verschiedener Grundgeschäfte ist unter Beachtung der Vorschriften möglich (IAS 39.AG99F bzw. .83).

Als Sicherungsinstrumente eignen sich grundsätzlich Finanzderivate, da diese sehr vielseitig aufgebaut werden können und normalerweise einen geringen Investitionsbedarf erfordern. Nach IAS 39.72 können für die Absicherung von Währungsrisiken auch nicht derivative Finanzinstrumente herangezogen werden. Zudem ist es möglich, eine Sicherung des Grundgeschäfts mit einem Teil eines Finanzinstruments durchzuführen, sofern die Laufzeiten beider Geschäfte vergleichbar sind (IAS 39.75). Die Aufspaltung eines Derivats ist jedoch grundsätzlich untersagt (IAS 39.77). Wie auch das Grundgeschäft muss beim Sicherungsgeschäft mit einer externen Partei kontrahiert werden (IAS 39.73). Ist dies nicht der Fall, verbleiben die Risiken beim Unternehmen.

Merke!

Eine **Sicherungsbilanzierung** kann vorgenommen werden, wenn
- eine Sicherungsbeziehung nach IAS 39 vorliegt **und**
- diese Sicherungsbeziehung effektiv ist.

Es können drei Arten von Sicherungsbeziehungen unterschieden werden (IAS 39.86):

Absicherung des beizulegenden Zeitwerts *(fair value hedge)*	Absicherung gegen die Änderung des beizulegenden Zeitwerts eines Vermögenswerts oder einer Verbindlichkeit mit Auswirkung auf die GuV.
Absicherung von Zahlungsströmen *(cash flow hedge)*	Absicherung gegen Änderungen der Zahlungsströme, die auf bestimmte Vermögenswerte oder Verbindlichkeiten zurückzuführen sind und Auswirkungen auf die GuV haben.
Absicherung einer Nettoinvestition in einen ausländischen Geschäftsbetrieb *(hedge of a net investment in a foreign operation)*	Absicherung gegen Währungsänderungen bei einem ausländischen Geschäftsbetrieb, der nach IAS 21.8 vorliegt, wenn ein Unternehmensteil mit ausländischer Währung operiert.

Die Sicherungsbeziehung gilt als effektiv, wenn

- deren Effektivität aufgrund von Erfahrungen aus der Vergangenheit zu erwarten ist. Dies wird angenommen, wenn die Wertänderung des Grundgeschäfts im Verhältnis zur Wertänderung der Sicherungsbeziehung zwischen 80 % und 125 % lag (IAS 39.AG105),
- die Effektivität der Sicherungsbeziehung verlässlich messbar ist und
- die Effektivitätsmessungen der Vergangenheit mit positiven Ergebnissen durchgeführt werden konnten (IAS 39.88).

Zudem gibt es verschiedene Dokumentationsvoraussetzungen für die Durchführung eines Hedge-Accountings.

Beim *fair value hedge* wird der *accounting mismatch* aufgelöst, indem die Bewertungsregeln des Grundgeschäfts angepasst werden. Es erfolgt eine Erfassung in der GuV, wie dies beim obigen Beispiel bereits gezeigt wurde. Zu beachten ist, dass sich dies nur auf die zu sichernde Komponente bezieht.

Bei einem *cash flow hedge* werden hingegen die Wertänderungen des Derivats, entgegen der allgemeinen Bewertungsgrundsätze, nicht erfolgswirksam in der GuV erfasst, sondern erfolgsneutral über das OCI in das Eigenkapital eingestellt und später im Zuge des Recyclings umgebucht. Bei nicht perfekten Sicherungen (keine genaue Abbildung des Grundgeschäfts durch das Hedge oder es fallen Gebühren an) wird nur der effektive Teil des Derivats im sonstigen Ergebnis erfasst.

Bezüglich des *hedge of a net investment in a foreign operation* muss differenziert werden, ob das ausländische Unternehmen Teil des operativen Prozesses der Mutter ist und z. B. den Vertrieb der Produkte der Mutter im Ausland durchführt oder von Geschäftstätigkeit der Mutter losgelöst zu behandeln ist. In ersterem Fall findet die Zeitbezugsmethode Anwendung. Hierbei teilen Mutter und Tochter eine funktionale Währung, in die alle Abschlusspositionen umgerechnet werden. In diesem Fall kann ein normales Hedge erfolgen. Im zweiten Fall wird die modifizierte Stichtagsmethode angewandt. Hierbei werden Abschlusspositionen zum Stichtagskurs umgerechnet. Die Umrechnungsdifferenz wird erfolgsneutral erfasst und bis zum Verkauf der Tochter in eine Rücklage eingestellt. Für diesen Fall ist die Kategorie *hedge of a net investment in a foreign operation* anzuwenden. Hierbei wird die Nettoinvestition – also der Anteil, den die Mutter am Eigenkapital der Tochter hält, abgesichert. Die bilanzielle Erfassung folgt analog der des *cash flow hedge*.

3.5 Lern-Kontrolle

Kurz und bündig

Allgemein liegt ein Vermögenswert vor, wenn Verfügungsmacht über eine Ressource besteht und der Zufluss wirtschaftlichen Nutzens aus dieser Ressource wahrscheinlich ist.

Immaterielle Vermögenswerte (IAS 38) zeichnen sich zusätzlich durch ihre Identifizierbarkeit aus, die gegeben ist, wenn diese separierbar sind oder aus einem vertraglichen Recht bestehen. Hierbei spielt die Identifikation eines Geschäfts- oder Firmenwerts eine zentrale Rolle. Bei der für den Ansatz notwendigen verlässlichen Bestimmbarkeit der Anschaffungs- und Herstellungskosten ist die Differenzierung zwischen der Forschungs- und der Entwicklungsphase von besonderem Interesse. Sollen die historischen Anschaffungs- und Herstellungskosten fortgeführt werden, ist zu berücksichtigen, ob die Nutzungsdauer bestimmbar ist oder nicht. Dies hat ebenfalls Auswirkungen auf die Anwendung des Werthaltigkeitstests.

Sachanlagen (IAS 16) sind Vermögenswerte, die materiell sind und keine Vorräte darstellen. Investment Properties (IAS 40) sind Immobilien, die nicht selbst genutzt werden. Beim Ansatz nimmt vor allem das Finanzierungsleasing (IAS 17) eine besondere Rolle ein. Bei der Zugangsbewertung ist der Komponentenansatz, der einen Vermögenswert für Zwecke der Abschreibung unterteilt, relevant. Die Folgebewertung von Investment Properties zum beizulegenden Zeitwert mit der (im Gegensatz zum Neubewertungsmodell) völligen Durchbrechung des Imparitätsprinzips stellt auch in den IFRS eine Besonderheit dar.

Vorräte (IAS 2) sind das materielle Vermögen, das im normalen Geschäftsgang verkauft werden soll, hierzu hergestellt wird oder in die Herstellung eingehen soll. Bei der Folgebewertung sind verschiedene Verbrauchsfolgeverfahren, wie die Durchschnittsmethode, die FiFo-Methode oder die retrograde Methode zulässig.

Finanzinstrumente (IAS 39) sind Verträge, die gleichzeitig bei einem Vertragspartner zu einem finanziellen Vermögenswert, beim Anderen zu einer finanziellen Verbindlichkeit oder einem Eigenkapitalinstrument führen. Derivative Finanzinstrumente zeichnen sich durch die Wertentwicklung aus, die von einem Basisobjekt abhängt. Zudem ist eine vergleichsweise geringe Investition nötig, um an den zukünftigen Wertentwicklungen zu partizipieren. Finanzinstrumente werden momentan noch in vier Kategorien eingeteilt, die sich an deren Beschaffenheit und Einsatz im Unternehmen orientieren. Jeder Kategorie sind bestimmte Bewertungsvorschriften inhärent, sodass Finanzinstrumente zum beizulegenden Zeitwert, zu fortgeführten Anschaffungskosten mittels Effektivzinsmethode oder gar zu historischen Kosten bewertet werden. Die Zugangsbewertung erfolgt nominell zum beizulegenden Zeitwert, tatsächlich meist zu Anschaffungskosten.

🕮 Let's check

1. Wie sind immaterielle Vermögenswerte definiert?
2. Was ist ein Geschäfts- oder Firmenwert?
3. Worin unterscheidet sich ein derivativer von einem originären Goodwill bezüglich seiner Definition und Ansetzbarkeit?
4. Wie unterscheiden sich Forschungs- von Entwicklungskosten? Warum ist diese Unterscheidung wichtig?
5. Wie sind Sachanlagen definiert?
6. Was unterscheidet Investment Properties von Immobilien, die Sachanlagen sind?

7. Wonach kann eine gemischt genutzte Immobilie aufgeteilt werden?
8. Nennen Sie drei Beispiele für Nebenleistungen bei einer vermieteten Immobilie. Wann sind diese als unwesentlich einzustufen?
9. Was ist der Komponentenansatz? Ist die Anwendung freiwillig?
10. Wann ist der Komponentenansatz bei Investment Properties ausgeschlossen?
11. Welche Sachanlagen haben eine unendliche Nutzungsdauer?
12. Was sind die zentralen Unterschiede zwischen dem Neubewertungsmodell und der Bewertung von Investment Properties zum beizulegenden Zeitwert?
13. Welche Konsequenz ergibt sich aus der Anwendung von IFRS 5?
14. Welche Methoden zur Vereinfachung der Vorratsbewertung sind gemäß IAS 2 gestattet?
15. Wie setzen sich die Anschaffungskosten nach IFRS zusammen?
16. Wie sind Finanzinstrumente (i. S. d. IAS 32) definiert?
17. Was ist Hedge Accounting?
18. Unter welchen Voraussetzungen kann eine Sicherungsbeziehung bilanziert werden?

❓ Vernetzende Aufgaben

1. Recherchieren, vergleichen und interpretieren Sie in den Geschäftsberichten der BASF SE und der SAP SE & Co. KG:
    a) Den Wert der immateriellen Vermögenswerte.
    b   Das Verhältnis aus Geschäfts- oder Firmenwerten und der Bilanzsumme.
    c) Das Verhältnis zwischen Sachanlagen und immateriellen Vermögenswerten.
    d) Die Abschreibungsmethoden von Sachanlagen und immateriellen Vermögenswerten.
    e) Ob Investment Properties vorliegen.
2. Suchen Sie im Abschluss eines beliebigen DAX, MDAX oder SDAX Unternehmens im Anhang nach dem Anlagespiegel.
    a) Wie wird von den dort angegebenen historischen Anschaffungs- und Herstellungskosten zum Buchwert übergeleitet?
    b) Suchen Sie in der Tabelle mit den kumulierten Abschreibungen bei den immateriellen Vermögenswerten nach der Zeile mit den Zugängen bzw. Abschreibungen. Warum kann es sich bei dem hier angegebenen Wert beim Geschäfts- oder Firmenwert nur um Wertminderungen der Periode handeln?
3. Beschaffen Sie sich den Geschäftsbericht der Metro Group.
    a) Lesen Sie die Angaben zu den Vorräten im Anhang. Wie verteilen sich die Vorräte auf die einzelnen Geschäftsbereiche?
    b) Vergleichen Sie den Wert der Vorräte mit einem MDAX-Unternehmen aus einer anderen Branche (z. B. mit der LEG Immobilien AG). Was fällt Ihnen auf?

4. Die derzeitigen Regelungen des IAS 39 zur Bilanzierung von Finanzinstrumenten werden in naher Zukunft durch den neuen Standard IFRS 9 ersetzt.

    a) Suchen Sie im Geschäftsbericht der Metro Group nach den „Erläuterungen zu Grundlagen und Methoden des Konzernabschlusses".

    b) Lesen Sie die Darstellungen der Metro Group zu den Änderungen der Bilanzierung von Finanzinstrumenten, die durch den neuen IFRS 9 Standard resultieren. Ist bereits abzusehen, welche Auswirkungen sich hierbei auf den Geschäftsbericht der Metro Group ergeben?

    c) Recherchieren Sie, ab wann IFRS 9 erstmalig angewendet werden muss. Ab wann erfolgt die Anwendung bei der Metro Group?

Lesen und Vertiefen

- Dilßner, M. und Müller, S (2017). Leasingbilanzierung auf dem Prüfstand. Zeitschrift für Bilanzierung, Rechnungswesen und Controlling (BC), 4, 164–170 und 5, 220–224.
  Der Doppelbeitrag stellt die wesentlichen Unterschiede des neuen (IFRS 16) und alten Rechts (IAS 17) übersichtlich dar.

- Pellens et al. (2017). *Internationale Rechnungslegung*. Stuttgart: Schäffer-Poeschel. S. 965–993.
  Hier kann ergänzend zum Exkurs in ▶ Abschn. 3.2.2.3 anhand anschaulicher Beispiele die Erst- und Folgebewertung nach Maßgabe von IFRS 5 nachvollzogen werden.

- Lüdenbach et al. (2017). *IFRS-Kommentar*. Freiburg: Haufe, §§ 28 und 28a.
  Die Rechnungslegung zu Finanzinstrumenten ist äußerst kompliziert und geht weit über das hinaus, was Sie in diesem Grundlagenbuch gelernt haben. Im genannten Kommentar umfassen die Kapitel zu Finanzinstrumenten und Sicherungsinstrumenten 280 Seiten. Lesen Sie einzelne Randnummern zu Aspekten, die Sie interessieren. Zudem bildet der Kommentar auch schon das neue Recht nach IFRS 9 wieder. So können Sie die Weiterentwicklung der IFRS hautnah miterleben.

- Kirsch, H. (2016). *Einführung in die IFRS*. Herne: nwb. S. 130–146.
  Eine Zusammenfassung der absoluten Basics zu IFRS 9 auf wenigen Seiten.

Bilanzierung primärer Passiva

Prof. Dr. Stefan Müller, Patrick Saile

© Springer Fachmedien Wiesbaden GmbH 2018

S. Müller, P. Saile, *Internationale Rechnungslegung (IFRS)*, Studienwissen kompakt,

https:/doi.org/10.1007/978-3-658-17361-6_4

Lernagenda

Die verschiedenen Arten von Vermögenswerten und Schulden werden nach den IFRS unterschiedlich bilanziell gewürdigt. Die Standards regeln insbesondere deren Abgrenzung, Ansatz und Bewertung sowie Ergebniswirkungen. Sie sollen lernen,

— wann und welche Art von Vermögenswerten oder Schulden vorliegt,

— welcher Standard anzuwenden ist,

— welche Anhangangaben sich aus dem Sachverhalt ergeben und

— wie und wann sich der Sachverhalt auf die Gesamtergebnisrechnung auswirken wird.

Einige Sachverhalte wie latente Steuern und Rechnungsabgrenzungsposten können daher sowohl auf der Aktiv- als auch auf der Passivseite der Bilanz auftreten. Aus diesem Grund ist es bei diesen Sachverhalten besonders wichtig, die konzeptionellen Grundlagen der Bilanzierung verstanden zu haben (▶ Abschn. 2.2).

▶ Abschn. 4.1	Verbindlichkeiten und Rückstellungen	Neben dem Eigenkapital stellen Verbindlichkeiten und Rückstellungen die wesentlichen Schuldenpositionen in der Bilanz dar. Lernziele sind das Verständnis über die Abgrenzung von Verbindlichkeiten, Pensionsrückstellungen und sonstigen Rückstellungen sowie deren Bewertung.
▶ Abschn. 4.2	Latente Steuern	Latente Steuern entstehen sowohl auf der Aktiv- als auch auf der Passivseite der. In diesem Abschnitt sollen Sie lernen, woraus latente Steuern entstehen können, wie diese zu erfassen sind, was sich hinter dem Temporary-Konzept verbirgt und wann welche Art von Steuerlatenz entsteht.
▶ Abschn. 4.3	Rechnungsabgrenzungsposten	Rechnungsabgrenzungsposten korrigieren zeitlichen Differenzen, die dem Grundsatz der Periodenabgrenzung widersprechen. Sie sollen lernen, was Rechnungsabgrenzungsposten sind, wann diese benötigt werden und wie sie zu bilden sind.

4.1 Verbindlichkeiten und Rückstellungen

4.1.1 Identifikation von Verbindlichkeiten und Rückstellungen

4.1.1.1 Abgrenzung

Die auf der Passivseite der Bilanz auszuweisenden Schulden des Unternehmens sind mindestens zu unterteilen in jeweils kurz- und langfristige Verbindlichkeiten (mit der weiteren Unterteilung in Verbindlichkeiten aus Lieferungen und Leistungen, sonstigen Verbindlichkeiten sowie finanziellen Verbindlichkeiten) und Rückstellungen sowie Steuerschulden, latente Steuerschulden nach IAS 12 (▶ Abschn. 4.2) und Schulden aus Veräußerungsgruppen nach IFRS 5 (▶ Abschn. 3.2.2.3) (IAS 1.54). Sie können als Spiegelbild der (finanziellen) Vermögenswerte gesehen werden. Daher werden sie im Rahmenkonzept auch spiegelbildlich zu dem Vermögenswertbegriff definiert (▶ Abschn. 1.4.2) und sind vom Eigenkapital abzugrenzen (▶ Abschn. 3.4.1.1).

Somit umfassen die Schulden sehr unterschiedliche Positionen, die als direkte oder indirekte Fremdkapitalaufnahme sowie als zur Sicherung zukünftiger Auszahlungen umgegliedertes Eigenkapital verstanden werden können.

> **Merke!**
>
> **Direkte Fremdkapitalfinanzierung** liegt bei Verbindlichkeiten vor, wenn sich das Unternehmen direkt Geld z. B. bei einer Bank leiht (finanzielle Verbindlichkeit).
>
> **Indirekt** erfolgt eine **Fremdkapitalaufnahme**, wenn ein Unternehmen Lieferungen oder Leistungen nicht sofort bezahlt (Einkauf auf Ziel = Verbindlichkeiten aus Lieferungen und Leistungen).

Eine nicht ganz trennscharf von der indirekten Fremdkapitalaufnahme zu unterscheidende Umgliederung aus dem Eigenkapital liegt dagegen bei Rückstellungen vor. Hier gibt es teilweise auch eine Leistung, die vom Unternehmen erst später bezahlt wird, wie beispielsweise bei Pensions- und Garantierückstellungen.

Grundsätzlich haben Rückstellungen die Funktion, eine zutreffende zeitliche Erfassung von Aufwendungen und Erträgen nach ihrer wirtschaftlichen Zuordnung sicherzustellen. Somit können Rückstellungen als Abgrenzungsposten verstanden werden, die sämtliche Aufwendungen erfassen, die wirtschaftlich der abgelaufenen Periode sowie der Vorperioden zuzurechnen sind, aber erst in der Zukunft zu Auszahlungen führen werden. Ein Beispiel hierfür ist ein Garantieanspruch, der bereits beim Verkauf des Produktes als Aufwand zu berücksichtigen und dem Erlös gegenüberzustellen ist. Kommt es dann im folgenden Geschäftsjahr zu einer Inanspruchnahme, so fallen in dieser Periode bei unterstellter zutreffender Betragsschätzung keine Aufwendungen hierfür an, sondern nur Auszahlungen.

Aufgrund der traditionell erheblichen wirtschaftlichen Bedeutung der betrieblichen Altersversorgung in Deutschland sollen Pensionsrückstellungen ausführlicher und gesondert von den sonstigen Rückstellungen thematisiert werden. Grundsätzlich kann die betriebliche Altersversorgung über beitrags- oder leistungsorientierte Zusagen erfolgen. Neben den Pensionen behandelt IAS 19 in diesem Kontext auch sonstige Leistungen, wie die Dotierung von Lebensversicherungen oder die Zusage von Unterstützungen bei Krankheitskosten von Betriebsrentnern und aktiven Mitarbeitern.

> **Merke!**
>
> **Beitragsorientierte Zusagen** liegen dann vor, wenn das Unternehmen nur zur Erbringung von Beiträgen verpflichtet ist oder diese freiwillig leistet.

Somit wird dem Arbeitnehmer keine konkrete Leistung zugesagt, sodass es auch zu keiner Nachschusspflicht bei sich schlecht entwickelnden Plänen kommen kann. Andersherum profitiert das Unternehmen aber auch nicht von einer besonders guten Performance, da diese allein dem Arbeitnehmer zufällt. Diese als *defined contribution plan* bezeichneten Versorgungszusagen, die z. B. über Versicherungen, Kreditinstitute oder Fondsanbieter abgewickelt werden können, aber letztlich auch auf die gesetzliche Rentenversicherung sowie auf Berufsgenossenschaften zutreffen, sind regelmäßig über aufwandswirksame Zahlungen abzugelten und kommen generell nicht für die Berücksichtigung als Pensionsverpflichtung in Betracht. Nach IAS 19.50 f. ist lediglich für den Fall, dass das Unternehmen Zahlungen vorgeleistet oder noch ausstehen hat, ein Bilanzausweis notwendig.

> **Merke!**
>
> **Leistungsorientierte Zusagen** *(defined benefit plans)* liegen vor, wenn das Unternehmen den Arbeitnehmern eine konkrete Pensionsleistung zusagt.

Die für die späteren Pensionszahlungen nötigen Mittel können entweder im Unternehmen angesammelt werden, was einer Direktzusage entspricht, oder die Finanzierung kann über einen rechtlich selbständigen Fonds in Form einer Unterstützungs- oder Pensionskasse, eines Pensionsfonds, eines Versicherungsunternehmens o. Ä. und somit mittelbar erfolgen.

Werden die Pensionszusagen über eine Institution abgewickelt, an der auch andere Unternehmen, wie etwa Zusatzversorgungskassen oder umlagefinanzierte Einrichtungen, beteiligt sind, so sieht IAS 19.33 zunächst eine Klassifikation dieser gemeinschaftlichen Pläne mehrerer Arbeitgeber gemäß den vorstehenden Regeln vor. Fehlen jedoch ausreichende Informationen, um einen als leistungsorientiert eingestuften Plan auch als solchen zu bilanzieren, so muss dieser nach IAS 19.34 wie ein beitragsorientierter Plan behandelt und entsprechende Anhangangaben gegeben werden.

4.1.1.2 Regelungsbereich

Die IFRS unterscheiden bei den Schulden grundsätzlich nach bestehenden Unsicherheiten. Geordnet nach zunehmender Unsicherheit ergibt sich folgende Hierarchie möglicher Schulden mit ihren englischen Originalbezeichnungen und Beispielen:

- *trade and other payables*: sehr sicher, z. B. mit Lieferantenrechnungen belegte Verbindlichkeiten aus Lieferungen und Leistungen;
- *accruals*: sicher, es bestehen Restunsicherheiten bezüglich der Höhe, z. B. noch nicht berechnete Leistungsverbindlichkeiten;
- *provisions*: wahrscheinlich *(more likely than not)*, z. B. drohende Verluste aus abgeschlossenen Verträgen, Pensionsrückstellungen, Garantierückstellungen;
- *contingent liability*: eher unsicher, z. B. noch nicht offenbarte Patentverletzungen oder Umweltschäden;
- *remote*: sehr unwahrscheinlich, z. B. höchst seltene Naturkatastrophen (z. B. Meteoriteneinschlag).

Die Sicherheit bezieht sich dabei auf die Höhe der zu begleichenden Schuld und den konkreten Rückzahlungszeitpunkt. Ein Ausweis der einzelnen Kategorien ist nicht separat erforderlich. Daher werden die *accruals* i. d. R. zusammen mit den *trade and other payables* als Verbindlichkeiten zusammengefasst. Auch die Rückstellungen sind ansatzpflichtig. Während die Eventualverpflichtungen zumindest noch im Anhang zu benennen sind, sind Risiken der Kategorie *remote* überhaupt nicht im Jahresabschluss anzugeben.

Den Verbindlichkeiten (▶ Abschn. 3.4) werden sog. abgegrenzte Schulden *(accruals)* in IAS 37.11 zugeordnet, bei denen der Grad der Unsicherheit hinsichtlich Höhe und Fälligkeit sehr gering ist. Dies sind etwa noch nicht vom Lieferanten berechnete, aber bereits erhaltene Güter oder Dienstleistungen, einbehaltungspflichtige Lohnsteuern und Sozialversicherungsbeiträge oder Abgrenzungen noch zu zahlender Urlaubsgelder.

> **Merke!**
>
> **Rückstellungen** liegen nach IAS 37.14 dann vor, wenn
> - aus einem vergangenen Ereignis eine gegenwärtige Verpflichtung rechtlich oder faktisch entstanden ist,
> - der Abfluss von Ressourcen mit wirtschaftlichem Nutzen zur Erfüllung der Verpflichtung wahrscheinlich ist **und**
> - eine verlässliche Schätzung der Höhe der Verpflichtung möglich ist.

Die Unmöglichkeit der Schätzung dürfte nach IAS 37.25 aber nur in äußerst seltenen Fällen vorliegen, sodass keine hohen Anforderungen an die Verlässlichkeit gestellt werden müssen.

> **Merke!**
>
> **Eventualverbindlichkeiten** sind nach IAS 37.10 mögliche, aber noch nicht gegenwärtige Verpflichtungen, sowie Rückstellungen, deren Abfluss von Ressourcen nicht wahrscheinlich ist oder in denen die Höhe nicht verlässlich geschätzt werden kann.

Das IASB hat für Fremdkapital keinen eigenständigen Standard geschaffen, sondern verschiedene Standards für bestimmte bzw. einige Kategorien zusammen mit deren vermögensseitigen Entsprechungen geregelt. Konkret sind daher relevant:
- IAS 12, Ertragssteuern (laufende und latente Steuerschulden),
- IAS 17, Leasing (Leasingverbindlichkeiten),
- IAS 18, Erträge (Drohverlustrückstellungen),
- IAS 19, Leistungen an Arbeitnehmer (Pensionsrückstellungen),
- IAS 37, Rückstellungen, Eventualschulden und Eventualforderungen,
- IAS 39, Finanzinstrumente (Finanzverbindlichkeiten),
- IFRS 2, Aktienbasierte Vergütung (aktienkursorientierte Vergütungsverpflichtungen).

Zudem sind für einige Spezialsachverhalte im Bereich der Schulden Interpretationen verabschiedet worden, wie z. B.
- zu Änderungen bestehender Rückstellungen für Entsorgungs-, Wiederherstellungs- und ähnliche Verpflichtungen (IFRIC 1),
- zu Fragen der Abgrenzung von Eigen- und Fremdkapital von Mitgliedsanteilen an Genossenschaften und ähnlichen Instrumenten (IFRIC 2),

▓ zum Ansatz von Rückstellungen – auch bei Auslagerung an einen Fonds – für Entsorgung, Wiederherstellung und Umweltsanierung (IFRIC 5),

▓ zu Verbindlichkeiten, die sich aus einer Teilnahme an einem spezifischen Markt ergeben (Rücknahme und Entsorgungsverpflichtungen) (IFRIC 6),

▓ zu Dienstleistungskonzessionsvereinbarungen (IFRIC 12),

▓ zu Kundenbindungsprogrammen (IFRIC 13).

In diesem Abschnitt werden die Schulden im Kontext von IAS 19, 37 und 39 thematisiert.

4.1.2 Ansatz

4.1.2.1 Verbindlichkeiten

Im Rahmen der Bilanzierung von Verbindlichkeiten wird grundsätzlich nur eine Differenzierung zwischen kurz- (i. d. R. bis ein Jahr) und langfristigen Verbindlichkeiten vorgenommen, wobei zur Beantwortung der Ansatzfrage die Kriterien des Rahmenkonzepts heranzuziehen sind (▶ Abschn. 1.4.2).

Im Zusammenhang mit der Definition von Schulden wird als Verpflichtung eine Pflicht oder Verantwortung des Unternehmens gegenüber außenstehenden Dritten angesehen, in bestimmter Weise zu handeln oder eine Leistung zu erbringen. Es ist dabei unerheblich, ob es sich um eine rechtlich bzw. vertraglich bindende Pflicht (z. B. Beträge, die für erhaltene Waren und Dienstleistungen zu zahlen sind) oder um eine Verpflichtung aus dem üblichen Geschäftsgebaren (z. B. Beträge, die für Kulanzregelungen anfallen) handelt. Schwebende Beschaffungsgeschäfte, bei denen die Leistung noch nicht erfolgt ist, sind daher nicht ansatzfähig, da auch die Gegenleistung in diesen Fällen nicht zu erbringen ist.

Es muss eine gegenwärtige Verpflichtung am Bilanzstichtag vorliegen. Daher zählen im Regelfall schwebende Verträge z. B. aus der Bestellung von Vermögenswerten nicht als Schulden. Eine gegenwärtige Verpflichtung könnte in einem solchen Fall nur angenommen werden, wenn das Unternehmen eine unwiderrufliche Vereinbarung über den Erwerb des Vermögenswerts unter Akzeptanz von wesentlichen Vertragsstrafen abschließt und dadurch nur wenig oder kein Spielraum mehr bleibt, die Auszahlung an den Vertragspartner zu verhindern.

Ansatzfähige Schulden liegen nur dann vor, wenn diese aus vergangenen Geschäftsvorfällen oder anderen Ereignissen der Vergangenheit resultieren. Auch künftige Preisnachlässe, die einem Kunden für zurückliegende Einkäufe eingeräumt werden (Bonus- und Rabattverpflichtungen), fallen unter den Schuldbegriff, da der Verkauf der Waren in der Vergangenheit den Geschäftsvorfall darstellt, der die Schulden verursacht.

Hinsichtlich des Ressourcenabflusses wird unterstellt, dass zur Erfüllung der Ansprüche der anderen Partei Ressourcen mit wirtschaftlichem Nutzen für das Unternehmen übergeben werden müssen. Konkret kann es sich dabei z. B. um flüssige Mittel, andere Vermögenswerte, aber auch die Erbringung von Dienstleistungen, eine Umschuldung oder die Hingabe von eigenen Eigenkapitalanteilen handeln.

Die Verlässlichkeit der Bewertung wird vom IASB ebenfalls als Ansatzkriterium verlangt. Allerdings wird an diese insoweit keine sehr hohe Anforderung gestellt, als Schätzungen akzeptiert werden. Nur in extrem seltenen Fällen kann es nach IAS 37.25 f. vorkommen, dass ein Ansatz einer Schuld aufgrund einer Unzuverlässigkeit der Schätzung nicht erfolgt. In diesem Fall sind Anhangangaben notwendig.

Im Gegensatz zu Rückstellungen müssen bei Verbindlichkeiten der Zeitpunkt sowie die Höhe der Rückzahlung mit deutlich größerer Wahrscheinlichkeit feststehen. Weil ansonsten die Kriterien identisch sind, kommt es in der Praxis zu Abgrenzungsproblemen, da sich ein Überschneidungsbereich ergibt. Verbindlichkeiten werden daher auch als „sichere" Schulden betitelt. Zu ihnen zählen z. B. kurzfristige formalisierte Lieferantenkredite, Kundenanzahlungen, vorgesehene und beschlossene Gewinnausschüttungen, passive Rechnungsabgrenzungsposten, Verpflichtungen für externe Kosten der Jahresabschlussprüfung, Ausgleichsansprüche von Handelsvertretern, Provisionen, ausstehende Abrechnungen, noch abzuführende Lohnsteuern oder Sozialversicherungsbeträge sowie Finanzverbindlichkeiten.

Zudem sind die Schulden vom Eigenkapital abzugrenzen, was speziell bei Personengesellschaften oder Genossenschaften sowie bei mezzaninem Kapital (Vereinbarungen, die bewusst so getroffen werden, dass sie nicht eindeutig dem Eigen- oder Fremdkapital zugeordnet werden können) herausfordernd ist. Dabei besteht die zentrale Problematik weniger in dem separaten Ausweis, da durch die Anwendung des *substance-over-form*-Gedankens mit einer treffenden Bezeichnung dem Bilanzleser der Inhalt des Postens zutreffend vermittelt werden kann, als vielmehr in den Folgewirkungen auf die Bewertung der unter IFRS eher als Fremdkapital zu behandelnden Größe (▶ Abschn. 3.4.1.1).

4.1.2.2 Pensionsrückstellungen

Die als Rückstellungen auszuweisenden Pensionsverpflichtungen umfassen sowohl die Pensionen als auch die pensionsähnlichen Leistungen, die aus leistungsorientierten Zusagen stammen. Die pensionsähnlichen Leistungen können z. B. medizinische Versorgungszusagen, Lebensversicherungszusagen oder ähnliches umfassen, wenn sie nach Beendigung des Arbeitsverhältnisses anfallende Leistungen darstellen.

Anzusetzen sind die aufgrund von erbrachten Arbeitsleistungen des Arbeitnehmers gegebenen unmittelbaren leistungsorientierten Zusagen sowie Unterdeckungen von mittelbaren leistungsorientierten Zusagen für künftig zu zahlende Beträge von Pensionen und Pensionsnebenleistungen nach IAS 19.56. Der Ausweis der mittelbaren

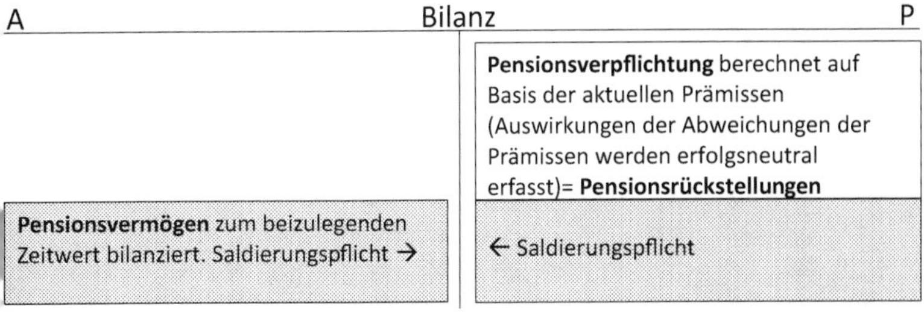

A	Bilanz	P

Pensionsverpflichtung berechnet auf Basis der aktuellen Prämissen (Auswirkungen der Abweichungen der Prämissen werden erfolgsneutral erfasst)= **Pensionsrückstellungen**

Pensionsvermögen zum beizulegenden Zeitwert bilanziert. Saldierungspflicht →

← Saldierungspflicht

◘ **Abb. 4.1** Saldierung des Planvermögens mit den Pensionsverpflichtungen

Verpflichtungen ergibt sich daraus, dass nach IAS 19.57 stets die Gesamtverpflichtung zu ermitteln ist, von der dann der Wert eines Planvermögens abzuziehen ist.

Merke!

Das **Planvermögen** umfasst Vermögen, das durch einen langfristig ausgelegten Fonds zur Erfüllung von Leistungen an Arbeitnehmer gehalten wird, sowie Versicherungsverträge, die nur verwendet werden können, um Leistungen an die Arbeitnehmer zu zahlen oder zu finanzieren und im Insolvenzfall einzig den Arbeitnehmern zustehen (IAS 19.8).

Somit ergibt sich nach der in ◘ Abb. 4.1 dargestellten Saldierung lediglich der Ausweis einer Pensionsrückstellung in der Bilanz. Sollte das Planvermögen die Pensionsverpflichtungen übersteigen, so kommt es nach Prüfung gem. IAS 19.64 zu einem Ausweis eines Vermögenswerts auf der Aktivseite der Bilanz.

Diese Saldierung muss für jeden einzelnen Leistungsplan des Unternehmens erfolgen. Daher sind in der Praxis durchaus Fälle anzutreffen, in denen bei Unternehmen mit mehreren Versorgungsplänen (z. B. in verschiedenen Ländern) sowohl ein Vermögenswert aus einem überdotiertem Versorgungsplan als auch eine Pensionsrückstellung aus unterdotierten Versorgungsplänen in der Bilanz ausgewiesen sind.

4.1.2.3 Sonstige Rückstellungen

Nach den IFRS wird beim Bilanzansatz zwischen bestandssicheren und bestandsunsicheren Verpflichtungen differenziert. Die Sicherheit bezieht sich auf die Höhe der Verpflichtung, den Zeitpunkt der Erfüllung und die Person des Gläubigers. Dabei mangelt es in IAS 37.10 f. an einer klaren Abgrenzung zwischen Verbindlichkeiten und Rückstellungen, da erstere allgemein nur durch einen deutlich höheren Grad an Sicherheit in Höhe und Zeitpunkt des Zahlungsmittelabflusses gekennzeichnet sind. Allerdings liegt es in der Natur der Sache, dass es aufgrund der Unmöglichkeit der exakten Zukunftsvorhersage auch letztlich theoretisch nicht möglich ist, einem Ereignis eine genaue Wahrscheinlichkeit zuzuordnen.

Eine Rückstellung ist als bestandsunsichere Verpflichtung nach IAS 37.14 anzusetzen, wenn die Definition der Bestimmung einer Schuld erfüllt ist. Beispiele für Rückstellungen sind: Verpflichtungen aus Gewährleistungen, rechtliche oder faktische Verpflichtungen zur Reinigung von kontaminiertem Boden oder zur Wiederherstellung von Anlagen sowie die Politik eines Einzelhändlers, Kunden den Kaufpreis auch über die Umtauschfrist hinaus aus Kulanzgründen zu erstatten.

Diese sehr weite Definition wird nach dem IAS 37 aber auf reine Außenverpflichtungen beschränkt, sodass keine Rückstellungen gegen das Unternehmen selber gebucht werden können. In diesem Kontext sind auch die Ansatzkriterien für Rückstellungen zu sehen, die eine gegenwärtige rechtliche oder faktische Verpflichtung voraussetzen. Eine faktische Verpflichtung entsteht aus Aktivitäten des Unternehmens, mit denen es anderen gegenüber die Übernahme gewisser Verpflichtungen angedeutet und dadurch die Erwartung erweckt hat, dass es diesen Verpflichtungen nachkommen wird. Wirtschaftlich sinnvoll kann sich das Unternehmen diesen Verpflichtungen häufig nicht entziehen, z. B. bei der Schadensregulierung auf Kulanz. Bei der Frage, ob eine Verpflichtung vorliegt, der sich das Unternehmen rechtlich oder faktisch nicht entziehen kann, kommt es oft zu Unsicherheiten. Im IAS 37.15 wird für diesen Fall gefordert, dass auf der Grundlage aller verfügbarer Informationen mehr für als gegen das Bestehen einer aktuellen Verpflichtung spricht. Es wird somit bereits an dieser Stelle mit einem Wahrscheinlichkeitsmaß von 50 % gearbeitet (*more likely then not*).

Zudem dürfen nicht alle Verpflichtungen angesetzt werden, sondern nur die, die aus vergangenen Ereignissen resultieren. Sind jedoch noch konkrete Handlungen denkbar, sodass sich das Unternehmen einer möglichen zukünftigen Verpflichtung entziehen kann (IAS 37.19), dann erscheint ein Bilanzansatz wenig gerechtfertigt. Zudem wird so sichergestellt, dass die Aufwendungen möglichst periodengerecht auch den entsprechenden Erlösen gegenübergestellt werden können. Für den Fall künftig entstehender Verpflichtungen sind i. d. R. auch bisher keine Erträge erfasst worden.

Die Wahrscheinlichkeitsschwelle für den Ansatz einer Rückstellung wird nach IFRS mit 50 % für einen Ressourcenabfluss bestimmt. Der Ressourcenabfluss muss dabei nicht auf jeden Einzelfall zutreffen, vielmehr sind bestimmte Klassen von Verpflichtungen zu bilden.

Beispiel: Ansatz von Rückstellungen

Der RS Baumarkt hat folgende ggf. rückstellungsauslösende Vorgänge einzuschätzen:

a.   Im Überschwang der im Ort aufgekommenen Basketballeuphorie nach dem Einzug in die Play-Off-Phase hat das Unternehmen eine Werbekampagne gestartet, nach der im Falle des Gewinns der Deutschen Meisterschaft den Kunden einer bestimmten Bierzeltgarnitur kostenlos Auflagen und Tischdecken in Vereinsfarben sowie je ein Kasten Bier und Softdrink spendiert wird. Die Spiele haben zum Bilanzstichtag noch nicht begonnen, in den Wettbüros werden aber eindeutig andere Favoriten gehandelt.

b. Bei 1.500 im Geschäftsjahr verkauften Elektrowerkzeugen ist der Verdacht aufgekommen, dass diese durch falsche Lagerung vor dem Verkauf zu 10 % schadhaft sind und dann zurückgenommen werden müssen.

c. In 12 Monaten tritt eine neue Abgasverordnung in Kraft, die den Betrieb der bisherigen Heizungsanlage nicht mehr gestattet. Es sind jetzt schon strenge Kontrollen und hohe Bußgelder für einen Verstoß gegen die neuen Auflagen angekündigt.

d. Beim Hantieren mit Kettensägenöl sind den Auszubildenden mehrere Behältnisse undicht geworden und Öl ist ins Erdreich eingesickert. Ohne Kenntnis der zuständigen Behörden tauscht das Unternehmen das kontaminierte Erdreich selber aus und lässt es ordnungsgemäß entsorgen. Gleichwohl droht ein Bußgeld für die Unachtsamkeit.

e. Der Gabelstapler des Betriebs ist alle 4 Jahre gründlich für 40.000 € zu überholen.

f. Die Fassade des Baumarkts ist in der Öffentlichkeit in Kritik geraten. Ohne eine rechtliche Verpflichtung sagt die Geschäftsleitung öffentlich zu, eine Umgestaltung vorzunehmen.

Lösung:

a. Die Wahrscheinlichkeit, dass dem Unternehmen ein Ressourcenabfluss droht, liegt unter 50 %, sodass lediglich eine Anhangangabe als Eventualverbindlichkeit, nicht aber ein Rückstellungsansatz in Betracht kommt.

b. Die Einzelwahrscheinlichkeit für die Inanspruchnahme von Garantieleistungen für ein einzelnes Produkt liegt zwar unter 50 % (hier bei 10 %), in der Gesamtheit der 1.500 Produkte ist aber mit hoher Wahrscheinlichkeit davon auszugehen, dass es zu zukünftigen Auszahlungen für die Rücknahme von ca. 150 Elektrowerkzeugen kommen wird. Daher Ansatz einer Rückstellung.

c. Es handelt sich bei den drohenden Bußgeldern um zukünftige Ereignisse, die noch durch das Umrüsten der Heizungsanlage vermieden werden können, daher kommt kein Ansatz als Rückstellung in Betracht. Die notwendigen Kosten der Umrüstung können ebenfalls nicht als Rückstellungen angesetzt werden, da keine Außenverpflichtung aus einem vergangenen Ereignis vorliegt.

d. Nach höchstrichterlicher Entscheidung ist bei Unkenntnis der zuständigen Behörden die Inanspruchnahme des Unternehmens durch ein Bußgeld als unwahrscheinlich einzustufen, womit keine Rückstellung anzusetzen ist.

e. Es handelt sich um eine Innenverpflichtung. Selbst wenn Ende des 4. Jahres die Überholung in Auftrag gegeben ist, darf keine Rückstellung gebildet werden.

f. Trotz fehlender rechtlicher Verpflichtung besteht eine faktische Verpflichtung gegenüber der Öffentlichkeit, die den Ansatz einer Rückstellung für die Umgestaltung rechtfertigt.

Schließlich ist eine zuverlässige Betragsschätzbarkeit erforderlich, wobei den Unternehmen aber ein sehr breiter Einschätzungsspielraum geboten wird, da auch etwa Spannbreitenangaben stets in einwertige Beträge zu überführen sind. Hier wird die Problematik der Abbildung von Risiken durch die einwertige monetäre Erfassung im Abschluss deutlich. Zur Einschätzung des Risikopotenzials des Unternehmens sind daher beispielsweise ergänzende Informationen aus Risiko- und Chancenberichten im Lagebericht und Erläuterungen im Anhang notwendig. Sollte eine Betragsschätzung einem Unternehmen dennoch nicht mit hinreichender Verlässlichkeit möglich sein, so ist dieser Umstand anzugeben und ein (unzuverlässig ermittelter) Betrag unter den Eventualverpflichtungen zu erfassen.

4.1.3 Bewertung

4.1.3.1 Zugangsbewertung
4.1.3.1.1 Verbindlichkeiten

Nach IAS 39 gilt für Finanzverbindlichkeiten, dass im Zugangszeitpunkt eine nominelle Erfassung zum Fair Value zu erfolgen hat. Gleichzeitig sollen aber entsprechende Anschaffungsnebenkosten mit einbezogen werden, was eine Vermengung von Bewertungsbegriffen zur Folge hat. Zudem führt die Verwendung des Fair Value schon bei der Einbuchung dazu, dass die Aufnahme von Verbindlichkeiten bereits im Zeitpunkt der Einbuchung zu einer Erfolgswirkung führen kann (▶ Abschn. 3.4.3).

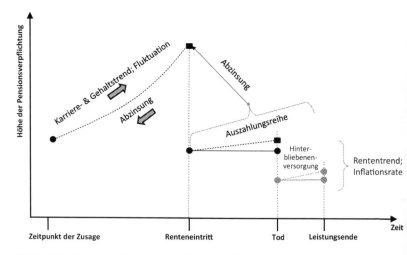

🔲 **Abb. 4.2** Schematische Darstellung der Ermittlung der Pensionsverpflichtung

4.1.3.1.2 Pensionsrückstellungen

Die Herausforderung der Bewertung von leistungsbasierten Pensionszusagen[1] bestehen in den vielen notwendigen Prämissen, die in das sehr langfristige Zeithorizonte betrachtende Bewertungsmodell einfließen müssen. ◘ Abb. 4.2 gibt einen schematischen Überblick über die Prämissen.

Für die Berechnung, die i. d. R. Aktuare durchführen müssen, werden somit in Abhängigkeit von der konkreten Ausgestaltung der Zusage folgende Prämissen benötigt:

- Biometrischen Größen wie Sterbewahrscheinlichkeit (IAS 19.81), Pensionseintritt, Hinterbliebene(-nversorgung), Fluktuationsrate sowie Karrieretrend (IAS 19.87).
- Finanzielle Größen wie Zinssätze (IAS 19.83), Inflationsraten für zu berücksichtigenden Renten- und Gehaltstrend (IAS 19.76).

Dabei zeigt sich aktuell, dass der Renteneintritt durch politische Vorgaben verändert werden kann. Führte die schrittweise Anhebung des Renteneingangsalters auf 67 Jahre durch die angenommene Verknüpfung der betrieblichen mit der gesetzlichen Rente[2] zu einer Verringerung der Pensionslasten der Unternehmen, so führt die beschlossene Rente mit 63 Jahren und 45 Beitragsjahren wieder zu Erhöhungen. Zudem sind durch die anhaltende Niedrigzinsphase die Abzinsungssätze derzeit sehr niedrig, was zu vergleichsweise hohen Bilanzansätzen führt.

Konkret erfolgt die Bewertung nach IAS 19.57 in folgenden grundsätzlichen Schritten:

1. Versicherungsmathematische Bestimmung der leistungsorientierten Verpflichtung zum Bilanzstichtag unter Verwendung des Ansammlungsverfahren (Verfahren der laufenden Einmalprämien IAS 19.67), die eine verlässliche Schätzung der in der laufenden und früheren Perioden erdienten Leistungen darstellen muss. Dazu ist einerseits zu bestimmen, wie viel den Leistungen der laufenden und früheren Perioden zuzuordnen ist. Andererseits sind Einschätzungen zu demographischen sowie zu finanziellen Variablen erforderlich.

2. Abzinsung dieses Betrags zur Bestimmung des zum Stichtag bewerteten Barwerts der leistungsorientierten Verpflichtung. Der Zinssatz ist nach IAS 19.83 aus erstrangigen festverzinslichen Industrieanleihen abzuleiten, die am Bilanzstichtag am

---

1 Ähnliche Verpflichtungen sowie ausführlichere Darstellungen werden hier aus Platzgründen ausgeklammert, letztlich können die Ausführungen jedoch auch auf diese überführt werden und sind in IAS 19.55 ff. mit zahlreichen Beispielen nachzulesen. Auch ist sehr zu empfehlen, die folgenden Ausführungen an einem konkreten Beispiel aus einem Geschäftsbericht nachzuvollziehen. So finden sich im Anhang des Volkswagen-Geschäftsberichts gut nachvollziehbare Ausführungen zu Pensionsverpflichtungen.

2 Vgl. BAG Urteil v. 15.05.2012, 3 AZR 11/10, DB 2012, S. 1756 nach dem eine betriebliche Versorgungsregel mit einer vereinbarten Altersgrenze von 65 Jahren so auszulegen sei, als wäre damit die Regelung der gesetzlichen Rentenversicherung gemeint.

Markt gehandelt werden und deren Währung sowie Laufzeit denen der zu erfüllenden Verpflichtungen entsprechen.

3. Abzug des zum beizulegenden Zeitwert zum Stichtag bewerteten Planvermögens. Ist kein Planvermögen vorhanden, so ist konsequenterweise der Wert Null in die Rechnung zu übernehmen.

Ist die Verpflichtung niedriger als das Planvermögen, ist der Differenzbetrag noch einmal daraufhin zu untersuchen, ob dieser tatsächlich einen wirtschaftlichen Wert für das Unternehmen darstellt. Konkret ist der Differenzbetrag gem. IAS 19.64 zu reduzieren auf die Vermögensobergrenze, die in IAS 19.65 als Barwert der künftigen wirtschaftlichen Vorteile des Unternehmens zu ermitteln ist. Diese Vorteile können einerseits geminderte künftige Beitragszahlungen sein (das Planvermögen ist so hoch, dass neue Zusagen ohne weitere Zahlungen des Unternehmens erfolgen können) und andererseits direkte oder indirekte Rückflüsse an das Unternehmen sein.

4.1.3.1.3   Sonstige Rückstellungen

Bei Rückstellungen ist im Falle der erstmaligen Bewertung der unter Einsatz einer bestmöglichen Schätzung der Ausgaben ermittelte Erfüllungsbetrag anzusetzen, der bei langfristigen Rückstellungen ggf. noch abzuzinsen ist.

> **Merke!**
>
> Der **Erfüllungsbetrag** ist der fiktiv zur Übertragung der Verpflichtung auf einen Dritten zu zahlende Betrag, d. h. der Wert, der zum Bilanzstichtag notwendig wäre, um die gegenwärtige Verpflichtung zu regulieren (IAS 37.36).

Da qua Definition Unsicherheiten über den Zeitpunkt und den Betrag des zukünftigen Zahlungsmittelabgangs existieren, sind Schätzungen notwendig. Für die Bestimmung des Wertansatzes ist daher die bestmögliche Schätzung heranzuziehen. Dabei kann sowohl von einer (fiktiven) Zahlung an den Anspruchsinhaber ausgegangen werden, als auch von einer (möglichen) Übertragung der Regulierung an einen Dritten. Zur Absicherung der Objektivität der Wertermittlung sollen neben den auf eigenen Erfahrungen beruhenden Einschätzungen fallweise auch Gutachter hinzugezogen werden. Auch Informationen, die erst nach dem Bilanzstichtag zur Verfügung stehen, sind für die Wertermittlung heranzuziehen (IAS 37.38).

Für die Bewertung ist dann ein für den Sachverhalt geeignetes Verfahren zu nutzen. So bietet es sich bei einer Vielzahl ähnlicher Sachverhalte und einer entsprechenden historischen Datenreihe an, statistische Verfahren, wie insbesondere das Erwartungswertverfahren, zu verwenden. In Anlehnung an IAS 37.39 ist dann etwa folgende Berechnung möglich:

Beispiel: Bewertung von Rückstellungen

Ein Hersteller von Küchenmaschinen stellt pro Jahr 50.000 Brotbackautomaten her und verkauft diese mit einer zweijährigen Garantiezusage. Aus den Daten des Qualitätsmanagements und der Kostenrechnung ist bekannt, dass in der Vergangenheit 90 % der Geräte in dieser Zeit intakt blieben. Bei 5 % war eine geringfügige Reparatur notwendig (50 €). Bei 4,5 % war ein Austausch des Gerätes notwendig, was 100 € verursacht. Bei 0,5 % führte der Defekt zu weiteren Schadensersatzansprüchen aus der Produzentenhaftung mit durchschnittlich 250 €. Der Ertragswert wird unter der Annahme, dass keine Änderungen der Werte in der Zukunft zu erwarten sind, zu folgendem Wert:

$$5\,\%\ \text{x}\ 50.000 = \quad 2.500\ \text{Backautomaten x}\ \ 50\ € = 125.000\ €$$

$$4,5\,\%\ \text{x}\ 50.000 = \quad 2.250\ \text{Backautomaten x}\ 100\ € = 225.000\ €$$

$$0,5\,\%\ \text{x}\ 50.000 = \quad\ \ 250\ \text{Backautomaten x}\ 250\ € = \ \ 62.500\ €$$

$$\underline{412.500\ €}$$

Es ergibt sich ein Erwartungswert von 412.500 €. Weitere Folgekosten, wie etwa entgangener Umsatz wegen einer geringen Wiederkaufbereitschaft der geschädigten Kunden, sind dagegen nicht zu berücksichtigen, da dies zukünftige Ereignisse betrifft und nicht zu einem konkreten Finanzmittelabfluss führt.

Diese Verfahren sind jedoch nur geeignet für Unternehmen mit hoher Wiederholungshäufigkeit der Leistungserstellung und Produkten mit längeren Lebenszyklen. Bei Einzelfertigern und auch z. B. bei Unternehmen der Unterhaltungselektronik mit extrem kurzen Produktlebenszyklen, lassen sich historische Vergleichswerte gar nicht oder nur nach notwendigen Modifikationen finden, was zwangsläufig zu einer höheren Unsicherheit der Bewertung führt.

Generell ergeben sich für die Bewertung der Rückstellung folgende Fragen:

- Welche Kostenbasis ist anzuwenden?
- Sind steuerliche Konsequenzen zu berücksichtigen?
- Ist die Geldentwertung bzw. sind Preissteigerungen zu berücksichtigen?
- Muss eine Diskontierung vorgenommen werden?
- Wie ist mit evtl. Kompensationsansprüchen zu verfahren?

Bei der Übernahme der Kosten ist darauf zu achten, dass nur aufwandsgleiche Kosten, d. h. keine Anders- oder Zusatzkosten, übernommen werden. Hinsichtlich der Bewertung ist vom Vollkostenansatz auszugehen, sodass auch sachverhaltsbezogen angemessene Teile der Gemeinkosten und der anteiligen Verwaltungskosten mit einfließen müssen.

Bei der Ermittlung sind keine steuerlichen Konsequenzen zu berücksichtigen. Es ist somit von Vorsteuergrößen auszugehen (IAS 37.41). Gleichwohl bleibt es bei ggf.

unterschiedlichen Wertansätzen in der Darstellung nach IFRS und dem Steuerrecht bei der Notwendigkeit, latente Steuern nach IAS 12 zu ermitteln.

Bei der Berechnung der Rückstellungen ist der Erfüllungsbetrag unter Berücksichtigung der Preisentwicklung zu ermitteln, der dann aber als Gegenwartswert wieder abgezinst werden muss. Damit sind künftige Preissteigerungen, aber auch z. B. Kostenminderungen durch andere Produktionsverfahren zu berücksichtigen. Konkret setzt IAS 37.48–.50 jedoch voraus, dass ausreichend objektive Erkenntnisse über diese zukünftigen Änderungen vorliegen. Letztlich können somit die Daten der Plankostenrechnung übernommen werden.

Die Abzinsung muss mit dem Nominalzins als Diskontierungsfaktor erfolgen. Alternativ kann ohne Erfassung von Preissteigerungen auch mit dem Realzins gerechnet werden. Die Risiken der zukünftigen Entwicklung sind nach IAS 37.47 möglichst nicht im Zinssatz, sondern in der Schätzung des Auszahlungsbetrages direkt zu erfassen. Somit ist ein Zinssatz zu wählen, der die aktuelle Markterwartung im Hinblick auf den laufzeitbezogenen Zinseffekt sowie die schuldspezifischen Risiken widerspiegelt. Nach IAS 37.45 wird noch einmal explizit auf den Wirtschaftlichkeitsgrundsatz hingewiesen. Somit ist eine Abzinsung nur vorzunehmen, wenn dies wesentliche Auswirkungen hat. Daher brauchen kurzfristige Rückstellungen oder vergleichsweise geringe Beträge nicht abgezinst zu werden.

Häufig besteht die Möglichkeit, eigene Verpflichtungen z. B. an Vorlieferanten im Binnenverhältnis weiterzugeben. Im Beispiel des Haushaltswarenherstellers könnte etwa bei dem Zulieferer der elektrischen Systeme des Brotbackautomaten ein Schadensersatzanspruch für Schäden geltend gemacht werden, soweit ein Fehler in den zugelieferten Systemen Verursacher des Schadens war. Nach IAS 37.53 ist ein solcher Kompensationsbetrag getrennt von der Rückstellung als eigener Vermögenswert zu aktivieren, wenn sie diese Kompensation so gut wie sicher ist.

Beispiel: Kompensationszahlungen bei Rückstellungen I

Ein Unternehmen wurde von Fischern auf Zahlung von Schadensersatzleistungen wegen Verunreinigung eines Gewässers verklagt, die auf mehrere Jahre verteilt anfallen sollen. Es wird folgende Auszahlungsreihe erwartet und mit den angegebenen laufzeitadäquaten Abzinsungssätzen gerechnet:

Periode	t1	t2	t3	t4	t5	t6	t7	Summe
Zinssatz (laufzeitadäquat)	1,57	1,65	1,77	1,93	2,1	2,27	2,42	
Betrag (nominal)	200	200	200	170	130	70	30	1.000
Betrag (abgezinst)	196,91	193,56	189,75	157,49	117,17	61,18	25,38	941,44

Allerdings hat das Unternehmen für diesen konkreten Sachverhalt eine Versicherung abgeschlossen, die den Ansprüchen mit sehr hoher Wahrscheinlichkeit zu 50 % nachkommen wird. Für diesen Fall sind sowohl eine Rückstellung in Höhe von 941,44 T€ als auch ein Kompensationsanspruch als sonstige Aktiva in Höhe von 470,72 T€ zu bilanzieren.

Die Wahrscheinlichkeiten für den Ansatz der Kompensationszahlung und der Rückstellung sind dabei unterschiedlich, sodass ein Kompensationsanspruch häufig nicht gebildet werden darf. Als weitere Eingrenzung darf der aktivierte Betrag nicht höher sein als die Rückstellung. In der GuV darf es hingegen zu einer Saldierung von Verpflichtung (Rückstellungszufuhr) und Anspruch (Vermögenswerteinbuchung) kommen.

Davon abzugrenzen sind gemeinsame Verpflichtungen. Liegt eine gesamtschuldnerische Haftung z. B. aus der gemeinsam mit einem anderen Unternehmen erbrachten Leistung vor, so ist der im Innenverhältnis von anderen Unternehmen zu tragende Teil nicht als Rückstellung zu passivieren, sondern ggf. als Eventualverpflichtung zu klassifizieren, soweit es wahrscheinlich ist, dass die beteiligten Unternehmen ihren Verpflichtungen auch nachkommen.

In der Praxis ist es möglich, dass insbesondere dann, wenn statistische Verfahren aufgrund nicht erfüllter Prämissen nur eingeschränkt eingesetzt werden können, für die Schätzungen der Rückstellungswerte eine Bandbreite von Möglichkeiten existiert. In diesem Fall ist nach IAS 37.40 der Wert mit der höchsten Realisationswahrscheinlichkeit zu wählen; im Falle von gleichen Wahrscheinlichkeiten ist nach IAS 37.39 der Mittelwert anzusetzen.

Mit IAS 37.43 wird explizit darauf hingewiesen, dass das Vorsichtsprinzip bei der Bewertung der Rückstellungen nicht zur Anwendung kommen soll. Vielmehr geht es um die möglichst genaue Schätzung. Vorhandene Unsicherheiten sollen nicht dazu führen, die Verpflichtungen zu hoch anzusetzen. So ist auch darauf zu achten, dass die Risiken nicht doppelt einerseits im Zinssatz und andererseits in der Auszahlungserwartung erfasst werden.

4.1.3.2 **Folgebewertung**
4.1.3.2.1 **Verbindlichkeiten**

Die Folgebewertung der Finanzverbindlichkeiten hat nach IAS 39.47 i. d. R. unter Anwendung der Effektivzinsmethode zu fortgeführten Anschaffungskosten zu erfolgen. Eine Ausnahme bilden zum einen die objektiv zu Handelszwecken gehaltenen Verbindlichkeiten. Beispiel hierfür wären Leerverkäufe von Wertpapieren. Zum anderen kann jede Finanzverbindlichkeit durch entsprechende Klassifikation im Zugangszeitpunkt als zur Kategorie *financial assets at fair value through profit or loss* gehörig gewillkürt werden. Die Folgen der Bewertung von Verbindlichkeiten zum Fair Value sind insofern nicht unproblematisch, als eine tatsächliche oder am Markt empfundene Verschlechterung der Bonität des Unternehmens zu einer Reduktion der Kurswerte von Anleihen führen würde, die das Unternehmen dann erfolgserhöhend berücksichtigen müsste. Handelt es sich tatsächlich um eine Bonitätsverschlechterung, so wäre die Abbildung wenig zielführend, da die *going concern*-Prämisse der Unternehmensfortführung nicht ausreichend beachtet wird. Kommt die Kursreduktion jedoch lediglich aufgrund einer am Markt empfundenen Bonitätsverschlechterung zustande, so wird das ökonomisch handelnde Unternehmen die ausgegebenen Anleihen zu dem geringeren Kurs zurückkaufen, da es sich so günstig seiner Schulden entledigen kann. Letzterer Fall würde für den Ansatz zum Fair Value sprechen und es gibt durchaus Beispiele in der jüngeren Vergangenheit, in denen Unternehmen so gehandelt haben.

Somit erfolgt die Folgebewertung in den allermeisten Fällen zu fortgeführten Anschaffungskosten, die den *present value* darstellen. Dieser wird aus der zukünftigen Verpflichtung abgeleitet, indem alle Tilgungs- und Zinszahlungen mit dem risikoadjustierten Marktzinssatz abgezinst werden. Damit wird sichergestellt, dass un- oder unterverzinsliche Verbindlichkeiten entsprechend mit dem näher rückenden Tilgungstermin erfolgswirksam aufgewertet werden müssen. Marktüblich verzinste Verbindlichkeiten werden im Ergebnis dann mit ihrem Rückzahlungswert ausgewiesen, da die Abzinsung durch die zu zahlenden Zinsen kompensiert wird.

Aus Wirtschaftlichkeitsgründen können kurzfristige Verbindlichkeiten, bei denen von einer Tilgung in den nächsten zwölf Monaten ausgegangen wird, wie z. B. Verbindlichkeiten aus Lieferung und Leistung, zum Nennwert, d. h. dem nicht abgezinsten Rückzahlungsbetrag, bewertet werden.

Da für Fremdwährungsverbindlichkeiten dieselben Bewertungsregeln vorgesehen sind, wie für andere Verbindlichkeiten, werden diese mit dem Stichtagskurs sowohl bei der erstmaligen Einbuchung als auch bei weiterem Bestehen zu jedem Geschäftsjahresende bewertet. So ist die Rückzahlungsverpflichtung nach IAS 21.23(a) mit dem am Stichtag gültigen Wechselkurs zu bewerten und dann abzuzinsen. Die Anpassung der Werte erfolgt nach IAS 21.28 erfolgswirksam, wobei der Betrag der gesamten erfolgswirksam in der GuV verrechneten Umrechnungsdifferenz gemäß IAS 21.52(a) im Anhang anzugeben ist. Die ggf. parallel erforderliche Aufzinsung der Verbindlichkeit ist zwar ebenfalls erfolgswirksam zu erfassen, aber von den Wertänderungen aus Wechselkursveränderungen getrennt als Zinsaufwand zu behandeln.

4.1.3.2.2 Pensionsverpflichtungen

Die eigentliche Herausforderung in der Bewertung der Pensionsverpflichtungen besteht in der Forderung von IAS 19, den Pensionsaufwand verursachungsgerecht den Geschäftsjahren der Anspruchserdienung zuzurechnen, wobei sich der periodisch zu verrechnende Aufwand nicht zwangsläufig nur nach der jährlichen Änderung des Barwertes der Pensionsanwartschaft richtet. Im Konkreten sind versicherungsmathematische Gewinne/Verluste zu berücksichtigen, die aus der Änderung bzw. Anpassung von Prämissen resultieren. Der Bilanzierende hat zu Beginn der Periode die Annahmen für die Bewertung der Pensionsverpflichtung am Jahresende festzulegen und auf dieser Basis zu buchen. Über das Jahr entstehende Abweichungen, die z. B. zwischen erwartetem und tatsächlichem Ertrag des Planvermögens, bei unerwartet hoher Frühverrentungsquoten oder bei Änderungen des Abzinsungssatzes auftreten (IAS 19.128), sind unter den versicherungsmathematischen Gewinnen und Verlusten gesondert zu erfassen. Es kommt somit zu einer Aufteilung der jährlichen Veränderung in unterschiedliche Kategorien mit einer differenzierten Zuordnung in dem Bilanzierungssystem (IAS 19.57):

▬ Die in dem Jahr neu von den Arbeitnehmern erdienten Ansprüche (laufende Dienstzeitaufwendungen) sind zusammen mit den ggf. bestehenden und dann nachzuverrechnenden Dienstzeitaufwendungen aus Veränderungen der Verpflichtungen durch Änderung der Zusagen (IAS 19.99–.112) als Personalaufwand in der GuV zu erfassen.

▬ Die Aufzinsung der Verpflichtungen abzüglich der erwarteten Entwicklung des Planvermögens werden als Zinsaufwand in der GuV erfasst. Sollte das Planvermögen größer als die Verpflichtung sein, wäre ein Zinsertrag zu erfassen. Die erwartete Entwicklung des Planvermögens wird mit IAS 19.123 zwangsweise auf den Abzinsungssatz der Verpflichtung aus IAS 19.83 festgelegt. Somit werden die Verpflichtung und das Planvermögen mit demselben Zinssatz aufgezinst, weshalb auch einfach die Nettoschuld/Vermögensüberhang aufgezinst werden kann.

▬ Der im Jahr angefallene versicherungsmathematische Gewinn oder Verlust (aus der Änderung der Berechnungsprämissen im Vergleich zum Vorjahr), die Differenz aus der tatsächlichen Wertveränderung und der per festgesetztem Zinssatz unterstellten Entwicklung des Planvermögens sowie eine Veränderung des wirtschaftlichen Nutzens aus einem ggf. bestehenden Vermögensüberhang sind erfolgsneutral direkt im Eigenkapital zu erfassen und werden nie GuV-wirksam.

Durch die Berücksichtigung der Schätzungsabweichungen im Eigenkapital bleibt die GuV von Auswirkungen unbeeinflusst, die aus kurzfristigen Parameterschwankungen resultieren. Der Pensionsaufwand und somit das Periodenergebnis unterliegen bei Anwendung dieser Methode nur einer vergleichsweise geringen Volatilität. Gleichzeitig wird die Verpflichtung vollständig in der Bilanz gezeigt, da alle Wertänderungen dort berücksichtigt sind. Kritisch anzumerken ist allerdings, dass diese Methode eine spätere erfolgswirksame Berücksichtigung der versicherungsmathematischen Gewinne und Verluste nicht vorsieht. Die erfolgsneutrale Berücksichtigung ist somit unumkehrbar. Dies führt zu einer Durchbrechung des Kongruenzprinzips. Die Summe der Periodenerfolge entspricht nicht mehr dem Erfolg der Gesamtperiode (▶ Abschn. 2.4).

4.1.3.2.3 Sonstige Rückstellungen

> **Merke!**
>
> Die **Folgebewertung der Rückstellung** hat zu jedem Bilanzstichtag in Form einer neuen Bewertung zu erfolgen, bei der alle Parameter, wie erwartete Auszahlungshöhen, Wahrscheinlichkeiten und Zinssätze, zu überprüfen sind.

Bewertungsänderungen sind i. d. R. ergebniswirksam vorzunehmen. Auch wenn der Grund für eine Rückstellung entfallen ist, erfolgt eine ergebniswirksame Ausbuchung. Wird hingegen aus der erwarteten, mit Unsicherheiten behafteten Verpflichtung eine sichere Auszahlungsverpflichtung, etwa bei ausstehenden Schadensersatzleistungen aufgrund eines letztinstanzlichen, rechtskräftigen Urteils, so erfolgt eine Umbuchung zu den Verbindlichkeiten. Dabei sind betragsmäßige Anpassungen erfolgswirksam zu erfassen. Bei der Inanspruchnahme von Rückstellungen ist darauf zu achten, dass die Auszahlungen nur mit den für diese Zwecke gebildeten Rückstellungen verrechnet werden dürfen.

> **Merke!**
>
> Die Rückstellungsposition besteht somit aus vielen verschiedenen Unterpositionen und darf **nicht als Pool** betrachtet werden.

In den Folgeperioden kommt es dann für noch weiterbestehende Rückstellungen zu einer erfolgswirksamen Aufzinsung. Diese ist als Finanzaufwand im Finanzergebnis zu erfassen. Sollte noch eine als Vermögenswert aktivierte Kompensationsleistung bestehen, muss diese ebenfalls aufgezinst werden, wobei der Ertrag aus der Aufzinsung mit dem Aufwand aus der Aufzinsung der Rückstellung saldiert werden muss.

Beispiel: Kompensationszahlungen bei Rückstellungen II

Fortführung des Beispiels mit Schadensersatzleistung wegen Verunreinigung eines Gewässers:

Nachdem in t0 941,44 T€ an Rückstellung und ein Kompensationsanspruch als sonstige Aktiva in Höhe von 470,72 T€ erfasst wurde, muss im Jahresabschluss der Periode t1 sowohl die sonstigen Aktiva als auch die Rückstellungen aufgezinst werden. Dazu ist die Zahlungsreihe erneut unter Verwendung der nun erwarteten Zinssätze auf den Stichtag t1 zu beziehen. Es wird unterstellt, dass die erwartete Auszahlung von 200 T€ auch tatsächlich in dieser Höhe angefallen ist und auch die anteilige Leistung der Versicherung an das Unternehmen in Höhe von 100 T€ vereinnahmt werden konnte. Somit ergeben sich folgende Werte:

Periode	t2	t3	t4	t5	t6	t7	Summe
Zinssatz (laufzeitadäquat)	1,60	1,70	1,90	2,00	2,10	2,40	
Betrag (nominal)	200	200	170	130	70	30	1.000
Betrag (abgezinst)	196,85	193,37	160,67	120,10	63,09	26,02	760,10

Weiterhin sind 50 % durch eine Versicherung gedeckt, sodass sich ein saldierter Aufwand von 9.337 € ergibt (Differenz des aktuellen Betrags plus die ausgezahlten 200 T€ minus der Vorjahreswert geteilt durch 2 (da die Versicherung eine Hälfte trägt)). Die Rückstellung ist mit 760.100 € und die aktivierte Kompensationsleistung 380.050 € auf der Aktivseite anzusetzen. In der GuV sind im Finanzaufwand (Aufzinsung Rückstellungen) 9.337 € auszuweisen.

Das IASB konkretisiert in IAS 37.63–.83 die allgemeinen Ansatz- und Bewertungsvorschriften für drei spezielle Fälle:

- Rückstellung für Restrukturierungsaufwand,
- ein belastender Vertrag (Drohverlustrückstellungen),
- künftige betriebliche Verluste.

Zusätzlich werden auch Entsorgungs-, Rekultivierungs- und ähnliche Verpflichtungen mit eingeschlossen.

Rückstellungen für Restrukturierungsaufwand stellen einen im Kontext der IFRS-Ansatzkriterien nicht eindeutigen Fall dar. Obwohl Restrukturierungsrückstellungen den allgemeinen Ansatzkriterien für Rückstellungen nach IAS 37.14 unterworfen sind, ergeben sich einige Besonderheiten, die dazu führen, dass letztlich gewisse Rückstellungen gebildet werden dürfen, die keiner konkreten Außenverpflichtung entsprechen. Konkret wird in IAS 37.70 zunächst der Umfang von Restrukturierungen mit folgenden beispielhaften Sachverhalten bestimmt: Eine Restrukturierung liegt vor bei

- dem Verkauf oder der Beendigung eines Geschäftszweigs,
- der Stilllegung von Standorten in einem Land oder einer Region bzw. deren Verlegung,
- der Änderung der organisatorischen Struktur, z. B. Auflösung einer Managementebene und
- der grundsätzlichen Umorganisation mit wesentlichen Auswirkungen auf den Charakter und Schwerpunkt der Geschäftstätigkeit des Unternehmens.

Zumindest bei den ersten beiden Fällen ist zu prüfen, ob nicht ein Fall für IFRS 5 vorliegt (► Abschn. 3.2.2.3). Dann würde vor der Rückstellungsbildung zunächst die Notwendigkeit zur Vornahme von Wertminderungen für die betreffenden Vermögenswerte bestehen. Dagegen sind die Änderung der Struktur und weitere grundsätzliche Umorganisationen nur schwer abschreibbaren Vermögenswerten zuzuordnen, was für die Bildung von Rückstellungen spricht.

Um die Ermessensspielräume zumindest etwas einzuschränken, fordert das IASB in IAS 37.72 analog zu den allgemeinen Ansatzkriterien zumindest eine faktische Verpflichtung, die sich zum einen aus einem detaillierten Restrukturierungsplan ergibt und zum anderen durch die gerechtfertigten Erwartungen der Betroffenen ergeben muss. Letzteres kann dann unterstellt werden, wenn die Restrukturierungsmaßnahmen durch den Beginn der Umsetzung des Plans bereits offensichtlich sind oder die Maßnahmen den Betroffenen in seinen wesentlichen Bestandteilen angekündigt wurden. Als Indiz kann etwa die Aufnahme von Verhandlungen mit Arbeitnehmern über Abfindungszahlungen oder ein unter Beteiligung von Arbeitnehmervertretern erfolgter Aufsichtsratsbeschluss angeführt werden (IAS 37.76 und .77). Der Kreis der Betroffenen wird dabei nicht zwangsweise auf die Mitarbeiter beschränkt. Vielmehr sind auch Lieferanten, Kunden und die Öffentlichkeit u. U. betroffen, sodass eine öffentliche Ankündigung notwendig ist. Durch die konkrete Erwartung, die bei den Betroffenen geweckt wurde, wird die für die Bildung einer Rückstellung notwendige Außenverpflichtung fingiert.

Ein detaillierter Plan muss mindestens die betroffenen Geschäftsbereiche oder Teile eines Geschäftsbereichs, die wichtigsten betroffenen Standorte, die Funktionen, Einsatzorte und ungefähre Anzahl der abzufindenden Arbeitnehmer, die erwarteten Ausgaben und den Umsetzungszeitpunkt enthalten.

Zur weiteren Einschränkung des bilanzpolitischen Potenzials wird in IAS 37.74 darauf abgestellt, dass ein möglichst knapper Zeitplan vorliegt, sodass Planänderungen nur eingeschränkt erfolgen können. So sind die umgehende Umsetzung des Planes und ein schneller Abschluss anzustreben.

Eine Entscheidung des Managements allein reicht somit für die Begründung von Restrukturierungsrückstellungen im Gegensatz etwa zur Vornahme von außerplanmäßigen Abschreibungen nicht aus. So wird in IAS 37.78 etwa für den Ansatz von Rückstellungen für den Verkauf von Geschäftsbereichen ein abgeschlossener Vertrag gefordert, wohingegen nach IFRS 5 eine Benennung als „zur Veräußerung verfügbare Vermögenswerte" ausreicht, um Wertminderungen bis zum erwarteten Verkaufserlös unter Berücksichtigung der bis dahin anfallenden Aufwendungen zu belegen. Ist der Verkauf der Vermögenswerte nur Teil der Restrukturierungsmaßnahme, so kann es zu einer differenzierten Erfassung kommen. Während das geplante Verkaufsgeschäft nach IFRS 5 zu behandeln ist, sind die übrigen Restrukturierungsmaßnahmen ggf. gesondert als Rückstellungen zu qualifizieren.

Bei der Bewertung von Restrukturierungsrückstellungen sind neben den allgemeinen Vorgaben, wie ggf. Abzinsungsnotwendigkeit, auch spezielle Regelungen erlassen worden. So sind die in die Rückstellung aufzunehmenden Sachverhalte klar von den übrigen fortlaufenden Geschäften zu trennen. Nach IAS 37.80 gelten als zu berücksichtigende Ausgaben nur die, die zwangsweise mit der Restrukturierung zusammenhängen. Diese sind typischerweise Abfindungen, Vertragsstrafen durch vorzeitige Vertragsauflösungen, Entsorgungskosten sowie genau spezifizierte Kosten der Abwicklung, z. B. Gerichtsgebühren. Explizit nicht einbezogen werden dürfen Aufwendungen für Umschulung oder Versetzung weiter zu beschäftigender Mitarbeiter, Marketingaufwendungen oder Investitionen in neue Systeme und Vertriebsnetze. Auch die während der Abwicklung drohenden Verluste dürfen nur dann einbezogen werden, wenn auch die im Folgenden dargestellten Kriterien für Drohverlustrückstellungen erfüllt sind.

Bei Rückstellungen für drohende Verluste aus schwebenden Geschäften sind wiederum die allgemeinen Ansatzkriterien für Rückstellungen zu beachten. Daher reicht eine allgemeine Befürchtung operativer Verluste in der Zukunft nicht für die Bildung einer Rückstellung aus. Vielmehr wird zunächst auf die Notwendigkeit zur Erfassung von Wertminderungen verwiesen. Besteht z. B die Erwartung, dass die zukünftigen Erträge aus der Vermietung einer Immobilie die auflaufenden Aufwendungen nicht mehr zu decken vermögen, so ist die Sachanlage nach IAS 16, bzw. die Anlageimmobilie nach IAS 40 entsprechend erfolgswirksam außerplanmäßig auf den höheren Wert von Verkaufspreis und Nutzwert abzuschreiben (▶ Abschn. 3.2.3.2.2). Eine Rückstellung kommt erst dann in Betracht, wenn die zukünftige Belastung nicht über Wertminderungen der Aktiva erfasst werden kann. Durch die Anknüpfung an ein Ereignis in der Vergangenheit scheiden Rückstellungen für allgemeine Geschäftsrisiken aus.

Damit verbleiben schwebende Verträge, die dem Grunde nach nicht bilanzierbar sind (IAS 37.67). Wenn bei einem solchen Vertrag die zwingend erwarteten Aufwendungen die erwarteten Erträge übersteigen und sich somit ein Verlust abzeichnet, dem sich das Unternehmen vernünftigerweise nicht entziehen kann, ist dieser Vertrag unter der Voraussetzung der gegebenen Bewertbarkeit Auslöser für die Pflicht zur Bildung einer Rückstellung. Bei den erwarteten Aufwendungen ist zunächst zu prüfen, ob nicht die Kosten der Vertragsauflösung die Kosten der Vertragserfüllung unterschreiten und hier das geringere Verlustpotential vorliegt. Größere Probleme ergeben sich bei der zutreffenden Zuordnung der Aufwendungen und Erträge. Hier fordern die IFRS eine hohe Genauigkeit, sodass schwebende Verträge mit Bezug auf die laufende Beschaffung und Produktion nur schwer die Kriterien zu erfüllen vermögen. Ein Verlust ist genau dem schwebenden Vertrag zuzuordnen, was etwa bei Beschaffungsverträgen von Rohstoffen, die über dem aktuellen Marktpreis liegen, nur schwer möglich ist, da in das Produkt auch andere Produktivfaktoren eingehen. Ausnahmen mögen hier konkrete langfristige Auftragsfertigungsprojekte sein, denen durch die mitlaufende Kalkulation die Aufwendungen und Erträge recht genau zuzurechnen sind. Diese werden nach IAS 11 behandelt (▶ Abschn. 3.3.3.2).

Im Gegensatz zu diesen isoliert betrachteten Geschäften stellen Dauerschuldverhältnisse, wie langfristige Beschaffungskontrakte, Leasingverträge oder langfristige Absatzgeschäfte, einen bedeutenderen Bereich für Drohverlustrückstellungen dar. Bei dieser Rückstellungskategorie wird im Standard weder konkret bestimmt, wie eng der Bereich der gegenzurechnenden Erträge zu den Aufwendungen sein soll, noch ist klar, welche Bewertung heranzuziehen ist. Es wird daher vertreten, die Anwendung der Rückstellungsbilanzierung in diesem Bereich sehr eng an das HGB und an die über Gerichtsentscheidungen, Theorie und Praxis erfolgte Ausgestaltung der Grundsätze ordnungsmäßiger Bilanzierung anzulehnen. Demnach sind Gemeinkosten mit einzubeziehen und der Saldierungsbereich sollte mit Blick auf den ökonomischen Gehalt des Geschäfts betrachtet werden.

Konkretere Hinweise finden sich für langfristig angemietete *(operate lease)* Vermögenswerte, die die in sie gesetzten Erwartungen nicht erfüllen und nun mangels (aufwanddeckender) Nachfrage Verluste verursachen. Da die zugrundeliegenden Vermögenswerte anders als bei erworbenen Vermögenswerten oder Vermögenswerten mit *finance lease* nicht in der Bilanz erfasst sind, kommt keine Wertminderung in Betracht. Um jetzt die drohenden Verluste erfassen zu können, bedarf es der Rückstellungsposition.

Beispiel: Drohverlustrückstellungen

Die MD hat ein Fabrikgebäude per Operating-Lease gemietet. Nach der Verlagerung der Produktion an einen anderen Standort führen die Leasingraten bis zum Auslaufen des Vertrages weiterhin zu Aufwendungen. Erträge aus der Produktion oder einer Untervermietung können nicht erzielt werden.

Diese entstehenden Verluste sind als Drohverlustrückstellung zu passivieren.

Abwandlung: Es findet keine Verlagerung der Produktion statt. Aufgrund geänderter Nachfrage am Absatzmarkt werden dennoch Verluste erzielt.

Es darf keine Rückstellung angesetzt werden, da die Verluste nicht direkt dem Leasingvertrag zugerechnet werden können, sondern auch die anderen Vermögenswerte des Unternehmens betreffen, die ggf. außerplanmäßig abzuschreiben sind (Beispiel aus IAS 37 Anhang C3).

>> **Auf den Punkt gebracht:** Generell kann somit festgehalten werden, dass Drohverlustrückstellungen nach den IFRS immer ein konkretes vertraglich fixiertes Geschäft voraussetzen, für das die Aufwendungen und Erträge genau zugerechnet werden können. Verluste größerer Einheiten sind dagegen nach dem Gedanken der zahlungsmittelgenerierenden Einheiten diesen größeren Einheiten als Wertminderungen zuzurechnen.

Auf dem Absatzmarkt sind die Anforderungen ähnlich, wobei über die Spezialnormen nach IAS 2 für Vorräte, IAS 11 für langfristige Fertigung, IFRS 5 für zur Veräußerung bestimmte Anlagen, IAS 39 für Finanzanlagen und IAS 36 für andere Vermögenswerte generell die außerordentlichen Abschreibungen den Drohverlustrückstellungen vorzuziehen sind. Dies gilt auch für Dauerschuldverhältnisse, wobei es die relevante Ausnahme der langfristig gemieteten/geleasten (*operate lease*) Vermögenswerte gibt, die durch den Umstand, dass sie nicht unter den Aktiva aufgeführt werden, auch nicht abgeschrieben werden können. Folgerichtig ist in diesen Fällen eine Drohverlustrückstellung vorzunehmen, sofern die Bewertbarkeit der Aufwendungen und Erträge gegeben ist.

Ein weiterer Bereich, in welchem Rückstellungen notwendig sind, besteht bei Entsorgungs-, Entfernungs-, Wiederherstellungs-, Rückbau- und Rekultivierungsverpflichtungen. Hier entsteht die Verpflichtung faktisch oder rechtlich mit sehr hoher Wahrscheinlichkeit i. d. R. bereits zum Zeitpunkt des Nutzungsbeginns der betroffenen Vermögenswerte, ggf. sogar schon vorher, wenn die Nutzung vorbereitet wird, wie etwa bei der Freilegung der zu fördernden Braunkohle im Tagebau. Auch eine Verpflichtung während oder am Ende der Nutzung eines Vermögenswerts ist denkbar, wenn z. B. neue gesetzliche Regelungen beachtet werden müssen.

Buchhalterisch besteht das Problem, dass dieser Sachverhalt zunächst unzweifelhaft die Ansatzkriterien für Rückstellungen erfüllt, sodass die zukünftig erwarteten Auszahlungen abgezinst als Rückstellung auszuweisen wären. Allerdings würde bei einer erfolgswirksamen Bildung eine falsche Periodenzurechnung der Aufwendungen erfolgen. Eine ratierliche Bildung der Rückstellung während der Nutzungsdauer, was eine erfolgswirksam zutreffende Verteilung ermöglichen würde, widerspricht aber dem Gedanken des vollständigen Ausweises der Verpflichtungen. Aus diesem Grund sind die als Rückstellung anzusetzenden Beträge erfolgsneutral in den Anschaffungs- und Herstellungskosten der entsprechenden Vermögenswerte einzubeziehen (IAS 16.18). Die Erfolgswirksamkeit ergibt sich dann durch die (erhöhten) planmäßigen Abschreibungen des Vermögenswerts (▶ Abschn. 3.2.3.2.2).

Da es sich um langfristige Verpflichtungen handelt, sind Änderungen der Verpflichtungshöhe im Zeitverlauf etwa durch die Notwendigkeit eines anderen Abzinsungssatzes, veränderter Laufzeiten oder gestiegener Rückbaukosten wahrscheinlich. Um diese sachgerecht zu erfassen ist IFRIC 1 veröffentlicht worden. Demnach sind Bewertungsänderungen grundsätzlich erfolgsneutral durchzuführen und analog zum Erstansatz auch erfolgsneutral als nachträgliche Anschaffungskosten in den Vermögenswerten zu erfassen (IFRIC 1.5a). Die Ergebniswirkung der Betragsanpassung erfolgt dann wieder über die geänderten Abschreibungsbeträge in der restlichen Nutzungsdauer. Diese Regelungen finden auch bei der Entstehung der Verpflichtung während oder am Ende der Nutzungsdauer Anwendung. Fällt die Betragsminderung dagegen so hoch aus, dass der aktuelle Buchwert überschritten wird, ist die entsprechende Differenz erfolgswirksam auszuweisen (IFRIC 1.5b). Die dargestellte Vorgehensweise zur Erfassung von Wertänderungen bei Anwendung des Anschaffungskostenmodells für die Bewertung des Vermögenswerts wird bei der Neubewertungsmethode etwas modifiziert, da nach IFRIC 1.6 zusätzlich ein Abgleich mit der Neubewertungsrücklage zu erfolgen hat.

Die zunächst befremdlich wirkende Aktivierung von späteren Aufwendungen als Vermögenswert wird insofern relativiert, als stets eine eventuelle Wertanpassung gem. IAS 36 zu prüfen ist. Somit wird sichergestellt, dass die aktivierten Anschaffungs- und Herstellungskosten nicht höher sind als der Nutzungs- oder Marktwert.

4.2 Latente Steuern

4.2.1 Identifikation von latenten Steuern

4.2.1.1 Abgrenzung

Die von den Unternehmen zu entrichtenden Ertragssteuern richten sich nach den in den nationalen Steuergesetzten enthaltenen Vorschriften zur steuerlichen Gewinnermittlung. Diese Vorschriften sind nicht zwingend deckungsgleich mit den Regelungen des IFRS zur Gewinnermittlung. Der Bilanzgewinn nach IFRS kann entsprechend vom Steuerbilanzgewinn abweichen. Folgendes Beispiel veranschaulicht diese Problematik:

Beispiel: Latente Steuern
Am Ende eines Geschäftsjahres muss eine Produktionsanlage der MD dringend gewartet werden. Da das hierfür zuständige Personal bereits im Weihnachtsurlaub ist, verschiebt die MD die Wartung auf Anfang Januar des folgenden Geschäftsjahres. Für die geplanten Aufwendungen in Höhe von 600.000 € ist nach deutschen Steuerrecht eine Aufwandsrückstellung zu bilden. Nach IFRS besteht hingegen ein Verbot des Ansatzes von Rückstellungen für Instandhaltungsmaßnahmen, weswegen der Geschäftsvorfall im Jahresabschluss nach IFRS keine Berücksichtigung findet.
Die Tabellen stellen die Situation ohne latente Steuerabgrenzung dar. Der vorläufige Gewinn vor Steuern ohne Berücksichtigung des vorliegenden Geschäftsvorfalls beträgt 1,2 Mio. €. Der Steuersatz beträgt in beiden Perioden 30 %.

Geschäftsjahr 2016	IFRS-Abschluss (ohne latente Steuern)	Steuerbilanz
Vorläufiger Gewinn vor Steuern	1.200.000 €	1.200.000 €
Aufwandsrückstellung	0 €	600.000 €
Gewinn vor Steuern	1.200.000 €	600.000 €
Tatsächlicher Steueraufwand	180.000 €	180.000 €
Gewinn nach Steuern	1.020.000 €	420.000 €

Die zu bildende Aufwandsrückstellung stellt nach geltenden Steuervorschriften eine Betriebsausgabe dar. Sie reduziert den Gewinn vor Steuern, der nach Steuervorschriften zu ermitteln ist, und somit die Ertragssteuerzahlungen. Die ermittelten Ertragssteuerzahlungen werden im IFRS-Abschluss als Steueraufwand erfasst. Da Aufwandsrückstellungen nach IFRS nicht erfasst werden, wird nach IFRS ein zu hoher Gewinn nach Steuern ausgewiesen.

Geschäftsjahr 2017	IFRS-Bilanz (ohne latente Steuern)	Steuerbilanz
Vorläufiger Gewinn vor Steuern	1.200.000 €	1.200.000 €
Aufwand für Wartungen	600.000 €	0 €
Gewinn vor Steuern	600.000 €	1.200.000 €
Tatsächlicher Steueraufwand	360.000 €	360.000 €
Gewinn nach Steuern	240.000 €	840.000 €

Im Geschäftsjahr 2017 werden die Wartungsarbeiten tatsächlich durchgeführt und entsprechend im IFRS-Abschluss als Aufwendungen bilanziert. Da die Wartungsarbeiten nach Steuerrecht allerdings nicht mehr den Gewinn mindern, fallen die tatsächlich zu zahlenden Ertragssteuern in diesem Geschäftsjahr höher aus. In der IFRS wird entsprechend ein zu niedriger Gewinn ausgewiesen.

Durch die Vernachlässigung der Abgrenzung von latenten Ertragssteuern wird die Vermögens- und Ertragslage des Unternehmens verzerrt dargestellt. Der Grundsatz der periodengerechten Darstellung erfordert daher die Bilanzierung von latenten Steuern.

4.2.1.2 Regelungsbereich

Der für die latenten Steuern relevante Standard ist der IAS 12 („Ertragssteuern"). Der IAS 12 wird ergänzt durch die Regelungen des SIC-25 „Ertragssteuern-Änderungen im Steuerstatus eines Unternehmens oder seiner Anteilseigner". Im IAS 12 wird sowohl die Bilanzierung der tatsächlichen geschuldeten oder erstattungsfähigen Ertragssteuern als auch die Bilanzierung der latenten Steuern geregelt.

4.2.2 Ansatz

Voraussetzung für den Ansatz von latenten Steuern ist die unterschiedliche zeitliche Erfassung eines Sachverhaltes im Jahresabschluss nach IFRS und in der Steuerbilanz. In diesem Kontext werden folgende Differenzen unterschieden:

> **Merke!**
>
> **Temporäre Differenzen** sind Abweichungen zwischen IFRS-Abschluss und Steuerbilanz, die sich im Zeitverlauf automatisch ausgleichen.
>
> **Quasi-permanente Differenzen** sind Abweichungen zwischen IFRS-Abschluss und Steuerbilanz, die sich erst durch eine bestimmte unternehmerische Handlung ausgleichen.
>
> **Permanente Differenzen** sind Abweichungen zwischen IFRS-Abschluss und Steuerbilanz, die aufgrund von unterschiedlichen Ansatzgeboten oder -verboten dauerhaft bestehen.

Die nachfolgenden Beispiele verdeutlichen die Unterschiede zwischen den einzelnen Termini:

Beispiel: Temporäre, Quasi-permanente und permanente Latente Steuern

Temporäre Differenzen treten u. a. bei unterschiedlichen Abschreibungsdauern von Vermögensgegenständen auf. Die unterschiedlichen Abschreibungsdauern führen bis zum Ablauf der längeren Nutzungsdauer zu unterschiedlichen Bewertungen der Vermögenswerte. In Gesamtbetrachtung gleichen sich diese Bewertungsdifferenzen allerdings aus, da die Summe der Abschreibungsbeträge in beiden Fällen identisch ist.

Quasi-permanente Differenzen treten u. a. bei der unterschiedlichen Bewertung von Grundstücken auf. Diese Abweichung gleicht sich z. B. bei Verkauf des Grundstückes (unternehmerisches Handeln) wieder aus.

Permanente Differenzen treten u. a. bei der Vergütung des Aufsichtsrates auf. Die Vergütung des Aufsichtsrates wird nach den Regelungen im IFRS als Aufwand erfasst und wirkt sich entsprechend gewinnmindernd aus. Im Steuerrecht werden Aufsichtsratsvergütungen nur zur Hälfte als Betriebsausgabe anerkannt. Die unterschiedlichen Ansatzvorschriften führen zu Abweichungen in der Gewinnermittlung, die sich im Zeitverlauf nicht ausgleichen.

Hierbei ist zu beachten, dass nur temporäre und quasi-permanente Differenzen zur Bilanzierung von latenten Steuern führen. Der IAS 12 legt beim Ansatz von latenten Steuern das Temporary-Konzept zugrunde. Dieser bilanzorientierte Ansatz betrachtet die temporären Abweichungen zwischen dem Buchwert eines Vermögenswerts bzw. einer Schuld im IFRS-Abschluss und seinem bzw. ihrem korrespondierenden Wert in der Steuerbilanz. Entsprechend sind für alle temporären Bilanzabweichungen latente Steuern abzugrenzen. Hierbei ist es unerheblich, ob diese erfolgsneutral oder erfolgswirksam entstanden sind. Im Zeitpunkt ihres Abbaus führen die Differenzen zu Steuerentlastungen oder Steuerbelastungen.

Merke!

Abzugsfähige temporäre Differenzen führen bei Auflösung zu steuerlich abzugsfähigen Beträgen bzw. Aufwänden.

Zu versteuernde temporäre Differenzen führen bei Auflösung zu steuerpflichtigen Beträgen bzw. Erträgen.

Bei zu versteuernden temporären Differenzen wird eine passive Steuerabgrenzung vorgenommen, bei abzugsfähigen eine aktive Steuerabgrenzung.

Merke!

Aktive latente Steuern sind latente Steueransprüche des Unternehmens, die auf Grund von abzugsfähigen temporären Differenzen entstehen.

Passive latente Steuern sind latente Steuerverpflichtungen des Unternehmens, die auf Grund von zu versteuernden temporären Differenzen entstehen.

Die ◘ Abb. 4.3 stellt die verschiedenen Möglichkeiten, wie aktive bzw. passive latente Steuern entstehen können, zusammenfassend dar.

Die nachfolgenden Beispiele illustrieren die in der Abbildung darstellten Ursachen für die Bildung von latenten Steuern.

Beispiel: Aktive und passive latente Steuern

Aktive latente Steuern:

1. Nach Steuervorschriften wird im Umwandlungsfall ein Geschäfts- oder Firmenwert angesetzt. In der IFRS-Bilanz erfolgt kein Ansatz.
2. Nach IFRS wird eine Rückstellung für drohende Verluste gebildet, jedoch nicht nach Steuerrecht.
3. Ein Firmenwert wird nach Steuerecht über 15 Jahre abgeschrieben. Nach IFRS kann sich durch die Regelungen des IAS 36 eine geringere oder sogar gar keine Wertminderung ergeben.
4. Die Bewertung der Pensionsrückstellungen kann nach IFRS höher ausfallen als die Bewertung der Pensionsrückstellungen zum Teilwert gemäß § 6a EStG.

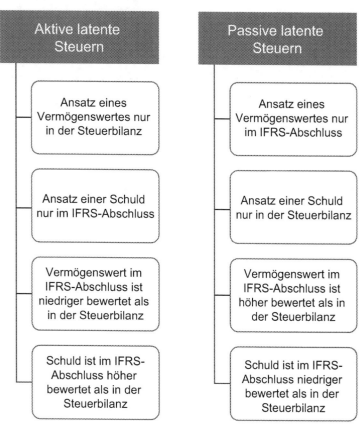

Abb. 4.3 Ursachen für latente Steuerabgrenzung

Passive latente Steuern:

1. Entwicklungskosten werden als immaterielle Vermögensgegenstand nach IFRS angesetzt. Es erfolgt kein Ansatz in der Steuerbilanz.

2. Nach geltenden Steuervorschriften ist eine Rückstellung für unterlassende Instandhaltungen zu bilanzieren. In der IFRS-Bilanz erfolgt kein Ansatz.

3. Ein Vermögenswert wird in der Steuerbilanz mit Hilfe der degressiven Methode abgeschrieben. Nach IFRS wird der Vermögenswert linear abgeschrieben.

4. Nach IFRS werden bestimmte Finanzinstrumente zum Fair Value angesetzt, nach Steuerrecht aber zu Anschaffungskosten.

Aktive latente Steuern können auch aufgrund von ungenutzten steuerlichen Verlustvorträgen entstehen und sind ebenfalls ansatzpflichtig. Dies wird im Weiteren nicht behandelt und kann in der angegebenen Literatur nachgelesen werden.

Sowohl für aktive als auch für passive Steuerlatenzen besteht nach IFRS eine Ansatzpflicht. Die latenten Steuern werden im ersten Schritt separat für jeden Geschäftsvorfall des abzuschließenden Geschäftsjahres abgegrenzt. Im nächsten Schritt werden jeweils alle aktiven bzw. passiven Beträge summiert. Eine Saldierung von latenten Steueransprüche und latenten Steuerverpflichtungen ist grundsätzlich nicht vorgesehen und nur in bestimmten Ausnahmefällen möglich.

4.2.3 Bewertung

4.2.3.1 Zugangsbewertung

Die Bewertung latenter Steuern erfolgt nach der Verbindlichkeitsmethode. Die Verbindlichkeitsmethode ist analog zum Temporary-Konzept ein bilanzorientierter Ansatz. Im Kontext der Verbindlichkeitsmethode haben passive latente Steuern den Charakter einer Verbindlichkeit und aktive latente Steuern den Charakter einer Forderung gegenüber dem Fiskus. Die Bewertung der latenten Steueransprüche bzw. latenten Steuerverpflichtungen erfolgt anhand der Steuersätze, die zum Zeitpunkt der Auflösung der temporären Differenz Gültigkeit haben, sofern diese hinreichend bekannt sind (IAS 12.47). Zukünftige Steuersätze sind insbesondere dann anzuwenden, wenn eine Steuersatzänderung durch den Gesetzgeber bereits verabschiedet wurde (IAS 12.48). Eine Besonderheit ergibt sich, wenn unterschiedliche Steuersätze auf unterschiedlichen Höhen des zu versteuernden Ergebnisses anzuwenden sind. In Deutschland tritt dies z. B. bei der Gewerbesteuer auf, da die Hebesätze der unterschiedlichen Gemeinden variieren können. In diesen Fällen wird ein Durchschnittssteuersatz gebildet und auf die Steuerlatenzen angewendet (IAS 12.49).

Beispiel: Zugangsbewertung latenter Steuern

Die MD schafft sich im aktuellen Geschäftsjahr einen Computer mit Anschaffungskosten i. H. v. 2.400 € an. Gemäß der vom Bundesfinanzministerium veröffentlichten AfA-Tabelle wird ein Computer über 3 Jahre abgeschrieben. Es wird angenommen, dass der Vermögensgegenstand nach IFRS eine wirtschaftliche Nutzungsdauer von 6 Jahren hat. Der Steuersatz betrage konstant 30 %. Das Ergebnis vor Steuern und Abschreibungen betrage zur Vereinfachung in jedem Jahr 4.000 €.

Periode	1	2	3	4	5	6
Ergebnis vor Steuern und AfA	4.000 €	4.000 €	4.000 €	4.000 €	4.000 €	4.000 €
Ergebnis vor Steuern und nach AfA i. d. StB	3.200 €	3.200 €	3.200 €	4.000 €	4.000 €	4.000 €
Ergebnis vor Steuern und nach AfA nach IFRS	3.600 €	3.600 €	3.600 €	3.600 €	3.600 €	3.600 €
Buchwert des PC (Steuerbilanz)	1.600 €	800 €	0 e	0 €	0 €	0 €
Buchwert des PC (IFRS-Bilanz)	2.000 €	1.600 €	1.200 €	800 €	400 €	0 €
Temporäre Differenz	400 €	800 €	1.200 €	800 €	400 €	0 €
Passive latente Steuer in der IFRS-Bilanz	120 €	240 €	360 €	240 €	120 €	0 €
Latenter Steueraufwand (–) Latenter Steuerertrag (+)	– 120 €	– 120 €	– 120 €	+ 120 €	+ 120 €	+ 120 €
Tatsächlicher Steueraufwand	960 €	960 €	960 €	1.200 €	1.200 €	1.200 €
Ausgewiesener Steueraufwand	1.080 €	1.080 €	1.080 €	1.080 €	1.080 €	1.080 €

Durch das Auseinanderfallen von wirtschaftlicher Nutzungsdauer und der Nutzungsdauer gemäß AfA-Tabelle ergeben sich unterschiedliche Bewertungen für den Computer und unterschiedliche Abschreibungsbeträge. Hierbei treten temporäre Differenzen auf, die den Ansatz von passiven latenten Steuern erfordern. Durch die unterschiedlichen Abschreibungsbeträge ergeben sich unterschiedliche Steueraufwendungen, die sich erfolgswirksam auswirken. In Gesamtbetrachtung gleichen sich diese Differenzen allerdings aus, da die Kumulation der Abschreibungsbeträge sich nach beiden Regelwerken nicht unterscheidet.

4.2.3.2 Folgebewertung

Zu jedem Bilanzstichtag ist der Buchwert eines latenten Steueranspruches einer Werthaltigkeitsprüfung zu unterziehen. Der Buchwert eines latenten Steueranspruches ist in dem Umfang zu mindern, in dem es nicht mehr wahrscheinlich ist, dass ein ausreichend zu versteuerndes Ergebnis zur Verfügung stehen wird, um den Nutzen der latenten Steuerforderung zu realisieren (IAS 12.56). Die aktiven latenten Steuern sind erfolgswirksam aufzulösen, sofern diese im Vorfeld erfolgswirksam gebildet wurden.

Bei Erfassung der latenten Steuern im sonstigen Ergebnis ist auch die Auflösung erfolgsneutral vorzunehmen.

Ein Unternehmen hat zu jedem Bilanzstichtag bisher nicht bilanzierte aktive latente Steuern erneut zu beurteilen. Bei Wegfall der Gründe für die vorherige Wertminderung der aktiven latenten Steuern besteht ein Gebot zur Wertaufholung (IAS 12.37).

Obwohl die Realisierung von latenten Steueransprüchen und latenten Steuerschulden häufig erst nach mehreren Jahren stattfindet, sind diese nicht abzuzinsen (IAS 12.53). Hintergrund des Diskontierungsverbotes sind praktische Probleme, die bei der Abzinsung latenter Steuern auftreten würden. Die Abzinsung erfordert eine detaillierte Aufstellung des zeitlichen Verlaufs der Auflösung jeder temporären Differenz. Dies ist in der Praxis allerdings sehr komplex. Aus Wirtschaftlichkeitserwägungen wird auf die Diskontierung verzichtet. Um die Vergleichbarkeit zwischen Unternehmen weiterhin zu gewährleisten, wird auch ein Diskontierungswahlrecht abgelehnt (IAS 12.54).

4.3 Rechnungsabgrenzungsposten

Die Notwendigkeit der Erfassung von Rechnungsabgrenzungsposten ergibt sich durch den Grundsatz der Periodenabgrenzung. Nach diesem Grundsatz sind Erträge und Aufwendungen periodengerecht abzugrenzen (*accrual principle*, IAS 1.27). Die Bilanzierung von Rechnungsabgrenzungsposten ist immer dann erforderlich, wenn sich zwischen den zu leistenden bzw. erhaltenden Zahlungen und den tatsächlichen Aufwendungen bzw. Erträgen zeitlichen Abweichungen ergeben.

Rechnungsabgrenzungsposten sind allerding in den IFRS oder in einer sonstigen Verlautbarung des IASB nicht direkt definiert. Es existieren für den Ansatz und für die Bewertung von Rechnungsabgrenzungsposten nach IFRS somit auch keine gesonderten Regelungen. Nach den IFRS werden aktive bzw. passive Posten bei Sachverhalten angesetzt, sofern diese die Definition eines Vermögenswerts bzw. einer Schuld erfüllen (IAS 1.28).

Die aktiven Rechnungsabgrenzungsposten werden unter kurz- bzw. langfristigen Vermögenswerten eingeordnet (IAS 1.60). Ein aktiver Rechnungsabgrenzungsposten wird als kurzfristiger Vermögensgegenstand ausgewiesen, wenn die Ausgabe innerhalb eines Jahres oder innerhalb des längeren gewöhnlichen Geschäftszyklus als Aufwand verrechnet wird. In allen sonstigen Fällen erfolgt der Ausweis der aktiven Rechnungsabgrenzungsposten unter den langfristigen Vermögensgegenständen (IAS 1.66). Passive Abgrenzungsposten werden unter Schulden ausgewiesen. Sofern die Passivseite der Bilanz in kurzfristige und langfristige Verbindlichkeiten untergliedert ist, wird eine zur Aktivseite analoge Einteilung der Rechnungsabgrenzungsposten vorgenommen (IAS 1.61). Die Bewertung erfolgt in Abhängigkeit der Zuordnung der Abgrenzungsposten zum Fair Value oder zu *amortised costs*.

Beispiel: Rechnungsabgrenzungsposten
Der Onlineversandhandel OTTI-GmbH zahlt im Dezember t0 die Miete für ein Lagerge-
bäude für die Monate Januar bis März t1 im Voraus.
Es ist ein aktiver Rechnungsabgrenzungsposten anzusetzen, da der erwartete Nutzen erst
in der Folgeperiode zufließt. Die Definition eines Vermögenswerts ist erfüllt. Der Ausweis
erfolgt unter den sonstigen Forderungen im Umlaufvermögen.

4.4   Lern-Kontrolle

Kurz und bündig
Allgemein liegt eine Schuld vor, wenn ein vergangenes Ereignis in einem künftigen Abfluss
wirtschaftlichen Nutzens resultiert und dies wahrscheinlich ist. Es liegt die spiegelbildliche
Definition eines Vermögenswerts vor.

Verbindlichkeiten aus Lieferungen und Leistungen, sonstige Verbindlichkeiten und
finanzielle Verbindlichkeiten dienen der Finanzierung des Unternehmens und stellen Verpflichtungen gegenüber Dritten, in bestimmter Weise zu handeln oder bestimmte Leistungen zu erbringen, dar. Die Erfassung erfolgt zum beizulegenden Zeitwert. In der Folge ist
mit Hilfe der Effektivzinsmethode zu bewerten. Rückstellungen, einschließlich solcher für
Pensionsverpflichtungen, grenzen dagegen die Erfassung von Aufwendungen und Erträgen
zeitlich ab und geben zukünftige Auszahlungen wieder. Hierbei ist eine Bewertung zum
Erfüllungsbetrag unter Berücksichtigung von Zinsen vorzunehmen, was im Einzelnen durch
versicherungsmathematische Gewinne und Verluste und eine Vielzahl von Einflussfaktoren
sehr komplex sein kann.

Latente Steuern entstehen immer dann, wenn die IFRS-Bilanz von der Steuerbilanz
abweicht. In Deutschland basiert die Steuerbilanz aufgrund der Maßgeblichkeit auf dem
Handelsrecht. Zusätzlich finden eine Reihe von Pauschalierungen und fiskalisch moti-
vierte Anpassungen statt. Dies führt im Vergleich zur Fair Value orientierten Rechnungslegung nach IFRS zu temporären oder gar permanenten Differenzen. Die latenten Steuern
stellen dabei stets den Wert einer Forderung oder Verbindlichkeit gegenüber dem Fiskus
dar.

Rechnungsabgrenzungsposten korrigieren temporäre Differenzen zwischen mehreren
Perioden. Sie dienen der Erfüllung des Grundsatzes der Periodenabgrenzung. In gewisser
Weise können auch Rückstellungen und latente Steuern als besondere Rechnungsabgren-
zungsposten interpretiert werden.

❷ Let's check
1.   Wie sind Pensionsrückstellungen nach IAS 19 zu bewerten?
2.   Erläutern Sie den Unterschied zwischen Rückstellungen und Verbindlichkeiten.
3.   Was sind Eventualverbindlichkeiten?

4. Wann werden Drohverlustrückstellungen angesetzt?
5. Welches Problem tritt auf, wenn keine latente Steuerabgrenzung vorgenommen wird?
6. Erläutern Sie den Unterschied zwischen temporären und permanenten Differenzen anhand von Beispielen.
7. Was sind aktive bzw. passive latente Steuern?
8. Mit welchem Steuersatz werden latente Steuern bewertet?
9. Was sind Rechnungsabgrenzungsposten?

❷ Vernetzende Aufgaben

1. Suchen Sie im Anhang der Metro Group Informationen zu Pensionsrückstellungen.
   a) Lesen Sie sich die Angaben zu den Altersvorsorgeplänen der verschiedenen Länder durch.
   b) Welche Auswirkungen ergeben sich hieraus auf die Bilanzierung von Pensionsrückstellungen?
2. Recherchieren Sie im Geschäftsbericht der Metro Group die Höhe der zu bildenden Rückstellungen. Wie setzten sich die sonstigen Rückstellungen zusammen und für welche Verpflichtungen wurden Rückstellungen gebildet?
3. Suchen Sie im Anhang der Metro Group die Angaben zu Steuern von Einkommen und Ertrag.
   a) Wie hoch sind die tatsächlichen Steuerzahlungen?
   b) In welchem Umfang wurden latente Steuern abgrenzt?
   c) Mit welchem Ertragssteuersatz werden die Steueraufwendungen bewertet?
   d) Bei welchen Bilanzposten haben sich temporäre Differenzen, die den Ansatz von aktiven bzw. passiven latenten Steuern notwendig machten?

❸ Lesen und Vertiefen

- Pellens et al. (2017). *Internationale Rechnungslegung*. Stuttgart: Schäffer-Poeschel. S. 535–567.
  Die Erläuterungen zum Thema Pensionsverpflichtungen sind in diesem Buch sehr kurz dargestellt worden. Hier liegt in der Praxis ein Schwerpunkt, da die meisten Unternehmen erhebliche Verpflichtungen gegenüber ihren (ehemaligen) Arbeitnehmern haben. Gleichzeitig sind die Regelungen durchaus komplexer als hier dargestellt, weshalb sich das intensive Studium dieses Bereichs lohnt.
- Coenenberg et al. (2016). *Jahresabschluss und Jahresabschlussanalyse*. Stuttgart: Schäffer-Poeschel. S. 453–470.
  Ein vergleichsweise kurzer und doch umfassender Abriss über die Bilanzierung von Schulden nach IFRS.

- Lüdenbach, N. und Christian, D. (2015). *IFRS Essentials*. Herne: nwb. S. 85–105. Latente Steuern stellen für viele Studenten nicht im Verständnis, sondern bei der praktischen Anwendung ein Problem dar. Daher lohnt es sich, hierzu Übungen zu lösen. Zudem wird die Thematik auf den angegebenen Seiten nochmals ausführlich dargestellt.

Serviceteil

Der Abschnitt „Tipps fürs Studium und fürs Lernen" wurde von Andrea Hüttmann verfasst.

© Springer Fachmedien Wiesbaden GmbH 2018
S. Müller, P. Saile, *Internationale Rechnungslegung (IFRS)*, Studienwissen kompakt,
https://doi.org/10.1007/978-3-658-17361-6

Tipps fürs Studium und fürs Lernen

▪ Studieren Sie!

Studieren erfordert ein anderes Lernen, als Sie es aus der Schule kennen. Studieren bedeutet, in Materie abzutauchen, sich intensiv mit Sachverhalten auseinanderzusetzen, Dinge in der Tiefe zu durchdringen. Studieren bedeutet auch, Eigeninitiative zu übernehmen, selbstständig zu arbeiten, sich autonom Ziele zu setzen, anstatt auf konkrete Arbeitsaufträge zu warten. Ein Studium erfolgreich abzuschließen erfordert die Fähigkeit, der Lebensphase und der Institution angemessene effektive Verhaltensweisen zu entwickeln – hierzu gehören u. a. funktionierende Lern- und Prüfungsstrategien, ein gelungenes Zeitmanagement, eine gesunde Portion Mut und viel pro-aktiver Gestaltungswille. Im Folgenden finden Sie einige erfolgserprobte Tipps, die Ihnen beim Studieren Orientierung geben, einen grafischen Überblick dazu zeigt ◘ Abb. A.1.

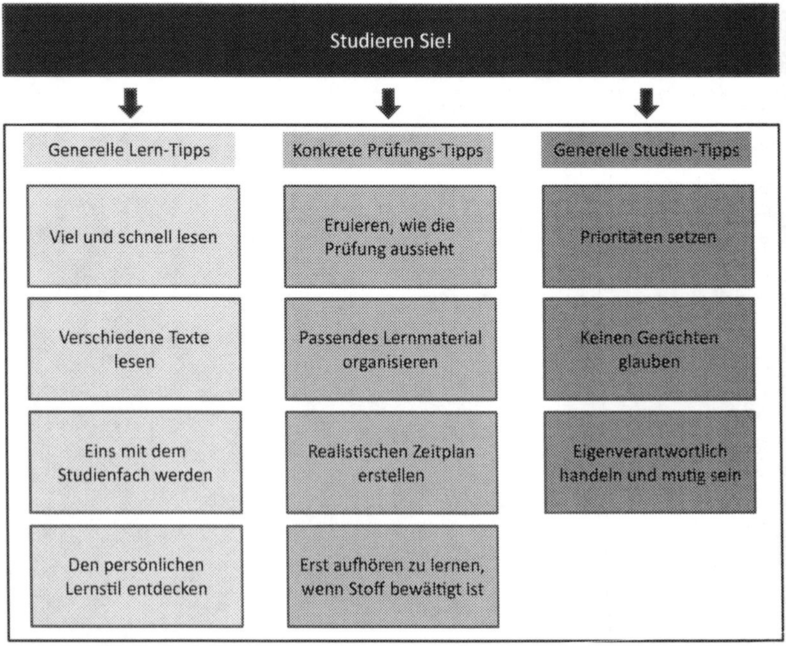

◘ **Abb. A.1** Tipps im Überblick

Lesen Sie viel und schnell

Studieren bedeutet, wie oben beschrieben, in Materie abzutauchen. Dies gelingt uns am besten, indem wir zunächst einfach nur viel lesen. Von der Lernmethode – lesen, unterstreichen, heraus schreiben – wie wir sie meist in der Schule praktizieren, müssen wir uns im Studium verabschieden. Sie dauert zu lange und raubt uns kostbare Zeit, die wir besser in Lesen investieren sollten. Selbstverständlich macht es Sinn, sich hier und da Dinge zu notieren oder mit anderen zu diskutieren. Das systematische Verfassen von eigenen Text-Abschriften aber ist im Studium – zumindest flächendeckend – keine empfehlenswerte Methode mehr. Mehr und schneller lesen schon eher …

Werden Sie eins mit Ihrem Studienfach

Jenseits allen Pragmatismus sollten wir uns als Studierende eines Faches – in der Summe – zutiefst für dieses interessieren. Ein brennendes Interesse muss nicht unbedingt von Anfang an bestehen, sollte aber im Laufe eines Studiums entfacht werden. Bitte warten Sie aber nicht in Passivhaltung darauf, begeistert zu werden, sondern sorgen Sie selbst dafür, dass Ihr Studienfach Sie etwas angeht. In der Regel entsteht Begeisterung, wenn wir die zu studierenden Inhalte mit lebensnahen Themen kombinieren: Wenn wir etwa Zeitungen und Fachzeitschriften lesen, verstehen wir, welche Rolle die von uns studierten Inhalte im aktuellen Zeitgeschehen spielen und welchen Trends sie unterliegen; wenn wir Praktika machen, erfahren wir, dass wir mit unserem Know-how – oft auch schon nach wenigen Semestern – Wertvolles beitragen können. Nicht zuletzt: Dinge machen in der Regel Freude, wenn wir sie beherrschen. Vor dem Beherrschen kommt das Engagement: Engagieren Sie sich also und werden Sie eins mit Ihrem Studienfach!

Entdecken Sie Ihren persönlichen Lernstil

Jenseits einiger allgemein gültiger Lern-Empfehlungen muss jeder Studierende für sich selbst herausfinden, wann, wo und wie er am effektivsten lernen kann. Es gibt die Lerchen, die sich morgens am besten konzentrieren können, und die Eulen, die ihre Lernphasen in den Abend und die Nacht verlagern. Es gibt die visuellen Lerntypen, die am liebsten Dinge aufschreiben und sich anschauen; es gibt auditive Lerntypen, die etwa Hörbücher oder eigene Sprachaufzeichnungen verwenden. Manche bevorzugen Karteikarten verschiedener Größen, andere fertigen sich auf Flipchart-Bögen Übersichtsdarstellungen an, einige können während des

Spazierengehens am besten auswendig lernen, andere tun dies in einer Hänge-matte. Es ist egal, wo und wie Sie lernen. Wichtig ist, dass Sie einen für sich effekti-ven Lernstil ausfindig machen und diesem – unabhängig von Kommentaren Dritter – treu bleiben.

Bringen Sie in Erfahrung, wie die bevorstehende Prüfung aussieht

Die Art und Weise einer Prüfungsvorbereitung hängt in hohem Maße von der Art und Weise der bevorstehenden Prüfung ab. Es ist daher unerlässlich, sich immer wieder bezüglich des Prüfungstyps zu informieren. Wird auswendig Gelerntes abgefragt? Ist Wissenstransfer gefragt? Muss man selbstständig Sachverhalte darstellen? Ist der Blick über den Tellerrand gefragt? Fragen Sie Ihre Dozenten. Sie müssen Ihnen zwar keine Antwort geben, doch die meisten Dozenten freuen sich über schlau formu-lierte Fragen, die das Interesse der Studierenden bescheinigen und werden Ihnen in irgendeiner Form Hinweise geben. Fragen Sie Studierende höherer Semester. Es gibt immer eine Möglichkeit, Dinge in Erfahrung zu bringen. Ob Sie es anstellen und wie, hängt von dem Ausmaß Ihres Mutes und Ihrer Pro-Aktivität ab.

Decken Sie sich mit passendem Lernmaterial ein

Wenn Sie wissen, welcher Art die bevorstehende Prüfung ist, haben Sie bereits viel gewonnen. Jetzt brauchen Sie noch Lernmaterialien, mit denen Sie arbeiten können. Bitte verwenden Sie niemals die Aufzeichnungen Anderer – sie sind inhaltlich unzu-verlässig und nicht aus Ihrem Kopf heraus entstanden. Wählen Sie Materialien, auf die Sie sich verlassen können und zu denen Sie einen Zugang finden. In der Regel empfiehlt sich eine Mischung – für eine normale Semesterabschlussklausur wären das z. B. Ihre Vorlesungs-Mitschriften, ein bis zwei einschlägige Bücher zum Thema (idealerweise eines von dem Dozenten, der die Klausur stellt), ein Nachschlagewerk (heute häufig online einzusehen), eventuell prüfungsvorbereitende Bücher, etwa aus der Lehrbuchsammlung Ihrer Universitätsbibliothek.

Erstellen Sie einen realistischen Zeitplan

Ein realistischer Zeitplan ist ein fester Bestandteil einer soliden Prüfungsvorbereitung. Gehen Sie das Thema pragmatisch an und beantworten Sie folgende Fragen: Wie viele

Wochen bleiben mir bis zur Klausur? An wie vielen Tagen pro Woche habe ich (realistisch) wie viel Zeit zur Vorbereitung dieser Klausur? (An dem Punkt erschreckt und ernüchtert man zugleich, da stets nicht annähernd so viel Zeit zur Verfügung steht, wie man zu brauchen meint.) Wenn Sie wissen, wie viele Stunden Ihnen zur Vorbereitung zur Verfügung stehen, legen Sie fest, in welchem Zeitfenster Sie welchen Stoff bearbeiten. Nun tragen Sie Ihre Vorhaben in Ihren Zeitplan ein und schauen, wie Sie damit klar kommen. Wenn sich ein Zeitplan als nicht machbar herausstellt, verändern Sie ihn. Aber arbeiten Sie niemals ohne Zeitplan!

Beenden Sie Ihre Lernphase erst, wenn der Stoff bewältigt ist

Eine Lernphase ist erst beendet, wenn der Stoff, den Sie in dieser Einheit bewältigen wollten, auch bewältigt ist. Die meisten Studierenden sind hier zu milde im Umgang mit sich selbst und orientieren sich exklusiv an der Zeit. Das Zeitfenster, das Sie für eine bestimmte Menge an Stoff reserviert haben, ist aber nur ein Parameter Ihres Plans. Der andere Parameter ist der Stoff. Und eine Lerneinheit ist erst beendet, wenn Sie das, was Sie erreichen wollten, erreicht haben. Seien Sie hier sehr diszipliniert und streng mit sich selbst. Wenn Sie wissen, dass Sie nicht aufstehen dürfen, wenn die Zeit abgelaufen ist, sondern erst wenn das inhaltliche Pensum erledigt ist, werden Sie konzentrierter und schneller arbeiten.

Setzen Sie Prioritäten

Sie müssen im Studium Prioritäten setzen, denn Sie können nicht für alle Fächer denselben immensen Zeitaufwand betreiben. Professoren und Dozenten haben die Angewohnheit, die von ihnen unterrichteten Fächer als die bedeutsamsten überhaupt anzusehen. Entsprechend wird jeder Lehrende mit einer unerfüllbaren Erwartungshaltung bezüglich Ihrer Begleitstudien an Sie herantreten. Bleiben Sie hier ganz nüchtern und stellen Sie sich folgende Fragen: Welche Klausuren muss ich in diesem Semester bestehen? In welchen sind mir gute Noten wirklich wichtig? Welche Fächer interessieren mich am meisten bzw. sind am bedeutsamsten für die Gesamtzusammenhänge meines Studiums? Nicht zuletzt: Wo bekomme ich die meisten Credits? Je nachdem, wie Sie diese Fragen beantworten, wird Ihr Engagement in der Prüfungsvorbereitung ausfallen. Entscheidungen dieser Art sind im Studium keine böswilligen Demonstrationen von Desinteresse, sondern schlicht und einfach überlebensnotwendig.

Glauben Sie keinen Gerüchten

Es werden an kaum einem Ort so viele Gerüchte gehandelt wie an Hochschulen – Studierende lieben es, Durchfallquoten, von denen Sie gehört haben, jeweils um 10–15 % zu erhöhen, Geschichten aus mündlichen Prüfungen in Gruselgeschichten zu verwandeln und Informationen des Prüfungsamtes zu verdrehen. Glauben Sie nichts von diesen Dingen und holen Sie sich alle wichtigen Informationen dort, wo man Ihnen qualifiziert und zuverlässig Antworten erteilt. 95 % der Geschichten, die man sich an Hochschulen erzählt, sind schlichtweg erfunden und das Ergebnis von ‚Stiller Post'.

Handeln Sie eigenverantwortlich und seien Sie mutig

Eigenverantwortung und Mut sind Grundhaltungen, die sich im Studium mehr als auszahlen. Als Studierende verfügen Sie über viel mehr Freiheit als als Schüler: Sie müssen nicht immer anwesend sein, niemand ist von Ihnen persönlich enttäuscht, wenn Sie eine Prüfung nicht bestehen, keiner hält Ihnen eine Moralpredigt, wenn Sie Ihre Hausaufgaben nicht gemacht haben, es ist niemandes Job, sich darum zu kümmern, dass Sie klar kommen. Ob Sie also erfolgreich studieren oder nicht, ist für niemanden von Belang außer für Sie selbst. Folglich wird nur der eine Hochschule erfolgreich verlassen, dem es gelingt, in voller Überzeugung eigenverantwortlich zu handeln. Die Fähigkeit zur Selbstführung ist daher der Soft Skill, von dem Hochschulabsolventen in ihrem späteren Leben am meisten profitieren. Zugleich sind Hochschulen Institutionen, die vielen Studierenden ein Übermaß an Respekt einflößen: Professoren werden nicht unbedingt als vertrauliche Ansprechpartner gesehen, die Masse an Stoff scheint nicht zu bewältigen, die Institution mit ihren vielen Ämtern, Gremien und Prüfungsordnungen nicht zu durchschauen. Wer sich aber einschüchtern lässt, zieht den Kürzeren. Es gilt, Mut zu entwickeln, sich seinen eigenen Weg zu bahnen, mit gesundem Selbstvertrauen voranzuschreiten und auch in Prüfungen eine pro-aktive Haltung an den Tag zu legen. Unmengen an Menschen vor Ihnen haben diesen Weg erfolgreich beschritten. Auch Sie werden das schaffen!

Andrea Hüttmann ist Professorin an der accadis Hochschule Bad Homburg, Leiterin des Fachbereichs „Communication Skills" und Expertin für die Soft Skill-Ausbildung der Studierenden. Als Coach ist sie auch auf dem freien Markt tätig und begleitet Unternehmen, Privatpersonen und Studierende bei Veränderungsvorhaben und Entwicklungswünschen (► www.andrea-huettmann.de).

Literatur

Blase, S., Müller, S., & Lange, T. (2010). *IFRS: Gesamtergebnisrechnung, Bilanz und Segmentberichterstattung – Gestaltung, Ausweis, Interpretation Umstellung – IFRS Best Practice.* Bd. 9. Berlin: Erich Schmidt.

Betriebsberater (BB) 2001, S. 2510.

Coenenberg, A. G., Haller, A., & Schultze, W. (2016). *Jahresabschluss und Jahresabschlussanalyse.* Stuttgart: Schäffer-Poeschel.

Dilßner, M., & Müller, S. (2017). Leasingbilanzierung auf dem Prüfstand. *Zeitschrift für Bilanzierung, Rechnungswesen und Controlling (BC), 4*, 164–170 und 5, 220–224.

Eiselt, A., & Müller, S. (2016). *Kapitalflussrechnung nach IFRS und DRS 21 – IFRS Best Practice.* Bd. 8. Berlin: Erich Schmidt.

Endorsement (2017). The EU Endorsement Status Report. Dokument. European Financial Reporting Advisory Group (EFRAG). http://www.efrag.org/Assets/Download?assetUrl=%2Fsites%2Fwebpublishing%2FSiteAssets%2FEFRAG%2520Endorsement%2520Status%2520Report%252021%2520February%25202017.pdf. Zugegriffen: 1. März 2017.

Frankfurt/Main, Urteil v. 03.05.2001, DB 2001, S. 1483.

Framework (2010). Conceptual framework for financial reporting 2010. Dokument. International accounting standards board. http://www.ifrs.org/News/Press-Releases/Documents/ConceptualFW2010vb.pdf. Zugegriffen: 1. März 2017.

Heuser, P. J., & Theile, C. (2012). *IFRS Handbuch.* Köln: Dr. Otto Schmidt.

IFRS Foundation (2015). Über uns und unsere Arbeit. Dokument. International Accounting Standards Board (IASB). http://www.ifrs.org/The-organisation/Documents/2015/WhoWeAre_German_July%202015.pdf. Zugegriffen: 1. März 2017.

IFRS Foundation (2017). About the IFRS for SMEs. http://www.ifrs.org/IFRS-for-SMEs/Pages/IFRS-for-SMEs.aspx. Zugegriffen: 1. März 2017.

IFRS-Portal (2017). International Financial Reporting Standards (IFRS) inklusive International Accounting Standards (IAS) und Interpretationen (IFRIC, SIC). Webseite. RBS IFRS-Portal. http://www.ifrs-portal.com/Publikationen/IFRS_Texte.htm. Zugegriffen: 1. März 2017.

Kirsch, H. (2016). *Einführung in die IFRS.* Herne: nwb.

LG München, Urteil v. 12.04.2007.

Lüdenbach, N., & Christian, D. (2015). *IFRS Essentials.* Herne: nwb.

Lüdenbach, N., Hoffmann, W.-D., & Freiberg, J. (2017). *IFRS-Kommentar.* Freiburg: Haufe.

Müller, S., & Wulf, I. (2016). *Bilanztraining – Jahresabschluss, Ansatz und Bewertung – Mit Arbeitshilfen* (15. Aufl.). Freiburg: Haufe.

OLG Frankfurt/Main, Urteil v. 18.03.2008, NZG 2008, S. 429.

OLG München, BB 2008, S. 440.

Pellens, B., Fülbier, R. U., Gassen, J., & Sellhorn, T. (2017). *Internationale Rechnungslegung.* Stuttgart: Schäffer-Poeschel.

Die neue Lehrbuchreihe für alle Studiengebiete der Wirtschaft!

Mit dem Springer-Lehrbuchprogramm „Studienwissen kompakt"
werden kurze Lerneinheiten geschaffen, die als Einstieg in ein
Fach bzw. in eine Teildisziplin konzipiert sind, einen ersten Überblick vermitteln und Orientierungswissen darstellen.

- Zielgruppengerechtes Wording und eine klare und
  übersichtliche Didaktik helfen den Studierenden bei
  ihren Prüfungen.
- Mit Lern-Kontrolle und unterstützendem Serviceteil.
- Für Bachelor-Studierende und Nebenfachstudenten
  der jeweiligen Fachgebiete.

Kurz: Lesen, lernen und verstehen!

Jetzt bestellen: springer-gabler.de

Springer Gabler   springer-gabler.de

Neu in der Reihe
Studienwissen kompakt

2015. X, 120 S. 28 Abb.
Brosch.
Print
€ (D) 14,99 | € (A) 15,41 |
*sFr 16.00
ISBN 978-3-658-08979-5
eBook
€ 9,99 | *sFr 12.50
ISBN 978-3-658-08980-1

A. Kuckertz
**Management: Entrepreneurial
Marketing**

2015. XI, 130 S. 25 Abb.
Brosch.
Print
€ (D) 14,99 | € (A) 15,41 |
*sFr 19.00
ISBN 978-3-658-07164-6
eBook
€ 9,99 | *sFr 15.00
ISBN 978-3-658-07165-3

H. J. Schmidt
Markenführung

2015. XII, 163 S. 17 Abb.
Brosch.
Print
€ (D) 14,99 | € (A) 15,41 |
*sFr 19.00
ISBN 978-3-658-06764-9
eBook
€ 9,99 | *sFr 15.00
ISBN 978-3-658-06765-6

D. Hellenkamp
Bankwirtschaft

2015. XI, 198 S. 34 Abb.
Brosch.
Print
€ (D) 14,99 | € (A) 15,41 |
*sFr 16.00
ISBN 978-3-662-46181-5
eBook
€ 9,99 | *sFr 12.50
ISBN 978-3-662-46182-2

Th. Schuster, L. Rüdt von Collenberg
**Finanzierung: Finanzberichte,
-kennzahlen, -planung**

€ (D) sind gebundene Ladenpreise in Deutschland und enthalten 7 % MwSt. € (A) sind gebundene Ladenpreise in Österreich und enthalten 10 % MwSt.
Die mit * gekennzeichneten Preise sind unverbindliche Preisempfehlungen und enthalten die landesübliche MwSt.
Preisänderungen und Irrtümer vorbehalten.

Jetzt online bestellen oder in Ihrer lokalen Buchhandlung

Printed in the United States
By Bookmasters